D1925907

GÜTERSLOHER
VERLAGSHAUS

Gütersloher Verlagshaus. Dem Leben vertrauen

GOTTES-DIENST-GESTALTUNG IN DER EKD

Ergebnisse einer Rezeptionsstudie
zum »Evangelischen Gottesdienstbuch«
von 1999

Im Auftrag der Liturgischen Konferenz
herausgegeben von Claudia Schulz,
Michael Meyer-Blanck und Tabea Spieß

Gütersloher Verlagshaus

Bibliografische Information der Deutschen Nationalbibliothek

Die Deutsche Nationalbibliothek verzeichnet diese Publikation in der Deutschen Nationalbibliografie; detaillierte bibliografische Daten sind im Internet über http://dnb.d-nb.de abrufbar.

1. Auflage

Satz: Satz!zeichen, Landesbergen
Druck und Einband: Hubert & Co, Göttingen
Printed in Germany
ISBN 978-3-579-05963-1

www.gtvh.de

Inhalt

Vorwort

Das evangelische Gottesdienstbuch ist seit 1999 in Gebrauch. Die Liturgische Konferenz (LK) hat darum beschlossen, nach zehn Jahren eine empirische Untersuchung durchzuführen, um die tatsächliche Verwendung dieser ganz neuen Form von Agende in der Praxis in den Blick zu bekommen. Nach einem Vorstandsbeschluss der LK im Dezember 2007 konnten die Vorbereitungen für die Erhebung so zügig beginnen, dass die Feldphase – mit Gruppendiskussionen und einem im Anschluss daran entwickelten Fragebogen – bereits vom Sommer 2008 bis zum Frühjahr 2009 stattfinden konnte.

Ich danke allen, die an der Vorbereitung und Durchführung dieser umfangreichen Untersuchung mitgewirkt haben. An erster Stelle sind Claudia Schulz und Tabea Spieß zu nennen, ohne deren sozialwissenschaftlichen Sachverstand die Studie selbst und auch die Herausgabe dieses Bandes nicht möglich gewesen wäre. Zu danken ist auch der für die Studie verantwortlichen Steuerungsgruppe, der Lutz Friedrichs, Leonie Grüning, Gerd Kerl, Michael Meyer-Blanck (Vorsitz), Frank Peters, Klaus Raschzok, Stephan Reinke, Helmut Schwier und Petra Zimmermann (bis Sommer 2009) angehörten.

Von entscheidender Bedeutung war auch die Mitwirkung der Gottesdienstinstitute der beteiligten Landeskirchen. Das besondere Engagement der landeskirchlichen Gottesdienstinstitute ermöglichte einen guten Informationsfluss und einen unerwartet großen Rücklauf der Fragebögen. Nach ausführlichen Beratungen der Steuerungsgruppe im Herbst 2009 konnten die Ergebnisse der Studie dann im März 2010 auf einer Fachtagung der Liturgischen Konferenz im Michaeliskloster Hildesheim präsentiert werden. Der vorliegende Band legt die auswertenden Beiträge der wissenschaftlichen und kirchlichen Öffentlichkeit vor.

Bonn, im Februar 2011

Michael Meyer-Blanck
Vorsitzender der Liturgischen Konferenz

Einleitung: Vorhaben und Methodik in der Studie zur Rezeption des Evangelischen Gottesdienstbuches

Michael Meyer-Blanck/Claudia Schulz/Tabea Spieß

1. Die liturgische Großwetterlage als Ausgangspunkt der Studie

Die Kirchgangssitten haben sich in den letzten Jahrzehnten deutlich verändert. Der Gewohnheitskirchgang[1] ist immer mehr durch den bewusst gewählten Kirchgang abgelöst worden. *Besondere* Angebote (wie z. B. die »Thomasmesse«), *besondere* Gelegenheiten (wie z. B. der Schulanfang) und *besondere* kirchliche Feste (allen voran der Heilige Abend)[2] bringen die Menschen auf den Weg zum Gottesdienst. Etwa eine Million Gläubige (etwa 4 % der evangelischen Kirchenmitglieder) besuchen sonntäglich einen evangelischen Gottesdienst in Deutschland. An Karfreitag und am ersten Advent sind es jeweils etwa 1,2 Millionen, am Erntedankfest zwei Millionen – und am Heiligen Abend sogar 9,285 Millionen (das entspricht 37,0 % der evangelischen Kirchenmitglieder).

Nachdem 1970 noch das theologische Recht *auch* des Festtagskirchgängers[3] betont werden musste, hat sich die Situation inzwischen eher umgekehrt, so dass die bleibende Wichtigkeit *auch* des liturgischen »Normalfalles« Sonntagsgottes-

---

1. Die Kirchgangssitte folgte bis in die sechziger Jahre des 20. Jahrhunderts auf dem Land noch der alten dörflichen Regel »aus jedem Haus fährt einer (bzw. eine Generation) am Sonntag zur Kirche«. Dass es freilich auch schon vor mehreren Generationen andere milieuspezifische Kirchganggewohnheiten gab, die über Generationen tradiert wurden, lässt sich nachlesen anhand der qualitativen Studie von *Ulrich Schwab*, Familienreligiosität. Religiöse Traditionen im Prozess der Generationen, Stuttgart 1995.
2. Die folgenden Zahlen aus dem Jahre 2007 sind entnommen aus: Evangelische Kirche in Deutschland, Zahlen und Fakten zum kirchlichen Leben, Hannover (Kirchenamt der EKD) 2009. Hinzuzurechnen sind pro Sonntag etwa eine Million Zuschauer bei den Fernsehgottesdiensten.
3. *Gerhard Rau*, Rehabilitation des Festtagskirchgängers, in: Manfred Seitz/Lutz Mohaupt (Hg.), Gottesdienst und öffentliche Meinung. Kommentare und Untersuchungen zur Gottesdienstumfrage der VELKD, Stuttgart 1977, 83–99. Auch dieser Impuls war das Ergebnis der Auseinandersetzung mit einer empirischen Studie: *Gerhard Schmidtchen*, Gottesdienst in einer rationalen Welt. Religionssoziologische Untersuchungen im Bereich der VELKD, Stuttgart/Freiburg 1973.

dienst betont werden muss.[4] Die liturgietheoretische Diskussion hat die sich verändernde Praxis begleitet und teilweise selbst mit vorangetrieben oder sogar angestoßen. Das betrifft etwa den Begriff des »Rituals«, das in den letzten vierzig Jahren seine Negativkonnotationen fast völlig verloren hat und zu einer produktiven liturgischen Kategorie geworden ist.[5] Es liegt auf der Hand, dass damit eine Neubewertung des Verhältnisses von Liturgie (»Ritual«) und Predigt einhergehen musste, die in den letzten Jahren auf der Theorieebene zu einem Aufschwung der Liturgiewissenschaft und einer gewissen Erschöpfung in der Homiletik geführt hat.

Die Entwicklung des Evangelischen Gottesdienstbuches, die von 1974 bis 1999 genau ein Vierteljahrhundert umfasste,[6] ist ein Spiegel der damit angedeuteten liturgischen Veränderungen. Das »Gottesdienstbuch« aus dem Jahre 1999 ist keine Agende im herkömmlichen Sinne mehr, ja sie verlor im langen Beratungsprozess schließlich auch noch ihren Namen »Erneuerte *Agende*« und wurde zu einem *»Gottesdienstbuch«*. Diese Bezeichnung, die u. a. aus der liberalen Tradition der »Kirchenbuch« genannten Privatagenden[7] geläufig ist, macht die Veränderung deutlich. Das EGb will eine Agende sein und will andererseits auch wiederum keine Agende sein – eben ein »Gottesdienstbuch«. Eine Rezeptionsstudie zum Gebrauch dieser ganz besonderen Form von Agende konnte sich also nicht darauf beschränken, quantitativ und qualitativ nach deren Verwendung zu fragen. Da die dem EGb zugrunde liegende Theorie eine eigenständige und situativ angemessene Rezeption voraussetzt, konnte auch eine Studie zur Rezeption nur von dieser Komplexität ausgehen. Weil das EGb ein Buch des liturgischen Verstehens und Gestaltens zu sein beansprucht, musste eine empirische Untersuchung eben dieses, das Verstehen und Gestalten mit Hilfe des EGb, zum Thema machen.

4. Dazu vgl. *Michael Meyer-Blanck*, Der Sonntagsgottesdienst. Elemente einer praktisch-theologischen Theorie des »Normalfalles«, in: Kristian Fechtner/Lutz Friedrichs (Hg.), Normalfall Sonntagsgottesdienst? Gottesdienst und Sonntagskultur im Umbruch, Stuttgart 2008, 72–81.
5. Dazu vgl. *Werner Jetter*, Symbol und Ritual. Anthropologische Elemente im Gottesdienst, Göttingen ²1986 [1978]. Schon 15 Jahre später konnte dann E. Hauschildt den Diskussionsstand kurz und bündig so bilanzieren: »Das Ritual ist in aller Munde. Ritual ist schön.« (*Eberhard Hauschildt*, Was ist ein Ritual? Versuch einer Definition und Typologie in konstruktivem Anschluss an die Theorie des Alltags, in: WzM 45 [1993], 24–35: 24).
6. Zur Entstehungsgeschichte vgl. *Helmut Schwier*, Die Erneuerung der Agende. Zur Entstehung und Konzeption des »Evangelischen Gottesdienstbuches«, Hannover 2000 (Leiturgia NF 3) sowie als Überblick *Michael Meyer-Blanck*, »daß unser lieber Herr selbst mit uns rede ...«. Möglichkeiten des neuen »Gottesdienstbuches« für die lutherischen und unierten evangelischen Kirchen, in: ZThK 97 (2000), 488–508.
7. *Julius Smend*, Kirchenbuch für evangelische Gemeinden, 1. Band: Gottesdienste, Gütersloh ³1924 sowie *Karl Arper/Alfred Zillessen*, Evangelisches Kirchenbuch, 1. Band: Der Gottesdienst, Göttingen 1936; aber auch die »Kirchenbuch« genannten Agenden bzw. Agendenentwürfe aus der Pfalz 1927 und aus Baden 1930.

Bevor im Folgenden (s. u. 2.–6.) das Forschungsdesign erläutert wird, ist darum die veränderte liturgische Situation zu umreißen. Dies betrifft die Veränderungen der *gottesdienstlichen Praxis,* die veränderten *agendarischen Prinzipien* und die sich daraus ergebenden Anforderungen an eine empirische Agendenstudie. Weil die Liturgische Konferenz hiermit die erste empirische Studie überhaupt vorlegt, die sich speziell mit der Verwendung eines gottesdienstlichen Buches beschäftigt, war besondere Sorgfalt bei der liturgietheoretischen wie bei der empirischen Zugangsweise erforderlich.

1.1 Veränderungen der Gottesdienstpraxis

In zugespitzter Weise kann man die liturgischen Neuerungen des letzten halben Jahrhunderts vielleicht am besten mit dem – zugegebenermaßen nicht gerade schönen – Begriff der »Kasualisierung« kennzeichnen. Der Gottesdienst soll aus der Sicht der Besucher und der gestaltenden Liturg(inn)en jeweils etwas Spezifisches, einen besonderen lebensgeschichtlichen »Fall«, einen »Kasus« thematisieren.[8] Entspricht das Auslegen eines bestimmten Predigttextes und des dazu gehörenden gottesdienstlichen Propriums einer traditionalen Gesellschaft und einer tradierenden Christenheit, so entsprechen Gottesdienste in neuer Gestalt bzw. Gottesdienste im »2. Programm«[9] einer Kirche, die ihre Verkündigung thematisch an gesellschaftlichen und kulturellen Kontexten orientiert. Nimmt man die verschiedenen Gemeindeaktivitäten hinzu, die sich auch liturgisch darstellen – Gottesdienste des Kindergartens, der Konfirmanden, Gottesdienste von Gesprächs- und Initiativgruppen sowie Gottesdienste zu besonderen gemeindlichen (festlichen) Anlässen –, dann werden immer mehr Gottesdienste im Jahreslauf zu einem besonderen Fall. Dafür aber benötigen die Vorbereitenden nicht primär eine ordnende Agende, sondern eine – durchaus auch theoretische Impulse setzende – Materialsammlung, die sie in stärkerer oder schwächerer Anlehnung an die Kirchenjahreszeit und ihr Proprium eigenständig einsetzen können.

Wenn Gottesdienste einen besonderen lebensgeschichtlichen, sozialen, kirchengemeindlichen oder thematischen »Fall« zum Ausgangspunkt von Feier und

8. Der Beginn der Entwicklung lässt sich literarisch markieren mit dem Buch von *Gerhard Schnath* (Hg.), Fantasie für Gott. Gottesdienste in neuer Gestalt, Stuttgart 1965; in schärfster Weise kritisch dazu äußerte sich *Peter Brunner,* Theologische Grundlagen von »Gottesdiensten in neuer Gestalt«, in: Kerygma und Melos, hg. von Walter Blankenburg u. a. (Festschrift Christhard Mahrenholz), Kassel u. a. 1970, 103–114. Brunner kennzeichnete die Gottesdienste in neuer Gestalt schlicht als Weg zur »Deformation« und »Zerstörung« des christlichen Gottesdienstes (114).
9. Dazu vgl. *Lutz Friedrichs* (Hg.), Alternative Gottesdienste, Hannover 2007 (u. a. zu »Thomasmesse«, »Nachteulen-Gottesdienste«, »GoSpecial«).

Verkündigung nehmen wollen, dann ist es auch naheliegend, Gemeindeglieder an der Vorbereitung und Durchführung des Gottesdienstes zu beteiligen. Daraus ergibt sich ein pädagogischer Blick auf den Gottesdienst. Aus dem Gottesdienst für Gemeindeglieder wird – jedenfalls teilweise – ein Gottesdienst mit Gemeindegliedern.[10] Erst jetzt begann man das umzusetzen, was schon im Zusammenhang der Einführung der lutherischen Agende I (1955) gefordert worden war. Christhard Mahrenholz, dem eine Schlüsselrolle bei der Entstehung der Agende I von 1955 zukam, hatte schon 1957 geschrieben:

> »Schließlich aber muss die Gemeinde auch aktiv an der Vorbereitung beteiligt und in sie eingespannt werden, denn sie soll ja künftig in vermehrter Weise Partner des gottesdienstlichen Handelns sein. [...] Es bedarf keiner Beweise für die Tatsache, dass die heutige Gemeinde unter dem Gottesdienst weithin nur die Predigt mit liturgischer Umrahmung versteht, deren Gestalt und Aufgabe ihr letztlich dunkel und unverständlich sind. Wer weiß noch, dass man als Gottesdienstbesucher eine aktive Funktion im Gottesdienst hat, die über einrahmende Aufgaben hinausgeht? [...] Es geht darum, die in anderen kirchlichen Arbeiten [...] schon selbstverständlich gewordene Mitverantwortung und Mitbeteiligung (reformatorischer Grundsatz vom Priestertum aller Getauften!) und die Kirchenglieder aus der gewohnten nur passiven und rezeptiven Haltung herauszuführen.«[11]

Im Nachhinein wird man urteilen müssen: Erst der Weg von den »Gottesdiensten in neuer Gestalt« und den liturgischen Neuentdeckungen im Zusammenhang des »Deutschen Evangelischen Kirchentages« über das »Strukturpapier«[12] der Lutherischen Liturgischen Konferenz von 1974 und den Vorentwurf der »Erneuerten Agende« von 1992 hat die von Mahrenholz 1957 geforderte Beteiligung weiter vorangebracht. Eine der wichtigsten Fragen bei der Untersuchung der Rezeption des EGb musste sich demnach auf diesen Zusammenhang richten. Ist es gelungen, das immer wieder zitierte »Kriterium 1« des EGb (»Der Gottesdienst wird unter der Verantwortung und Beteiligung der ganzen Gemeinde gefeiert«) in der Realität mit Leben zu erfüllen? Ist deutlich geworden, dass es sich beim EGb um einen neuen liturgiedidaktischen Typus von Agende handelt?

---

10. Die zutiefst pädagogische Orientierung des neuen liturgischen Ansatzes wurde erstmals deutlich bei *Dieter Trautwein*, Lernprozess Gottesdienst. Ein Arbeitsbuch unter besonderer Berücksichtigung der »Gottesdienste in neuer Gestalt«, Gelnhausen/Berlin 1972.
11. *Christhard Mahrenholz*, Die Einführung von Agende I in den Gemeinden (Liturgische Richtlinien für die Ev.-luth. Landeskirche Hannovers), Hannover 1957, 7–11: 7.
12. *Lutherische Liturgische Konferenz*, Versammelte Gemeinde. Struktur und Elemente des Gottesdienstes. Zur Reform des Gottesdienstes und der Agende (= »Strukturpapier«), Hamburg o. J. (1974).

1.2 Veränderungen von Geltungsbereich und Verständnis der Agende

Die Agende I von 1955 war trotz der erklärten Absicht für die Gemeindebeteiligung insofern wenig geeignet, als sie den Gottesdienst nicht als situativ angemessene Gestaltungsaufgabe, sondern als angemessene Umsetzung liturgietheologisch gut begründeter agendarischer Formen ansah. Einfacher formuliert: Die Agende I von 1955 rechnete nicht mit einer inhaltlichen Beteiligung und Vorbereitung durch Gemeindegruppen und Gemeindeglieder. Demgegenüber setzt das EGb von 1999 die kasuellen und pädagogischen Entwicklungen seit 1965 voraus und sucht ihnen positiv zu entsprechen. Das Prinzip »stabile Grundstruktur – variable Ausformung« ermöglicht und fördert den Bezug auf die gottesdienstliche Situation und das Einbringen von Arbeitsergebnissen der Woche. Es handelt sich nicht mehr um eine Ordnungsagende, sondern um eine Werkbuchagende.[13] Verlangt ist weder die agendarische Observanz noch die pfarrherrliche Ignoranz kirchenamtlicher Vorgaben, sondern der kreative Umgang damit.

Befördert wird diese Erwartung nicht zuletzt durch einen qualitativen Sprung bei der liturgischen Ausbildung. Dies betrifft zum einen das universitäre Studium, in dem inzwischen an den meisten Fakultäten kombinierte liturgisch-homiletische Seminare gehalten werden. Das bezieht sich aber vor allem auf die zweite Ausbildungsphase (Vikariat), in der nicht nur liturgiepraktische Übungen abgehalten, sondern inzwischen auch Einführungen in den selbständigen Gebrauch der Agende gegeben werden.

Im Hinblick auf unsere Rezeptionsstudie war darum auch ein deutliches Altersgefälle zu erwarten im Hinblick auf diejenigen, die vor der Zeit des EGb (etwa die Jahrgänge 1969 und älter) bzw. vor der Zeit des Vorentwurfes (Jahrgänge 1960 und älter) die Ausbildung abgeschlossen hatten.[14]

Man muss sich in diesem Zusammenhang klar machen, dass die Anforderungen an die Nutzerinnen und Nutzer der Agende im letzten Jahrhundert enorm gestiegen sind. Die Agenden im 19. und in der ersten Hälfte des 20. Jahrhunderts waren landeskirchlich geltende Agenden. Ihre Reichweite war gering, aber ihr Ordnungsfaktor für ihren geographisch kleinen Bereich war hoch. Erstmals die lutherische Agende I von 1955 und die unierte Agende I von 1959 waren – wenn auch nur im Prinzip[15] – deutschlandweite Agenden. Die unierte Agende I von

13. Dazu vgl. *Frieder Schulz*, Agende – Erneuerte Agende – Gottesdienstbuch. Evangelische Agendenreform in der 2. Hälfte des 20. Jahrhunderts, Texte aus der VELKD 89, Hannover 1999.
14. Bei dieser Überlegung ist der Abschluss der zweiten Ausbildungsphase mit 30 Jahren zugrundegelegt.
15. Die Besonderheiten der Agendenbenutzung in den einzelnen deutschen evangelischen Landeskirchen lassen sich kaum überblicken. So wurde die *lutherische Agende I von 1955* in den (damaligen)

1955 hat eine große Einheitswirkung entfaltet, weil sie neben der Geltung in den alten preußischen Territorien der damaligen DDR (Berlin, Brandenburg, Sachsen-Anhalt) auch in den beiden großen westdeutschen Landeskirchen von Rheinland und Westfalen eingeführt war.

Der qualitative Sprung von den beiden Agenden 1955 und 1959 zum EGb besteht nun in der Zusammenführung der unierten und der lutherischen Agendentradition und der damit verbundenen Ausweitung des Geltungsbereiches. Damit setzt sich die Entwicklung seit dem 19. Jahrhundert fort: Es gibt immer weniger Agenden, dafür aber eine größere innere Pluralität. Das EGb kann man als Endpunkt dieser Entwicklung ansehen. Sein Integrationsanspruch ist enorm. Neben der lutherischen und unierten Tradition sind das sowohl das Erbe der liturgischen Bewegungen und der ökumenischen Impulse (reicher ausgestaltetes Abendmahl und Eucharistiegebet) als auch die Erfahrungen mit den »Gottesdiensten in neuer Gestalt« (Jugend-, Familien-, Themengottesdienste, Feierabendmahl u. a.). Das Konzept des EGb vermochte dies alles mit seinem Strukturprinzip abzubilden. Daraus ergibt sich die Frage an die empirische Erforschung der Praxis, was davon bei den Benutzerinnen und Benutzern tatsächlich ankam – und was lediglich gut gedachte Agendentheorie war.

1.3 Zur Notwendigkeit und zum Profil einer Rezeptionsstudie

Damit lässt sich der erreichte Stand so charakterisieren: Mit dem EGb ist an die Stelle von agendarischer Pluralität mit hoher rechtlicher Verbindlichkeit die agendarische Einheitlichkeit mit geringer Verbindlichkeit getreten. Die Frage nach der Bedeutung des damit gegebenen Typs von »Werkbuchagende statt Ordnungsagende« stellt sich demnach nicht mehr primär bei der kirchenamtlichen *Ein-*

Landeskirchen von Hannover, Braunschweig, Schleswig-Holstein, Hamburg, Lübeck, Eutin, Schaumburg-Lippe sowie in Mecklenburg, Sachsen und Thüringen – zum Teil mit einzelnen abweichenden Sonderbestimmungen – kirchengesetzlich für den Gebrauch vorgeschrieben. Oldenburg (nicht Mitglied der 1948 gegründeten VELKD) führte keine Agende ein, doch die Gemeinden benutzten weitgehend das Proprium der lutherischen Agende I. Unter den lutherischen Landeskirchen hält Württemberg – ebenfalls Nicht-Mitglied der VELKD – bis heute an eigenständig erarbeiteten Agenden fest. In der Ev.-luth. Kirche in Bayern wurde zwar die *Agende I von 1955* eingeführt, aber zum großen Teil blieb weiterhin die Bayrische Agende von 1879 (1932 neu bearbeitet) in Gebrauch. Weil auch das EGb in Bayern kaum benutzt wird, verzichtet unsere Studie auf Datenerhebungen in Bayern. – Die *unierte Agende I von 1959* wurde in den (damaligen) Landeskirchen von Rheinland, Westfalen sowie in Anhalt, Greifswald, Kirchenprovinz Sachsen und im Konsistorialbezirk Görlitz eingeführt. – Darüber hinaus ist zu ergänzen, dass auch die Landeskirchen von Baden, Kurhessen-Waldeck und der Pfalz bis heute *eigene Agenden* haben und dass die reformierten Gemeinden die »Reformierte Liturgie« von 1999 verwenden. – Zu den historischen Einzelheiten vgl. *Alfred Niebergall*, Art. »Agende 19«, in: TRE 1, 66–91 [1978].

führung, sondern erst bei der *Benutzung* durch die einzelnen Liturg(inn)en. Weil beim EGb die Rezeption das Entscheidende ist, sucht unsere Studie der alltäglichen agendarischen Praxis genauer auf die Spur zu kommen. Um die neue Situation mit einem Gedankenexperiment zu erläutern: Eine Rezeptionsstudie für die Agende I wäre sowohl im Jahre 1960 als auch im Jahre 1980 sinnlos gewesen. Denn 1960 wäre kaum jemandem der Gedanke einer Alternative gekommen und 1980 besaß ein Großteil der jüngeren Pfarrergeneration gar keine Agende I mehr. Seit 1976 waren keine Verlagsexemplare mehr verfügbar und man entschloss sich aufgrund der rasanten liturgischen Veränderungen und der scharfen Kritik an Sprache und Konzeption der Agende I, diese nicht mehr nachzudrucken.[16]

Das EGb stellt hohe Anforderungen an die liturgischen und liturgiedidaktischen Fähigkeiten der für den Gottesdienst Verantwortlichen. Von daher interessierte uns besonders die Frage, inwieweit das Prinzip der Beteiligung von Gemeindegliedern und Gemeindegruppen an der inhaltlichen Vorbereitung tatsächlich umgesetzt wird. Außerdem sollte – über die direkten Impulse des EGb hinaus – auch in Erfahrung gebracht werden, wie das Zusammenspiel von Pfarrer(inne)n und Kirchenmusiker(inne)n bei der Gottesdienstvorbereitung funktioniert. Bleibt es bei dem unter Organisten sprichwörtlichen Herüberschieben eines Liederzettels kurz vor dem Gottesdienst – oder haben sich inzwischen (durch das EGb?) ein neues Bewusstsein und eine neue Praxis der gemeinsamen Verantwortung gebildet?

An dieser Stelle ist daran zu erinnern, dass das EGb mehr ist als ein Buch: Es ist auch das Dokument der kirchenamtlichen Aufnahme von Veränderungen der liturgischen Situation. Der Gottesdienst ist seit 1970 pluraler, kasueller, pädagogischer und gemeinschaftsorientierter geworden – und alles das trifft auch auf die neue Agendenkonzeption des EGb zu. Daraus ergibt sich die Frage, ob die Veränderungen, die man auch als neueste »liturgische Bewegung« bezeichnen kann,[17] wirklich durch kirchenamtlich eingeführte Agenden – und das bleibt ja

16. H. Schwier (Anm. 6), 162 mit Anm. 17: Die landeskirchlichen Fachreferenten für Gottesdienst hatten bereits 1975 erkannt, dass ein bloßer Nachdruck der Agende I nicht mehr »opportun« gewesen wäre. – Mein eigenes Vikariat begann 1979 und ich habe – als Angehöriger der Ringbuchagenden-Generation – vor dem Beginn meiner theoretischen Beschäftigung mit der Liturgik nie eine Agende I besessen.

17. In diesem Sinne sprach *Karl-Heinrich Bieritz*, Art. »Liturgische Bewegungen«, in: Wörterbuch des Christentums, Gütersloh 1988, 741–743: 742 von einer neuen liturgischen Bewegung im deutschen Protestantismus seit 1960; vgl. dazu auch *Lutz Friedrichs*, Intensiv und unverbindlich. Praktisch-theologische Beobachtungen und Überlegungen zu neuen Gottesdienstformen, in: ThLZ 133 (2008), 1019–1034: 1023.

auch das EGb – erfasst und kirchlich fruchtbar gemacht werden können.[18] Für die Rezeptionsstudie ergibt sich daraus jedoch die Frage, ob und inwiefern die zum EGb führende Bewegung in den Gemeinden angekommen ist, auch wenn das EGb selbst nur sporadisch zum Einsatz kommt. Will man diesen Gedanken zuspitzen, könnte man auch sagen: Die angemessene Wirkung des EGb zeigt sich gerade darin, dass es nicht nur bzw. nicht primär als liturgisches Buch, sondern auch bzw. primär als liturgiereformerisches Buch Verwendung fand. Daraus ergibt sich zugleich, dass die bloße Frage nach der praktischen Verwendung des EGb in unserer Studie zu kurz gegriffen hätte. Anders formuliert: Nicht nur die Rezeption des EGb dem Buchstaben nach, sondern auch die Rezeption dem liturgiereformerischen Geiste nach bildete den Gegenstand unseres Forschungsinteresses. Darum planten wir auch keine Intensivbefragung derer, die das EGb stärker nutzen, sondern eine möglichst großflächige Untersuchung der Einschätzungen von liturgischer Situation *und* Verwendbarkeit des EGb.

1.4 Verantwortliche, Beteiligte und Verlauf der Studie

Die Idee zu dieser Studie ist in einem längeren Gespräch im November 2007 von Michael Meyer-Blanck und Lutz Friedrichs (bis Sommer 2009 Leiter der »Gemeinsamen Arbeitsstelle für gottesdienstliche Fragen« [GAGF] und Geschäftsführer der Liturgischen Konferenz [LK]) entwickelt worden. Daraus ergab sich nach einem Vorstandsbeschluss der LK im Dezember 2007 die Einsetzung einer Steuerungsgruppe, der Lutz Friedrichs, Leonie Grüning, Gerd Kerl, Michael Meyer-Blanck (Vorsitz), Frank Peters, Klaus Raschzok, Stephan Reinke, Helmut Schwier und Petra Zimmermann (bis Sommer 2009) angehörten; außerdem waren von Anfang an Claudia Schulz und Tabea Spieß an den Überlegungen der Steuerungsgruppe beteiligt. Claudia Schulz entwickelte die Konzeption der mehrstufigen Untersuchung; sie und Tabea Spieß wurden von der LK mit der Durchführung der qualitativen und quantitativen Datenerhebung und der zugehörigen Auswertungsprozesse beauftragt. Die Feldphase fand vom Sommer 2008 bis zum Frühjahr 2009 statt (dazu s. u. 3. bis 5.). Besonders hilfreich war dabei die Mitwirkung der Gottesdienstinstitute der beteiligten Landeskirchen, die zu einem guten Informationsfluss und großen Rücklauf der Fragebögen führte. Nach mehreren Auswertungssitzungen der Steuerungsgruppe konnten

---

18. Zur Frage der Leistungsfähigkeit von Agenden vgl. den Band *Gottesdienst feiern*. Zur Zukunft der Agendenarbeit in den evangelischen Kirchen, im Auftrag der Liturgischen Konferenz hg. von Michael Meyer-Blanck, Klaus Raschzok und Helmut Schwier, Gütersloh 2009, besonders darin die offenen Fragen in der von *Frank Peters* dokumentierten Schlussdiskussion (165–169).

die Ergebnisse der Studie am 2. und 3. März 2010 auf einer Fachtagung der LK im Michaeliskloster Hildesheim der Öffentlichkeit vorgestellt werden. Der vorliegende Band dokumentiert u.a. die dort präsentierten Beiträge in überarbeiteter Form.

2. Die Entwicklung von Fragestellung und Forschungsdesign

Eine der basalen Fragen, die sich die Steuerungsgruppe zu Beginn des Jahres 2008 stellte, lautete: Ist das EGb nur als Prinzip angekommen oder auch als benutztes Buch? Oder genauer: Wie wird das EGb genutzt und wie ist seine Wirkung zu beurteilen? Neun Jahre nach seinem Erscheinen war die Wahrnehmung der Fachleute in Bezug auf diese Fragen uneinheitlich und vielschichtig:

Einerseits sind zahlreiche Menschen in den vergangenen Jahren, vor allem durch Aus- und Fortbildung, von den Grundlinien des Gottesdienstbuches stark geprägt und in ihrer liturgischen Arbeit unterstützt worden. Die landeskirchlichen Arbeitsstellen für gottesdienstliches Handeln beobachten, wie die Übereinstimmung mit den Kriterien des Gottesdienstbuches hoch und die Bereitschaft zur eigenen Auseinandersetzung mit liturgischen Fragen ausgeprägt ist.

Andererseits lässt sich nicht verleugnen, dass das Gottesdienstbuch noch lange nicht überall so akzeptiert und genutzt wird, wie das nach dem Wunsch der dafür Verantwortlichen idealerweise der Fall sein sollte. Auf Tagungen wird immer wieder Kritik laut an einzelnen Merkmalen des Gottesdienstbuches, etwa an der Auswahl der Texte oder an seinem Aufbau. Ohne Zweifel richten sich viele Pfarrerinnen und Pfarrer schlicht nach den »alten Agenden« oder orientieren sich ohne deutliche Variationsbereitschaft an ihren einmal erarbeiteten Gottesdienstabläufen. Die Lust an der liturgischen Gestaltung wird, so die Vermutung oder auch Beobachtung von Fachleuten aus dem Kontext universitärer oder ausbildungspraktischer Arbeit rund um Gottesdienst und Liturgie, nicht von allen geteilt, die Gottesdienste gestalten.

So entstand unter den Mitgliedern der Steuerungsgruppe der Studie der Verdacht, der beobachtete große Nutzen des Gottesdienstbuches könnte zwar durchaus vorhanden, aber eben nur auf eine kleine Zahl der Interessierten beschränkt sein. Aus Beobachtungen zum konkreten Gebrauch des Buches entstand darüber hinaus die Vermutung, in vielen Fällen werde das Gottesdienstbuch im Sinne einer pragmatischen Gottesdienstvorbereitung genutzt: als »fertiger Ablauf« eines Gottesdienstes, durch die Nutzung des Gottesdienstbuches als Altaragende gestützt, oder als simpler »Steinbruch« für die eigene Arbeit an Texten für den Gottesdienst. In diesem Sinne sei das Gottesdienstbuch dann möglicherweise durchaus nützlich, es blieben aber wesentliche Dimensionen etwa in den Kriterien, der liturgischen Anregungsfunktion des Buches unentdeckt.

Die hier beschriebene Studie entstand aus dem Wunsch der in der Liturgischen Konferenz zusammengeschlossenen Fachleute, in einer verobjektivierten Form, also mit einer empirischen Studie, Einsicht in die »wirkliche« Situation zu erhalten, etwas über die genaue Rezeption des Buches im Kontext der Gottesdienstgestaltung und Genaueres über die Weisen seiner Nutzung und Bewertung zu erfahren. Die genannten »Verdachtsmomente« sollten explizit Gegenstand der Studie sein.

Der Fragehorizont der Rezeptionsstudie

1. Nutzung des Gottesdienstbuches, daraus auch:
2. Möglichkeiten der (Unterstützung einer) Nutzung in Zukunft
3. Prinzipien/Haltungen/Deutungen der Aktiven in der Gottesdienst-Gestaltung, darin auch:
4. Überprüfung der Kriterien des Gottesdienstbuches
5. Zusammenhänge der konkreten Gottesdienst-Gestaltung mit Haltungen zu Liturgie/Inhalten/pastoraler Rolle

Um eine Veränderung des liturgischen Handelns in evangelischen Gottesdiensten durch die Einführung des Gottesdienstbuches nachzuweisen, hätte es einer entsprechenden Erhebung vor der Einführung des Evangelischen Gottesdienstbuches bedurft, mit der dann eine Veränderung messbar gewesen wäre. Zugleich ergab sich in der Forschungsplanung die methodische Schwierigkeit, dass die Rolle des Gottesdienstbuches für Veränderungen kaum von anderen Einflussfaktoren unterschieden werden kann: Im vergangenen Jahrzehnt hat sich, wie auch in den Jahrzehnten zuvor, die Arbeitssituation der Pfarrerinnen und Pfarrer stark verändert, ebenso das gottesdienstliche Geschehen: Veränderungen im Zugang zum Pfarrberuf, in Anstellungsverhältnissen, in den Anforderungen an die Arbeit, in der Zahl der Predigtstätten und ganz allgemein in der Gesamtheit derer, die Gottesdienste gestalten, in der Zusammensetzung nach Alter, Dienstalter und Geschlecht.

Wird nun in einer quantitativen Erhebung ein gesteigertes Interesse an der Liturgie oder eine erhöhte Aufmerksamkeit für ein theoretisch fundiertes, kundiges liturgisches Handeln sichtbar, könnte dies ebenso eine Folge der erhöhten Aufmerksamkeit für die liturgische Ausbildung in den Curricula des Vikariats der meisten Landeskirchen oder der Fortbildungsaktivität ihrer Fachstellen für

Gottesdienst sein oder auch eine Folge eines veränderten Selbstbildes derer, die Gottesdienst gestalten. Umgekehrt könnte ein geringes Interesse am Gottesdienstbuch ebenso gut ein Spiegel der in den vergangenen Jahren erhöhten Arbeitsbelastung vieler Pfarrerinnen und Pfarrer sein.

Daraus ergaben sich erste wichtige Entscheidungen für das Design der Studie: Da es nicht möglich ist, die Auswirkung des Gottesdienstbuches auf das liturgische Handeln unmittelbar zu erheben und damit etwa ein Veränderungspotenzial des Buches zu belegen, soll im Zentrum einer quantitativen Studie mit einer angemessenen Reichweite zunächst die Rezeption des Buches und seine Bewertung durch diejenigen Menschen stehen, die Gottesdienste gestalten. Hierin soll außerdem, um den Zusammenhang zwischen dem Gebrauch des Gottesdienstbuches und der »Haltung zum liturgischen Handeln« zu erfassen, eben diese Haltung der Befragten erkundet werden – zum Gottesdienst allgemein, zur eigenen Rolle in der Gestaltung des Gottesdienstes sowie zu Einzelfragen der liturgischen Arbeit, etwa dazu, welche Rolle die Lebenswelt der Gottesdienstgemeinde oder liturgiedidaktische Erwägungen spielen sollen, ob also gottesdienstliches Handeln der Lebenswelt angepasst oder »Liturgie erklärt« werden muss oder gerade nicht. Die zentralen Fragen, die Menschen in der Gestaltung von Gottesdiensten beschäftigen, sollten die Grundlage der Befragung bilden.

Die Perspektive der Nutzerinnen und Nutzer des Gottesdienstbuches auf ihre eigene Rezeption des Buches und ihre Sicht auf seine Wirkung, sein Veränderungspotenzial oder seine konkrete Anregungsfunktion sollte aber durchaus eingeholt werden, und zwar in einer ersten, qualitativen und damit ohne Anspruch auf Repräsentativität durchgeführten Erhebung, der quantitativen Befragung vorausgehend. Unter anderem aus diesem Grund nutzten Claudia Schulz und Tabea Spieß, beraten durch die Steuerungsgruppe, ein mehrstufiges Erhebungsverfahren, wie es in den folgenden Abschnitten mit den jeweiligen Methoden beschrieben wird.

3. Der qualitative, explorative Studienabschnitt und seine Methodik

An die oben beschriebene erste Sammlung von Hypothesen und Fragen schloss sich eine Erhebung empirischer Daten in einem mehrstufigen Verfahren an. Zunächst galt es, in einem qualitativen Erhebungsabschnitt zu ermitteln, welche Themen sich aus Sicht der Befragten auftun, wenn es um die Gestaltung von Gottesdiensten allgemein und insbesondere die liturgische Arbeit und das Evangelische Gottesdienstbuch geht: Welche Fragen sind den Gestaltenden in diesem Zusammenhang wichtig, worüber machen sie sich Gedanken, auf welche Weise und in welcher Sprache geben sie Auskunft über ihre Ansichten, Gewohnheiten, Interessen und Bedürfnisse? Und: Auf welche Weise und worüber können und möchten sie Auskunft geben? Diese explorative, qualitative Erhebung sollte zum einen die Grundlage bilden für die Gestaltung der quantitativen Erhebung, mit der dann eine große Zahl von Menschen befragt werden kann. Zum anderen sollten hier, wie oben bereits beschrieben, Haltungen erhoben werden, die mit den geschlossenen Fragen einer quantitativen Erhebung nicht erschlossen werden können, wie oben am Beispiel der Auswirkung des Gottesdienstbuches auf das eigene liturgische Arbeiten beschrieben.

Das Vorgehen in der Rezeptionsstudie

1. Klärung der **Fragestellung** (Dezember 2007 bis Februar 2008)
2. **Qualitativer (explorativer) Abschnitt**: Gruppendiskussionen mit Pfarrer/innen, Kirchenmusiker/innen und Ehrenamtlichen (Februar bis September 2008)
3. **Quantitativer Abschnitt**: Fragebogen-Befragung von 2.137 Pfarrer/innen in neun Landeskirchen, anschließend Datenerfassung (Erhebung: Dezember 2008 bis April 2009; Datenerfassung: Februar bis April 2009)
4. **Auswertung** nach Einzelfragen (April bis September 2009)
5. **Typenbildung** (Juli bis September 2009)
6. **Diskussion** mit Fachleuten aus verschiedenen Arbeitsfeldern und teilweise **Rückbindung** an Material und Ergebnisse des qualitativen Abschnitts (September 2009 bis März 2010 – Tagung Hildesheim)

Für eine offene Befragung von Pfarrerinnen und Pfarrern, Kirchenmusikerinnen und Kirchenmusikern sowie in der Gottesdienstgestaltung aktiven Ehrenamtlichen wählten wir das Instrument der Gruppendiskussion.[19] Anhand eines Leitfadens und mit einer sehr zurückhaltenden Moderation unterhält sich eine »natürliche« Gruppe von Menschen in derselben Situation, die sich vor dem Gespräch schon kennen, über das vorgegebene Thema, hier »die Gestaltung von Gottesdienst und Liturgie«. Diese Methode erschließt zunächst Meinungen und Einstellungen der Befragten. Biographische Perspektiven werden hier deutlich we-

19. Vgl. etwa *Ralf Bohnsack*, Rekonstruktive Sozialforschung. Einführung in qualitative Methoden, 6., durchgesehene und aktualisierte Auflage, Stuttgart 2007; *Aglaja Przyborski*, Gesprächsanalyse und dokumentarische Methode. Qualitative Auswertung von Gesprächen, Gruppendiskurssionen und anderen Diskursen, Wiesbaden 2004.

niger einbezogen als das in Einzelinterviews der Fall ist. Die Methode hat jedoch den Vorteil, dass im Diskurs der Gruppenmitglieder untereinander sichtbar wird, wie subjektiv vorgenommene Deutungen Einzelner sozial verarbeitet und darin Bedeutungsstrukturen in größere Diskussionskontexte eingebunden werden. So erarbeitet sich die Gruppe eine gemeinsame Sicht der Dinge – oder es wird sichtbar, wie verschiedene Muster der Argumentation in Konkurrenz geraten, Widersprüche und Bruchstellen bearbeitet werden müssen. Ein solches Vorgehen eröffnet Erkenntnisse in Bedeutungshorizonte und Relevanzen eines Themas für die Befragten.

Unter Pfarrerinnen und Pfarrern sowie unter Kirchenmusikerinnen und Kirchenmusikern wurden jeweils drei Diskussionen durchgeführt. Im Sampling, also in der Auswahl der Gruppen, waren unterschiedliche Regionen Deutschlands sowie Stadt-Land-Differenzen berücksichtigt. Eine Diskussion führten wir mit einer Gruppe von Ehrenamtlichen, die seit vielen Jahren in ihrer Gemeinde für die Gestaltung von Gottesdiensten verantwortlich sind. Alle Gruppenmitglieder kannten einander vor der Diskussion, aus Pfarrkonventen, Treffen von Musikerinnen und Musikern in einem Kirchenbezirk oder der gemeinsamen Arbeit an Projekten.

Die Gruppendiskussionen dauerten zwischen 90 und 120 Minuten und wurden mit Hilfe eines Leitfadens strukturiert. Nach einer Informationsrunde über das Forschungsvorhaben und die Methode begannen die Diskussionen mit einer Vorstellungsrunde mit Angaben zur Person, zum Dienstalter und zum Arbeitsplatz. Der erste Gesprächsimpuls war grundsätzlicher Art und eröffnete der Gruppe eine eigene Strukturierung des Themas: »*Wenn Sie an Ihre Gottesdienste denken: Worauf kommt es dabei in Ihren Augen an?*« Der zweite Impuls war auf die Situation in der eigenen Gemeinde und die Zusammenarbeit mit anderen ausgerichtet: »*Wie ist es in Ihrer Gemeinde: Wer ist an der Gestaltung der Gottesdienste beteiligt?*« Ziel war es, von vorne herein die sozialen und vor allem kommunikativen Dimensionen der Arbeit an Gottesdiensten einzubeziehen und mit diesem Impuls das Nachdenken über sie anzuregen. Der dritte Impuls zielte auf die konkrete Gestaltung des Gottesdienstes: »*Wie gehen Sie bei der Gestaltung des Gottesdienstes üblicherweise vor?*« In vielen Fällen waren die Themen des zweiten und dritten Impulses von der Gruppe bereits vorweggenommen und diskutiert worden, so dass auf diese verzichtet werden konnte.

In einem weiteren Gesprächsabschnitt stand nun das Gottesdienstbuch selbst im Mittelpunkt, eingeleitet durch den Impuls: »*Welche Rolle spielt das Evangelische Gottesdienstbuch für Sie?*«. Auch diese Frage nahmen etliche Gruppen im früheren Gesprächsgang bereits vorweg. Allerdings waren die Ebenen der Auseinandersetzung mit dieser Frage sehr unterschiedlich: Während die einen vor allem die

Qualität des Buches diskutierten, die Auswahl der Texte, die Übersichtlichkeit oder die Handhabbarkeit, sprachen andere verstärkt über den Anregungsgehalt des Buches für sich und andere, über eigene Erfahrungen und ihr Nutzerverhalten in Vergangenheit und Gegenwart. Wo eine Gruppe keinerlei Aspekte der eigenen Gestaltung von Liturgie mit Hilfe des Gottesdienstbuches berücksichtigt hatte, wurde hier ein weiterer Impuls, gezielt mit dem Thema eines der Kriterien des Gottesdienstbuches, eingebracht: »*Das Gottesdienstbuch soll ja dazu anregen, Gottesdienste vielfältig und flexibel zu gestalten. Gleichzeitig soll es zu mehr Wiedererkennbarkeit in der Liturgie führen. Wie ist für Sie das Verhältnis von flexiblen Elementen und den konstanten Bestandteilen im Gottesdienst?*«

Eine abschließende Gesprächsrunde kreiste um Wünsche und Träume der Gruppenmitglieder und war eingeleitet durch den abschließenden Impuls, orientiert an der »Wunderfrage« aus der systemischen Beratungsarbeit:[20] »*Zum Schluss möchte ich gern noch ein Gedankenexperiment mit Ihnen machen: Stellen Sie sich vor, Sie werden für ein Jahr von Ihrer Arbeit beurlaubt und von allen Verpflichtungen freigestellt. Sie haben nur eine einzige Aufgabe: sich um die Gottesdienste in Ihrer Gemeinde zu kümmern, wie, wann und wie oft Sie wollen. Sie haben alle Freiheiten und alle Möglichkeiten, auch finanziell, und – wenn Sie mögen – so viele Mitarbeitende wie Sie möchten. Was tun Sie dann? Wie sehen die Gottesdienste dann aus?*«. Die anschließende Diskussion beschäftigte sich zum einen mit den persönlichen und dann in der Gruppe geteilten Wünschen, Hoffnungen, aber auch noch einmal mit der grundsätzlichen Frage nach der Bedeutung der Gottesdienste für die eigene Arbeit und die berufliche Identität.

In den Gruppendiskussionen mit Kirchenmusikerinnen und Kirchenmusikern sowie mit den Ehrenamtlichen in der gottesdienstlichen Arbeit wurde der abschließende Impuls etwas allgemeiner formuliert, um stärker das Spektrum unterschiedlicher Akteurinnen und Akteure in der Gestaltung von Gottesdiensten zu berücksichtigen: »*Zum Schluss möchte ich gern noch ein Gedankenexperiment mit Ihnen machen: Stellen Sie sich vor, Sie können in Zukunft entscheiden, wie in Ihrer Gemeinde Gottesdienst gefeiert wird – wann und wie, von wem gestaltet? Sie haben alle Freiheiten und alle Möglichkeiten, auch finanziell, genug Zeit und so viele Mitarbeitende wie Sie möchten. Was tun Sie dann? Wie sehen die Gottesdienste dann aus?*«

Die Gruppendiskussionen wurden verschriftlicht und im Zuge dessen anonymisiert. Die Namen der Gruppendiskussionen geben lediglich die Berufsgruppe, die regionale Verortung sowie die Größe des Ortes wieder, an dem die Befragten

20. Beschrieben etwa bei *Arist von Schlippe/Jochen Schweitzer*, Lehrbuch der systemischen Therapie und Beratung, Göttingen 1997.

arbeiten. In der Auswertung einer Gruppendiskussion stehen gemäß der Methodologie nicht die Erfahrungen und Meinungen Einzelner im Vordergrund, sondern die kommunikativen Muster, in denen diese Erfahrungen oder Meinungen präsentiert, verhandelt und schließlich geteilt oder abgelehnt werden. Es wird sichtbar, was für die Befragten eigentlich zur Diskussion steht – und was nicht –, in welcher Form Diskurse ablaufen, mit welchem Ziel und welchen Arten von Ergebnissen. So ist mit dieser Methode auch festzustellen, welche Themen entgegen den Erwartungen nicht oder auf eine ungewöhnliche und damit überraschende Weise behandelt werden.

Die Auswertung der Gruppendiskussionen erfolgte mit dem Verfahren der Diskursanalyse:[21] Zunächst stand der Verlauf der Diskussionen im Vordergrund, die Wahrnehmung der thematischen Entwicklungen, Assoziationen und Diskurse. Anschließend wurden, abhängig von den Interessenbereichen der Studie, ausgewählte, einzelne Passagen einer Untersuchung des immanenten Sinngehalts unterzogen: Was meinen die Befragten genau, was sind zentrale Aussagen und durch welche Sicht der Dinge, durch welche übergreifenden Orientierungs- oder Deutungsrahmen, erhalten diese ihre subjektive Logik? In einem anschließenden Schritt wurde das Gesagte auf den gemeinsamen Erfahrungsraum der Gruppe hin untersucht: Wie stellt sich die Welt, wie stellen sich einzelne Themen, Probleme oder die Sicht auf die Zukunft für die Gruppe dar – im Vergleich zu anderen Gruppen, aber auch im Vergleich zu Voranahmen der Interpretierenden und aus der Literatur? Hierzu gehört dann auch die Untersuchung des Diskurses selbst: Wie verhandeln die Befragten ein Thema? Welche Interessen und Ziele sind leitend? Welche »Rollen« spielen die Mitglieder der Gruppe im Verlauf der Diskussion? Aus Kernaussagen und zentralen interaktiven Mustern werden abschließend Kategorien entwickelt, in denen die zugrundeliegende Thematik weiter bearbeitet wird.

Aus forschungspraktischen Gründen wurde die Auswertung der Gruppendiskussionen zweigeteilt: Ein erster Auswertungsabschnitt fokussierte zunächst Diskurslinien, die für die Konstruktion des Fragebogens zentral waren. Eine Übersicht über die thematischen und diskursiven Linien, die die Gruppendiskussionen zum Vorschein gebracht haben, steht in einem gesonderten Text zu Erkenntnissen im Forschungsverlauf zur Verfügung (vgl. dazu den gemeinsamen Text von Claudia Schulz und Tabea Spieß in diesem Band). Hierin wird auch ersichtlich, wie Ergebnisse der qualitativen Erhebung die quantitative Erhebung geprägt haben und welche Grundlinien sich für deren Auswertung ergeben. Ein zweiter

21. Vgl. *Peter Loos/Burkhard Schäffer*, Das Gruppendiskussionsverfahren. Theoretische Grundlagen und empirische Anwendung, Opladen 2001, besonders 61–72.

Auswertungsabschnitt schloss sich zum Ende der Untersuchung dem Arbeitsschritt der Clusteranalyse an. Hier wurden dann speziell solche Diskurslinien anhand des qualitativen Materials weiter verfolgt, die sich in der Clusteranalyse als besonders prägend und für die Arbeit an liturgischen Hilfsmitteln oder in der liturgischen Aus- und Fortbildung als zentral erwiesen haben. Nun lassen sich anhand der Orientierungs- oder Deutungsrahmen im Einzelnen die Zusammenhänge zwischen den Haltungen und dem gottesdienstlichen Handeln verstehen – wie jeweils in der quantitativen Erhebung nachweisbar. Hierin ist es nun möglich, auf unterschiedlichen Ebenen zwischen Erfahrung, Überzeugung und Handeln nachzuzeichnen, wie sich einzelne Haltungen konkret auf die liturgische Arbeit und auch die Nutzung des Gottesdienstbuches auswirken, wie beispielsweise die Haltung einer Pfarrerin in Bezug auf ihre Rolle im Gottesdienst mit ihrem liturgischen Handeln in Zusammenhang steht, mit Details der Gottesdienstgestaltung und ihrem Umgang mit traditionellen Texten.

An dieser Stelle sollen jedoch einige Erkenntnisse aus dem explorativen Forschungsabschnitt benannt werden, die nach der ersten Auswertung der Gruppendiskussionen unmittelbare Auswirkungen auf den Forschungsverlauf hatten.

(1) Ein zentrales Ergebnis betrifft die Diskussionen mit Pfarrerinnen und Pfarrern: Für nahezu alle Befragten war das Evangelische Gottesdienstbuch in der aktuellen Gestaltung von Gottesdiensten kaum relevant. Bei einigen der Befragten hat es in der Vergangenheit etwas mehr Bedeutung gehabt, beispielsweise indem es als Grundlage für die gemeindliche Arbeit am Gottesdienst die Basis war oder als Argumentationshilfe für die Erneuerung der Gemeindeliturgie diente. Viele Befragte nutzen das Buch manchmal oder auch regelmäßig für die eigene Arbeit am Text. Im Diskurs war dann jedoch weniger das Gottesdienstbuch, sondern die Gattung der »Textvorlage« – unabhängig davon, ob es sich dabei um das Gottesdienstbuch handelt oder um ein anderes Hilfsmittel – als Gegensatz oder auch in Kombination mit eigener Mühe um passende Texte für den Gottesdienst. Kaum diskutiert oder differenziert wurden in den Gruppen die einzelnen Funktionen des Gottesdienstbuches, seine Kriterien und Grundanliegen, einzelne Nutzungsmöglichkeiten oder einzelne Teile des Buches oder gar der Ergänzungsbände.

Nun wäre qualitative Forschung falsch interpretiert, wenn solche Beobachtungen als »Ergebnisse« beschrieben und gewertet würden, denn die befragten Pfarrerinnen und Pfarrer könnten eine für die Grundgesamtheit wenig aussagekräftige Stichprobe darstellen. Dennoch war auf Grund dieser Erfahrungen anzunehmen, dass von einer stichprobenhaft befragten Zahl von Pfarrerinnen und Pfarrern kaum mehr als eine kleine Gruppe auf Fragen nach der Rezeption einzelner Teile des Buches oder der Haltung zu bestimmten Funktionen antworten könnte. Die Fallzahl derer, die hier Antworten geben könnten, wäre vermutlich für eine tragfähige Auswertung kaum brauchbar. Um konkrete Angaben über Nutzung und Bewertung der zahlreichen Möglichkeiten des Gottesdienstbuches in ihrem vollen Umfang zu erhalten, müsste umgekehrt keine Stichprobe aus Pfarrerinnen und Pfarrern befragt werden, sondern vielmehr eine gesondert ausgesuchte Gruppe, etwa Teilnehmende an liturgischen Fortbildungen oder andere, besonders Interessierte oder liturgisch Engagierte. Damit wären jedoch wiederum keine Aussagen über die allgemeine Rezeption des Buches zu erreichen. Daraus folgte die Entscheidung, in einer stichprobenhaften Befragung von Pfarrerinnen und Pfarrern auf stark differenzierte Fragen mit Bezug auf die eigene Rezeption des Gottesdienstbuches zu verzichten und es bei Fragen zu belassen, die eine große Zahl der Befragten auch beantworten kann, darüber hinaus in der Analyse konkreter Fragen auf die Ergebnisse der Gruppendiskussionen zurückzugreifen oder gegebenenfalls eine qualitative Nacherhebung zu planen.

(2) Ein weiteres Moment betrifft ebenfalls die Diskussionen mit Pfarrerinnen und Pfarrern, nun mit Bezug auf die Haltung zu Gottesdienst und Liturgie: Es erwiesen sich, nach Analyse der Diskurs-Dynamik, starke Zusammenhänge zwischen der liturgischen Gestaltung der Gottesdienste und der Arbeit an der Predigt sowie der sonstigen Gemeindearbeit als wirksam. Häufig war die Predigt im Mittelpunkt des Diskurses, die Arbeit mit Menschen in unterschiedlichen Nähen und Distanzen zur Kirche und zum gottesdienstlichen Geschehen sowie die eigene Rolle als Pfarrerin oder Pfarrer. So fiel die Entscheidung, in weiten Teilen der quantitativen Erhebung solche »angrenzenden Arbeitsbereiche« oder Haltungen zu verschiedenen Fragen der Arbeit in hohem Maß aufzunehmen und später mit der Haltung zum Gottesdienstbuch bzw. mit seiner Bewertung in Verbindung zu setzen.

(3) Gravierend waren schließlich Erkenntnisse aus der Interpretation der Gruppendiskussionen mit Kirchenmusikerinnen und Kirchenmusikern sowie mit Ehrenamtlichen in der gottesdienstlichen Arbeit: Die kirchenmusikalisch Tätigen beschrieben sich selbst zwar als hochkompetent und interessiert, auch oder gerade was die liturgische Gestaltung des Gottesdienstes anbelangt. Sie beschrieben sich jedoch zugleich als liturgisch wenig aktiv – in starker Abgrenzung zu Pfarrerinnen und Pfarrern. Weil diese, so die phasenweise stereotype Beschreibung, den Gottesdienst lieber allein gestalten wollten, aus unterschiedlichen Gründen die kirchenmusikalisch Ausgebildeten nicht mit einbeziehen und deren Kompetenz nicht nutzen mochten, seien Kirchenmusikerinnen und -musiker bis auf wenige

Ausnahmen nicht in der Rolle der Gestaltenden im Gottesdienst. Sie bekämen »donnerstags die Lieder« und seien darüber hinaus nur stumme Dienstleister. Diese Berufsgruppe nach ihrer Nutzung des Gottesdienstbuches zu fragen, sei unsinnig, insofern sie es zwar gern nutzen würden, aber faktisch kaum Gelegenheit dazu haben.

Ähnliche Erfahrungen gab es in der Befragung der Ehrenamtlichen. Die hier diskutierende Gruppe gestaltete seit vielen Jahren und mit einem hohen Selbstbewusstsein Gottesdienste, dabei handle es sich jedoch nicht um »richtige« Gottesdienste, sondern »nur« um Familien- oder Kindergottesdienste sowie Passions- und Adventsandachten. Dort seien sie eben, so die Beschreibung der Ehrenamtlichen, kaum in der Gestaltung der Liturgie tätig, weil diese Gottesdienste keine Liturgie im eigentlichen Sinne hätten, sondern »sehr frei« gestaltet seien. Diese Ehrenamtlichen äußern durchaus großes Interesse, auch in die Gestaltung des Sonntagsgottesdienstes eingebunden zu werden, dies ist nach ihrer Erfahrung jedoch bisher das Terrain des Pfarrers. Der Pfarrer dieser Gemeinde, der im Vorfeld den Kontakt zur Gruppe hergestellt hat, gab an, der Gruppe ab und zu Kopien aus dem Gottesdienstbuch mitzubringen, das Buch selbst und seine Möglichkeiten seien der Gruppe als solches nicht bekannt. Berücksichtigt man, dass diese Gruppe erst nach einer mühsamen Suche nach (über Lesungen und Küsterdienste hinaus) gottesdienstlich aktiven Ehrenamtlichen gefunden wurde und offenbar eher als eine rechte Besonderheit, nicht als Beispiel für eine weit verbreitete Form gemeindlicher Arbeit, angesehen werden sollte, wird deutlich, wie wenig sinnvoll eine Befragung dieser Gruppe von Gottesdienst Gestaltenden im Rahmen einer Repräsentativbefragung sein würde.

Wo wir zunächst damit gerechnet hatten, Aktive unterschiedlicher Berufs- oder Interessengruppen befragen zu können, erwies sich nun die Befragung von kirchenmusikalisch wie ehrenamtlich Aktiven im Gottesdienst als kaum zielführend. Wie sollen Menschen über ihre Nutzung des Gottesdienstbuches Auskunft geben, die das Buch nicht nutzen dürfen oder können? In Folge dieser Erkenntnisse beschränkt sich die quantitative Befragung auf Pfarrerinnen und Pfarrer, von denen deutlich ist, dass sie sich als einzige Berufsgruppe klar als den Gottesdienst Gestaltende verstehen. Bereits diese Befragung von Pfarrerinnen und Pfarrern erforderte im Weiteren eine starke Rücksichtnahme auf eine im Durchschnitt geringe Kenntnis des Gottesdienstbuches und seiner Möglichkeiten. Durchaus interessant wäre es nun in diesem Kontext, von Gemeindemitgliedern mit oder ohne eigene Aktivität im Gottesdienst einmal zu erfahren, was sie über die liturgische Gestaltung des Gottesdienstes denken, über das Spannungsfeld von Tradition und Variation, über Spielräume und ihre Nutzung sowie über eigene Visionen in Bezug auf den Gottesdienst. In mancher Hinsicht bietet die

Gottesdienst-Befragung der Bayerischen Landeskirche[22] ein hilfreiches Pendant zu dieser Studie.

4. Der integrative, quantitative Studienabschnitt und seine Methodik

Im Anschluss an den explorativen Abschnitt wurden die Inhalte der quantitativen Befragung festgelegt und abgestimmt, ausgehend von der Zielgruppe der Pfarrerinnen und Pfarrer. Dies war an den Fragehorizonten der Studie insgesamt orientiert, an den ersten Erkenntnissen über die Gestaltung von Gottesdiensten und an den Haltungen und zentralen Diskursen des explorativen Abschnittes. Ergänzt wurde das Portfolio durch Fragen zur persönlichen Situation und den Rahmendaten der jeweiligen Tätigkeit.

Die Inhalte der quantitativen Erhebung

- Nutzung des Gottesdienstbuches und Bewertung
- Gottesdienstliches Handeln (Gewohnheiten, liturgische Vorlieben, Beteiligung Ehrenamtlicher bzw. anderer Hauptamtlicher)
- Haltung zu gottesdienstlichen Fragen: Ziele (»Worauf kommt es an?«), Predigt, Sprache, Bedeutung der eigenen Person, Zufriedenheit
- Haltung zu liturgischen Fragen: Gestaltungsspielraum, Bedeutung der Tradition, Zugänglichkeit und Erklärungsbedürftigkeit der Liturgie
- Rahmendaten (Arbeitsplatz, Gemeindesituation, Häufigkeit Gottesdienst)
- Persönliche Daten (Alter/Dienstalter/Zufriedenheit ...)

Der Fragebogen wurde einem Pretest-Verfahren unterzogen, in der Steuerungsgruppe eingehend diskutiert und mehrfach überarbeitet. Sowohl durch die landeskirchlichen und regionalen Unterschiede als auch durch ausgesprochen große Unterschiede in den jeweils typischen Arbeitsformen und Zuständigkeiten erforderten einige Fragen eine feine sprachliche Justierung. Nur ein Beispiel sei hier genannt: Wir hatten angestrebt, die von der jeweils

22. Vgl. die Studie von *Jeannett Martin*, Mensch – Alltag – Gottesdienst. Bedürfnisse, Rituale und Bedeutungszuschreibungen evangelisch Getaufter in Bayern, Berlin 2007. Ebenso aufschlussreich sind die Einzelpublikationen in der Reihe »*Perspektive Gottesdienst*«, herausgegeben vom Gottesdienst-Institut der Evang.-Luth. Kirche in Bayern.

befragten Person überwiegend gewählte liturgische Form zu erheben und hatten dafür verschiedene Formulierungen gewählt. Wie auch immer wir die Frage formulierten, immer waren etliche Befragte ratlos, was genau wir von ihnen wissen wollten. Die Begriffe der »lutherischen« oder »reformierten Tradition« erwiesen sich zum Teil als irreführend, ebenso die Nennung einiger typischer Bestandteile in einer Form. Die schließlich für den Fragebogen gewählte Formulierung »nach Grundform I: Gottesdienst mit Wechselgesängen, Predigt (und evtl. Abendmahl)« oder alternativ »nach Grundform II: Predigtgottesdienst (evtl. mit Abendmahl)« erzielte die höchste Sicherheit der Befragten in ihrem Antwortverhalten. Aufgrund der hohen Verunsicherung der Personen, die den Bogen testweise ausgefüllt haben, halten wir die Zahlen, die sich hier ergeben, nicht für vollständig belastbar. Ebenso überrascht die Zahl von 8 % der Befragten keineswegs, die sich hier nicht einordnen konnten oder mochten.

Im Anschluss an den Pretest wurde der Bogen ausgegeben und in der Zeit von Ende Dezember 2008 bis April 2009 ausgefüllt. Als Grundgesamtheit wurden die Landeskirchen bestimmt, die das Evangelische Gottesdienstbuch verbindlich und ohne Einschränkungen eingeführt hatten (Evangelische Kirche Berlin-Brandenburg-schlesische Oberlausitz, Evangelische Kirche in Mitteldeutschland, Evangelische Kirche im Rheinland, Evangelische Kirche von Westfalen, Evangelisch-Lutherische Landeskirche Hannovers, Evangelisch-Lutherische Landeskirche Mecklenburgs, Nordelbische Evangelisch-Lutherische Kirche, Pommersche Evangelische Kirche) sowie die Evangelisch-Lutherische Landeskirche Sachsens.

Eine überregionale Reichweite der Studie und hohe Zahl von Befragten wurden erreicht, indem aus den Landeskirchen als Stichprobe einzelne Kirchenkreise ausgewählt wurden, in denen der Fragebogen dann im Rahmen der Pfarrkonvente ausgefüllt wurde. Dieses Vorgehen sicherte eine relativ hohe Vollständigkeit der Zahl der Befragten in einem Kirchenkreis sowie durch die Streuung der Kirchenkreise ein Abbild der Situation in unterschiedlichen Regionen sowie ländlichen und städtischen Räumen. Eingeschränkt wird die Repräsentativität durch die typischen Probleme der Stichprobenziehung: Es ist unvermeidlich, dass einige Leitungspersonen in Kirchenkreisen die Studie stärker unterstützen als andere und innerhalb der Kirchenkreise manche Pfarrerinnen und Pfarrer mit einer höheren Wahrscheinlichkeit als andere in einer bestimmten Sitzung des Pfarrkonventes anwesend sind. So spiegeln die Fallzahlen der Befragten aus den beteiligten Landeskirchen nicht die tatsächlichen Größenverhältnisse des Personalbestandes der Landeskirchen wider. Ähnliches gilt für die Verhältnisse in Bezug auf Alter und Geschlecht. Es wurden insgesamt 2.137 Personen befragt, davon 70 % Pfarrer und 30 % Pfarrerinnen.[23] Dabei sind alle Altersgruppen angemessen vertreten: 12 % der Befragten sind unter 40 Jahren, die größte Gruppe (45 %) zwischen 40 und 49 Jahre alt, weitere 36 % zwischen 50 und 59 Jahren und 7 % sind 60 Jahre und älter.

In sechs der neun an der Befragung beteiligten Landeskirchen ist eine Zahl von mehr als 200 Befragten erreicht, was eine eigene Betrachtung und einen Vergleich zulässt (vgl. dazu den Text von Martin Evang und Ilsabe Seibt in diesem Band). Die Auswertung der quantitativen Befragung erfolgte orientiert an den oben beschriebenen Fragestellungen.

5. Die Entwicklung von Idealtypen des gottesdienstlichen bzw. liturgischen Gestaltens

Ein Ziel der Studie ist es, wie oben dargestellt, Zusammenhänge in Haltungen zu Fragen des Gottesdienstes, seiner Liturgie, der Predigt, der pastoralen Rolle und weiteren Aspekten aufzuzeigen und Logiken hinter der Art und Häufigkeit der Nutzung des Gottesdienstbuches herauszuarbeiten. Die qualitative Vorstudie hat Themenfelder aufgezeigt, die für die quantitative Analyse von Einstellungen zu Fragen des Gottesdienstes relevant sein können: Bei der Konstruktion des Fragebogens gingen wir davon aus, dass wir mit Fragen nach der Bedeutung von Liturgie und Predigt, der Ausrichtung auf die Gottesdienstbesucherinnen und -besucher und ihre Beteiligung sowie die eigene Rolle als Pfarrerin oder Pfarrer komplexe Haltungen und Muster identifizieren können.

Die Operationalisierung dieser Fragen findet sich im Fragebogen vor allem in Variablen in so genannten Itembatterien, also Aussagen, denen auf einer 5er-Skala mehr oder weniger zuzustimmen ist bzw. deren Wichtigkeit auf einer 5er-Skala zu bewerten ist. Diese Variablen sollen zunächst mit dem Verfahren der Faktorenanalyse reduziert und auf dahinter liegende Dimensionen untersucht werden.

So werden die Variablen auf Faktoren reduziert, welche als »latente Variablen« anstelle der Items stehen. Ziel ist es also – nicht auf Ebene der Fälle/Befragten, sondern auf der Ebene der Variablen – Zusammenhänge zwischen den Items zu entdecken. Beispielsweise vermuteten wir auf Basis der qualitativen Untersuchung die »latente« Dimension einer Liturgietraditionsorientierung, einer Pre-

23. Wo die Zahlen in den folgenden Abschnitten von dieser Gesamtzahl abweichen, sind Bereinigungen vorgenommen worden, etwa wo Befragte keine Angaben gemacht haben und darum nicht mitgezählt werden konnten. Wo die Summe einer prozentualen Aufteilung nicht 100 % ergibt, liegt dies an den vorgenommenen Rundungen bei den Prozentangaben.

digtorientierung oder einer Orientierung, die sehr auf die Gottesdienstbesucherinnen und -besucher abzielt. Im Vorfeld der Faktorenanalyse werden keine weiteren Hypothesen formuliert oder eine bestimmte Faktorenzahl angestrebt. Auf der Grundlage der ermittelten Dimensionen werden Skalen gebildet, so dass jeder befragten Person eine stärkere oder geringere Ausprägung für die »zusammengefassten Indikatoren« zugeordnet werden kann. Die Bildung von Skalen ermöglicht es dann im Folgenden, mit den Werten weiterzurechnen und mittels einer Clusteranalyse die Typenbildung vorzunehmen.

In der Clusteranalyse werden auf der Grundlage der vier Skalen Gruppen von Befragten gebildet, die sich in ihren Haltungen am ähnlichsten sind und sich am stärksten von anderen Fällen unterscheiden. Es entstehen so Gruppen, die zu Fragen der Lebensweltorientierung, Predigt, Beteiligung und Liturgietradition im Gottesdienst ein ähnliches Antwortverhalten aufzeigen. Im Anschluss an diese Clusterbildungen können dann auch die Haltungen dieser Gruppen zu weiteren gottesdienstlichen Fragen berechnet und analysiert werden, hieraus entstehen dann komplexe Typen, die beispielsweise anhand von liturgischen Vorlieben und Einstellungen konkreter beschrieben werden können.

6. Der Aufbau der Studie im Überblick

Der vorliegende Band enthält nach diesen methodologischen Überlegungen im ersten Teil die grundlegenden Ergebnisse der Studie. Im zweiten Teil folgen liturgiewissenschaftliche Kommentierungen, Detailanalysen und Schlussfolgerungen. Abschließend findet sich eine Grundauszählung der Befragungsdaten aus der Erhebung unter Pfarrerinnen und Pfarrern aus neun Landeskirchen.

Die Texte des ersten Teiles spiegeln die Schritte der Auswertung: Zunächst bietet ein Beitrag mit der Methode der Prozessreflexion (Claudia Schulz/Tabea Spieß: Der forschende Gang ins Feld) erste Einsichten in den explorativen Forschungsabschnitt und stellt darin zentrale Haltungen und Diskurse unter den Befragten in Bezug auf den Gegenstand des liturgischen Gestaltens dar, von denen einige in die quantitative Erhebung eingeflossen sind. Anschließend fasst ein Beitrag die zentralen Ergebnisse der quantitativen Befragung von Pfarrerinnen und Pfarrern zusammen und bündelt Erkenntnisse in Bezug auf die Gestaltung von Gottesdiensten, auf Haltungen und Gewohnheiten sowie die Nutzung und Bewertung des Evangelischen Gottesdienstbuches (Claudia Schulz: Die Gestaltung von Gottesdiensten und die Nutzung des Evangelischen Gottesdienstbuches). Der dritte Beitrag enthält schließlich eine Analyse der zentralen Logiken in der Gestaltung von Gottesdienst und Liturgie, die anhand einer Clusteranalyse ermittelt wurden (Tabea Spieß: Idealtypen der Gottesdienstgestaltung). In diesem Rahmen ist nun eine Triangulation der qualitativen und quantitativen Methoden erreicht, indem eine interpretative Verbindung zum qualitativen Forschungsabschnitt hergestellt wird.

Der zweite Teil des Buches spiegelt Reflexionen und weiterführende Auswertungen, wie sie rund um die Fachtagung der Liturgischen Konferenz zum Evangelischen Gottesdienstbuch in Hildesheim im März 2010 entstanden sind, und zwar zu unterschiedlichen Perspektiven des liturgischen Handelns: Nach einem Beitrag zum »Priestertum aller Glaubenden« und den Konsequenzen für gottesdienstliches Handeln (Helmut Schwier) steht das Verhältnis von Liturgie und Predigt im Mittelpunkt (Michael Meyer-Blanck), gefolgt von einer Analyse der Gruppendiskussionen in Bezug auf die so genannte Lebensweltorientierung von Liturginnen und Liturgen (Claudia Schulz: »Dass die Menschen sich da wohl fühlen …«) und einer Auswertung der Befragungsdaten auf das pastorale Rollenverständnis hin (Klaus Raschzok). Ein eigener Beitrag beleuchtet die Genderaspekte in der Gestaltung des Gottesdienstes (Leonie Grüning).

Ein eigenes Themenfeld ist die Kirchenmusik und ihre Bedeutung für Gottesdienst und Liturgie. Sie wird einerseits in einer Sichtung der Befragungsdaten erarbeitet (Gerd Kerl), andererseits in einem Reflex auf die Gruppendiskussionen mit Kirchenmusikerinnen und Kirchenmusikern mit Blick auf das Verhältnis von Pfarramt und Kirchenmusik (Stephan Reinke). Die Unterschiede in liturgischem Handeln und Nutzung des EGb, wie sie in den Daten der Befragung zum Ausdruck kommen, sind Gegenstand einer eigenen Analyse (Martin Evang und Ilsabe Seibt). Ein abschließender Beitrag blickt zurück auf die zehn Jahre währende Existenz des EGb und fragt nach Anspruch, Wirklichkeit und Aufgaben für die Zukunft (Lutz Friedrichs).

Mögen die Ergebnisse dieser Studie zur genaueren Erkenntnis des agendarisch Möglichen und Nötigen führen und damit zu neuen Entdeckungen beim Feiern der »schönen Gottesdienste des Herrn« (Ps 27,4).

A. Die Studie und ihre Ergebnisse

Der forschende Gang ins Feld
Erkenntnisse über den Untersuchungsgegenstand aus der Planung und Durchführung der Gruppendiskussionen

Claudia Schulz/Tabea Spieß

Der empirische Gang in das Feld der Nutzung des Evangelischen Gottesdienstbuches und die Gestaltung von Gottesdienst und Liturgie insgesamt gestaltet sich als erstes Lehrstück über den Forschungsgegenstand selbst. Hier erweisen sich, ganz nach der Lehre der nicht-standardisierten Forschungsmethodik, die Eigendynamiken, Schwierigkeiten und Stolpersteine im Vorgehen der Forschenden bereits als »Daten« im Erhebungsprozess: Noch bevor erste Befragungsergebnisse vorliegen, lassen sich anhand von Beobachtungen im Forschungsprozess Aussagen über den Gegenstand treffen, die nicht nur ganz allgemein erhellend, sondern im Weiteren auch für Erhebung und Auswertung hilfreich sind. Diesen Gang und erste Analyseschritte zeichnen wir hier nach, unterteilt in die thematischen Wegstrecken und unterlegt von ersten Interpretationen, die der weiteren Analyse dienen sollen. Unser Weg beginnt mit der Suche nach »guten Gruppen« für die geplanten Gruppendiskussionen mit Pfarrerinnen und Pfarrern, Hauptamtlichen aus dem Bereich der Kirchenmusik sowie im Gottesdienst engagierten Ehrenamtlichen.

1. Wer etwas über das Gottesdienstbuch zu sagen hat ...

... das könnten zunächst einmal Pfarrerinnen und Pfarrer sein. Allerdings beschlich uns da ein Zweifel: Diese Expertinnen und Experten in Sachen Liturgie sind in die landeskirchlichen und lokalen Traditionen des Gottesdienstes stark eingebunden, haben lange Ausbildungswege hinter sich und häufig vermutlich ein recht umfangreiches liturgisches Wissen. Für die Mehrheit dieser Menschen ist der Begriff »Evangelisches Gottesdienstbuch« wohl ein Auslöser ganz bestimmter Assoziationen zu Agenden und Traditionen, die die eigenen Erfahrungen mindestens zum Teil überlagern. Wir nahmen an, dass es Pfarrerinnen und Pfarrern schwer fällt, ungezwungen über die Gestaltung »ihrer Gottesdienste« zu sprechen, ohne immerzu auf liturgische »Wahrheiten« zurückzugreifen, wenn wir sie explizit nach dem Gottesdienstbuch fragen. Wie können wir also erfahren, worum es ihnen beim Gottesdienst geht, ohne eine Reproduktion von Fachwissen zu riskieren oder – noch schlimmer – eine undurchsichtige Vermischung von Sollen und Wollen zu erhalten?

Als wir begannen, geeignete Personen für die Gruppendiskussionen zu akquirieren, waren wir darum versucht, bei der Kontaktaufnahme zunächst das Gottesdienstbuch als konkreten Forschungsgegenstand gar nicht zu benennen. Forschungsethisch ist dies natürlich kein gangbarer Weg. Unser Vorgehen war darum eine Mischung aus einer wahren, aber möglichst unanschaulichen Information über den Untersuchungskontext (»die Liturgische Konferenz untersucht die Rezeption des Gottesdienstbuchs«) und einem lebhaft zum Ausdruck gebrachten Interesse am individuellen Erleben und der konkreten Praxis vor Ort (»Wir möchten etwas darüber erfahren, wie Sie Gottesdienste gestalten«). Außerdem haben wir bei der Zusammenstellung der Gruppen explizit darauf geachtet, dass auch dem Gottesdienstbuch gegenüber kritisch eingestellte Pfarrerinnen und Pfarrer oder solche, die das Buch aus verschiedenen Gründen nicht nutzen, zur Teilnahme ermuntert werden, so dass sich in der Diskussion ausreichend Kontrastlinien zeigen können.

Dieses Anliegen wurde auch bei der Entwicklung des Gesprächsleitfadens berücksichtigt: Wir fragten im Gespräch erst nach einer langen Phase der Erhebung von allgemeinen Erfahrungen und Prioritäten in Bezug auf Gottesdienste etwa nach zwei Dritteln der Gesprächszeit explizit nach der Bedeutung des Gottesdienstbuches. Denn wir befürchteten, dass die Teilnehmenden sonst nur über das Buch sprechen und uns nichts über ihre grundsätzlichen Einstellungen zu gottesdienstlichen und liturgischen Fragen erzählen würden, ohne die wir aber die Erkenntnisse über die Rezeption des Gottesdienstbuches nicht in einen breiteren Kontext einordnen können.

Im Rückblick verwundert uns unsere damalige Sicht der Dinge beinahe: Schon die ersten Erfahrungen zeigten deutlich, dass die Pfarrerinnen und Pfarrer sehr gern über ihre Gottesdienste und die Gestaltung derselben berichten, ganz unabhängig davon, welche liturgischen Vorlieben sie haben oder ob und wie sie das Evangelische Gottesdienstbuch nutzen. Vielmehr sahen wir uns vor der Schwierigkeit, nur schwer hinreichend konkrete und umfassende Erfahrungen und Meinungen zum Gottesdienstbuch zu erhalten. Denn: Obwohl alle Befragten das Buch kennen und angeben, es bereits genutzt zu haben, ist doch der (berichtete) konkrete Umgang mit ihm selten. Auch die in gottesdienstlichen Fragen sehr engagierten und interessierten Pfarrerinnen und Pfarrer mögen oft nur vage Aussagen zum Gottesdienstbuch machen, weil sie es in ihrer Arbeit nicht oder wenig nutzen. Immer wieder überwiegt die Wahrnehmung des Buches ausschließlich als Materialsammlung – in der Regel mit einer starken Kritik (»die Gebete finde ich nicht so gelungen«). Selbst wenn Pfarrerinnen und Pfarrer beispielsweise von einer bewegten Zeit der Einführung des Gottesdienstbuches berichten, in der die Liturgie der Gemeinde mit einem großen Team überarbeitet worden ist, sind solche Berichte wenig konkret und fassen auf abstrakte Weise Resultate zusammen.

Die Spielräume sind klein, stellten wir fest, zwischen den persönlichen liturgischen Wünschen (die hätten durchaus zur intensiven Arbeit mit dem Buch führen können) und den tatsächlich empfundenen Möglichkeiten im Amt: Die Zeit ist zu knapp, um mehr an der Liturgie zu arbeiten, Erwartungen und Vorbehalte von Seiten der Gemeinde begrenzen die Möglichkeiten, andere Anforderungen an den Gottesdienst (z. B. »das Evangelium zeitgemäß vermitteln«) stehen im Vordergrund und so weiter. So haben wir aus den Gruppendiskussionen viel über unterschiedliche Haltungen zu gestalterischen Vorlieben in Bezug auf den Gottesdienst und liturgischen Fragen und auch dem Evangelischen Gottesdienstbuch gegenüber gelernt. Gleichzeitig wurde unser Fragen nach Erfahrungen konkret mit dem Gottesdienstbuch expliziter, vor allem bemühten wir uns jetzt schon in der Kontaktaufnahme um eine Gruppe mit möglichst vielen Gottesdienstbuch-erfahrenen Teilnehmenden.

2. »Nicht ohne meine Musikerin« – Die »andere Seite« der Liturgie

Auch Kirchenmusikerinnen und Kirchenmusiker »machen« die Liturgie. Sie zu befragen, gehörte selbstverständlich zum Setting der Untersuchung dazu. Aber das Verhältnis von Pfarramt und Kirchenmusik erwies sich von der ersten Gruppendiskussion an als kompliziert. Ein Pfarrer verweigerte die Teilnahme, wenn er nicht mit »seiner Kirchenmusikerin« kommen kann. Was das heißt und welches Potenzial hinter dieser Aussage stecken könnte, verstanden wir erst, als in dieser ersten Diskussion mit Pfarrerinnen und Pfarrern (die ohne den besagten Pfarrer und seine Musikerin stattfand) kaum jemand von der Kirchenmusik sprach. Fast das ganze Gespräch drehte sich um das eigene Gestalten von Texten, Abfolgen, Atmosphären. Die Musik bildete den Rahmen, sie war eben »Begleitmusik«. Die Aufgaben zwischen Pfarramt und Kirchenmusik scheinen fast überall klar verteilt oder besser: klar von einander abgegrenzt – offenbar zu Lasten der Arbeit an der Liturgie.

Kirchenmusikerinnen und Kirchenmusiker befragten wir in eigenen Gruppendiskussionen. Um »Anwärmphasen« im Gespräch zu vermeiden, wollten wir hauptamtlich Tätige befragten, die sich bereits kennen, also möglichst im selben Kirchenkreis arbeiten. Dies erwies sich als schwierig, denn in vielen Regionen sind ja die meisten Hauptamtlichen inzwischen durch Nebenamtliche mit C- oder D-Prüfung ersetzt worden, während einem verbliebenen Kreiskantor dann vor allem die Koordination obliegt. In einer Landeskirche wurden wir fündig: Eine engagierte Kreiskantorin scharte regelmäßig eine Gruppe hauptamtlicher Musikerinnen und Musiker um sich und besprach mit ihnen zentrale Fragen der Arbeit – und auch der Gottesdienstgestaltung. Es handelte sich um eine Gruppe sehr diskussionsfreudiger und engagiert wirkender Menschen. Wir waren froh, es so gut getroffen zu haben.

Die Diskussion jedoch war ernüchternd: Das Engagement der Befragten bezog sich auf ihre Arbeit nur dort, wo sie allein dafür verantwortlich waren: in Chören, Musikgruppen etc. Ein Kantor hatte im Vorfeld nicht wahrgenommen, dass wir ihn zum Gottesdienstbuch befragen möchten, vielmehr ging er wie selbstverständlich davon aus, dass wir vom Evangelischen Gesangbuch sprachen. Er bemerkte dies erst kurz vor der Gruppendiskussion, als er eine E-Mail erneut las, und war verblüfft, dass wir hierzu etwas von ihm wissen wollen. Über Gottesdienst und Liturgie hatten die Befragten zwar ihre in der Regel ausgeprägte Meinung, jedoch traten sie damit hinter ihre Ortsgeistlichen zurück: Was den Gottesdienst anbetrifft, spielte ihre Kompetenz doch keine Rolle. Nur wenn die Pfarrerin sie konkret um Hilfe bittet, werden sie aktiv. Da dies nur selten vorkommt, gilt: Den Gottesdienst macht die Pfarrerin, »ich bekomme donnerstags die Lieder«.

Das Bedauern der Befragten über diese Situation war groß, das Engagement hin auf eine Veränderung jedoch gering. Etliche Befragte hatten eine Form von Spott dafür gefunden und bedienten eine Begrifflichkeit, die die Trennlinie zwischen den Professionen ausdrückt: Pfarrer/innen machen die Predigt (»den Text«), wir machen das Drumherum (»die Musik«). »Liturgie« ist in diesem Konstrukt der organisatorische Rahmen des Gottesdienstes, der Ablauf, der in aller Regel sowieso nicht verändert wird und der den konkurrierenden Bereichen ihren Raum zuweist. Hier ist Liturgie dann auch nicht sinnvoll zu gestalten, sondern sie sichert die Spielflächen der Professionen in einem gewissen Gleichgewicht miteinander.

Dieses Ergebnis, wenngleich sehr aufschlussreich, war dennoch unzureichend für unser Erkenntnisinteresse: Wenn es stimmt, dass der Musik in der Liturgie eine wichtige Rolle zukommt, müssen wir etwas über die Ausgestaltung dieser Rolle erfahren. Zu diesem Zweck planten wir zwei weitere Diskussionen mit

Kirchenmusikerinnen und -musikern, die von sich behaupten, aktiv die Liturgie in Gottesdiensten mitzugestalten. Wir lernten: Die Kunst bestand darin, Musiker/innen zu finden, die sich auch selbst als liturgisch gestaltend erleben. Mehrfach äußerten Kantorinnen und Kantoren bei der Kontaktaufnahme, die Liturgie sei einmal entwickelt und dann in das Gesangbuch gelegt oder geklebt worden, so dass sie sich in ihrer Funktion als Kirchenmusiker in den Gottesdiensten nicht als liturgisch Gestaltende wahrnähmen. In keinem anderen Teil dieser Studie war der Aufwand in der Kontaktphase der Diskussionen so hoch wie hier. Die Bereitschaft, zu einem Gespräch zur Verfügung zu stehen, war hoch, nur war unsere Zielgruppe der Kirchenmusiker/innen mit eigener Beteiligung an der liturgischen Gestaltung von Gottesdiensten kaum auszumachen.

Ein hauptamtlicher Kantor in einer Kleinstadt erzählte bei der Kontaktaufnahme, dass seinen Erfahrungen zufolge die Gottesdienste überall nach der alten Agende gefeiert werden und sich da »seit 20 Jahren nichts getan« habe, auch aufgrund der Prioritäten, die die Pfarrerinnen und Pfarrer im Alltag setzten. Interessierten sie sich nicht für die Liturgie, sei keine Entwicklung zu erwarten. Insbesondere eine Gemeindebeteiligung sei nirgends vorhanden. Und auch dieser Kantor bewegte sich entlang der bereits bekannten Konfliktlinie: Die Pfarrerinnen und Pfarrer sehen den Schwerpunkt des Gottesdienstes in der Predigt, und nach einer 25-minütigen Predigt erhalte das Abendmahl (und seine liturgische Ausgestaltung, an der auch die Mitwirkung des Kirchenmusikers gefragt sein könnte) dann nicht mehr viel Raum.

Aber auch dort, wo weniger starke Konfliktlinien bestehen oder diese überwunden sind, wo Liturgie durch eine Kirchenmusikerin oder einen Kirchenmusiker gestaltet werden kann, ist Liturgie nicht (immer) ein Feld für kreative Arbeit und Weiterentwicklung. So sagte uns ein Kirchenmusiker bei der Kontaktaufnahme, wir sollten doch besser nur Pfarrerinnen und Pfarrer befragen. Das Gottesdienstbuch sei ja »ein Buch mit Gebeten« und »so viel an Liturgie ist da ja gar nicht drin, das ist ja in erster Linie das Tagesgebet«. Dieser Kantor erzählte, dass er ab und an im Gottesdienstbuch den Psalm für den Sonntag anschaue, aber der liturgische Rahmen für den Sonntagsgottesdienst »steht ja bereits«. Er mache zwar die liturgische Ausgestaltung des Gottesdienstes selbst, aber dafür brauche er kein Buch. Wir lernen: Ein Gebrauch des Gottesdienstbuches hat viele – vielleicht zu viele – Voraussetzungen, ist an viele Faktoren gebunden, z. B. an (Macht-) Strukturen einer Kirchengemeinde oder die persönliche Haltung der für den Gottesdienst Verantwortlichen.

3. »Den richtigen Gottesdienst macht der Pfarrer« – Ehrenamtliche im Gottesdienst

Neben den Pfarrerinnen und Pfarrern und den Kirchenmusikerinnen und Kirchenmusikern bildeten Ehrenamtliche, die aktiv Gottesdienste gestalten, die dritte Zielgruppe unserer Gruppengespräche. Anders als auf dem Gebiet der Musik waren sich die meisten an der Studie beteiligten Fachleute einig: Der Einführung des Gottesdienstbuches durch die entsprechenden Landeskirchen folgte in zahlreichen Regionen Deutschlands eine breite Einführung des Buches in den Gemeinden, in dessen Folge man von einer »Bewegung« sprechen kann: In vielen Gemeinden haben sich, manchmal im Anschluss an Kurse und Fortbildungsangebote, Teams zusammengefunden, um je nach Schwerpunkt anhand des Gottesdienstbuches die Liturgie des sonntäglichen Gottesdienstes zu überarbeiten oder neue liturgische Formen zu entwickeln. Fachstellen in den Landeskirchen begleiteten und unterstützten diese Bewegung und halfen den Teams, das eigene Arbeiten fundiert zu betreiben und sich gegebenenfalls zu vernetzen.

Wo wir also annahmen, für eine Gruppendiskussion »aus dem Vollen schöpfen zu können«, hatten wir uns über die gegenwärtige Situation getäuscht. In einer Landeskirche, deren Fachstelle hier besonders aktiv war, bekamen wir die Namen von Kontaktpersonen genannt, die als in gottesdienstlichen Fragen sehr engagiert und interessiert beschrieben wurden, außerdem zahlreiche Hinweise auf Kirchenkreise, in denen das Engagement besonders groß ist und in denen sich Gruppen von Ehrenamtlichen regelmäßig treffen. Hier aber entpuppten sich die Gruppen von Ehrenamtlichen als »Lektorenkreise«, deren Mitglieder im Gottesdienst lediglich innerhalb eines vorgegebenen liturgischen Rahmens Texte lesen oder zum Teil auch selbst predigen, das Gottesdienstbuch dafür aber nicht verwenden. Sie begreifen ihre Tätigkeit auch nicht als eine »Gestaltung von Gottesdiensten«, sondern eben als Lektoren- oder Predigtdienst. Einige der genannten Kontaktpersonen haben selbst früher einmal an Gottesdiensten mitgewirkt, kannten aber momentan nicht mal mehr jemanden, auf den das aktuell zutrifft. Eine Kontaktperson berichtete von einem Team in ihrer Gemeinde, das vor vielen Jahren für eine begrenzte Zeit mit dem Gottesdienstbuch an der Liturgie gearbeitet hatte. Diese Phase sei aber längst vorbei.

Schließlich nahmen wir Kontakt zu einem Pfarrer auf, der nach eigener Angabe tatsächlich mit einer Gruppe von ehrenamtlich mitarbeitenden Frauen regelmäßig Gottesdienste vorbereitet und hierfür auch das Gottesdienstbuch verwendet. Wir bekamen die Gelegenheit, diese Gruppe zu befragen, allerdings, so die Warnung des Pfarrers, könnte eine solche Diskussion in Bezug auf das Buch wenig ergiebig sein. Denn er teile zwar manchmal in der Gruppe Kopien aus dem Gottesdienstbuch aus, die Gruppe könne diese Texte aber wohl nicht dem Gottesdienstbuch zuordnen. Wir befragten diese Gruppe dennoch und stießen auf ein enormes Selbstbewusstsein der Beteiligten: Fast alle waren Mitglieder des Kirchenvorstandes (gewesen) und hatten über viele Jahre Erfahrung mit der Gestaltung von Gottesdiensten und den unterschiedlichen Möglichkeiten, ihn zu gestalten, gesammelt.

Dennoch waren wir auch hier von der Situation überrascht: Die Gruppe gestaltet das gottesdienstliche »Zusatzprogramm« in Form von Passionsandachten, Kinder-, Jugend- oder Familiengottesdiensten, in denen die Liturgie (aus Sicht der Frauen) kaum eine Rolle spielt. Für die Frauen war klar: »Den richtigen Gottesdienst macht der Pfarrer.« Die gestalterische Freiheit von Ehrenamtlichen im Gottesdienst bezieht sich in ihren Augen etwa darauf, alternative Sitzordnungen zu entwickeln. Als Forscherinnen lernten wir dabei mindestens dies: Dass die Gemeinde im Sinne der Kriterien des Evangelischen Gottesdienstbuches den Gottesdienst feiert und ihn mitgestaltet, mag wahr sein, wenn man die innere Beteiligung von Gemeindegliedern am Gottesdienst berücksichtigt. Aus der Perspektive der Gemeindemitglieder selbst ist die aktive Gestaltung, abgesehen vom Lektoren- oder Prädikantendienst, wohl eher selten der Fall.

Die Gestaltung von Gottesdiensten und die Nutzung des Evangelischen Gottesdienstbuches Grundlegende Ergebnisse der empirischen Studie

Claudia Schulz

Was als Rezeptionsstudie zum Evangelischen Gottesdienstbuch angefangen hatte, entwickelte sich schnell zu einem Instrument, mit dem sich – in den beteiligten Landeskirchen – recht zahlreiche und genaue Aussagen über die Situation der Gottesdienstgestaltung treffen lassen: Zum einen sind Informationen über das übliche Vorgehen in der Gestaltung von Gottesdiensten zugänglich, über Gewohnheiten in der liturgischen Ausgestaltung, über Vorbereitungszeiten, übliche Kooperationen mit kirchenmusikalisch Tätigen und Ehrenamtlichen, über den Gebrauch von Hilfsmitteln und den Einsatz von Materialien. Zum anderen sind derartige Informationen zusätzlich erweitert um Angaben zu Haltungen und Überzeugungen in Bezug auf den Gottesdienst im Allgemeinen, Predigt und Liturgie im Besonderen und schließlich in Bezug auf die eigene Rolle in der Gestaltung.

Schließlich bietet die Studie die angestrebten Ergebnisse zur Nutzung des Gottesdienstbuches – in seiner Eigenschaft als liturgisches Hilfsmittel ebenso wie in seiner Eigenschaft als Impuls für die liturgische Reflexion und Gestaltung allgemein. Inwieweit die Kriterien, von denen die Arbeit am Gottesdienstbuch getragen war und die den Kern seiner Wirkung darstellen sollen, tatsächlich von den Nutzenden geteilt werden, ist zum Ende dieses Textes diskutiert. Im Folgenden sollen nun zunächst die allgemeinen Erkenntnisse zur »gottesdienstlichen Situation« dargestellt und mit Einzelfragen der gottesdienstlichen Gestaltung in Beziehung gesetzt werden.

1. Die Befragten der Studie – Grunddaten ihrer Tätigkeit

Unter den insgesamt 2.137 befragten Pfarrerinnen und Pfarrern sind 70 % männlich und 30 % weiblich, was etwa dem realen *Geschlechterverhältnis* im Pfarrdienst im Raum der EKD entspricht.[1] Die *Altersgruppe* von unter 40 Jahren ist in der Untersuchung am schwächsten vertreten (12 %), die Altersgruppe zwischen 40 und 49 Jahren am stärksten (45 %), weitere 36 % sind zwischen 50 und 59 Jahren alt und 7 % sind 60 Jahre und älter. Weibliche Befragte sind im Durchschnitt etwas jünger als die männlichen Befragten. Damit sind entsprechend unterschiedliche *Dienstalter* vertreten: 8 % der Befragten sind seit ihrem 2. theologischen Examen bis zu fünf Jahre im Dienst, 12 % zwischen sechs und zehn Jahren, 19 % zwischen elf und 15 Jahren, 25 % zwischen 16 und 20 Jahren und 37 % mehr als 20 Jahre. Hier ist der Unterschied zwischen den Geschlechtern noch gravierender: Nur 6 % der Männer, aber 12 % der Frauen sind bis zu fünf Jahre im Dienst, 42 % der Männer sind bereits mehr als 20 Jahre im Dienst, aber nur 24 % der Frauen. Dies resultiert aus der Veränderung der Geschlechterverhältnisse im Pfarramt während der vergangenen 30 Jahre, zugleich aus dem vergleichsweise höheren Eintrittsalter der Frauen. Hier sind darüber hinaus die Unterschiede zwischen den Landeskirchen sehr groß (siehe Tabelle).

An der Befragung waren neun *Landeskirchen* beteiligt, darunter sechs in einem Umfang von mehr als 200 Befragten, was eine eigene Betrachtung und einen Vergleich zulässt.[2]

Tabelle 1: Befragte nach Landeskirche und Geschlecht

Landeskirche	**Anzahl gesamt**	**Anteil Frauen**
Evangelische Kirche von Westfalen	562	31 %
Evangelische Kirche im Rheinland	344	26 %
Berlin-Brandenburg-schlesische Oberlausitz	267	34 %
Evangelisch-Lutherische Landeskirche Hannovers	260	34 %
Nordelbische Evangelisch-Lutherische Kirche	252	42 %
Evangelisch-Lutherische Landeskirche Sachsens	220	17 %
Evangelisch-Lutherische Landeskirche Mecklenburgs	82	33 %
Evangelische Kirche in Mitteldeutschland	64	20 %
Pommersche Evangelische Kirche	43	23 %

1. Wo die Zahlen in den folgenden Abschnitten von dieser Gesamtzahl abweichen, sind Bereinigungen vorgenommen worden, etwa wo Befragte keine Angaben gemacht haben und darum nicht mitgezählt werden konnten. Wo die Summe einer prozentualen Aufteilung nicht 100 % ergibt, liegt dies an den vorgenommenen Rundungen bei den Prozentangaben.
2. Vgl. *Martin Evang/Ilsabe Seibt*, Das Gottesdienstbuch in Ost und West. Ein Vergleich zur Rezeption besonders in der EKBO und EKiR, in diesem Band.

Die meisten der Befragten sind in einer *Ortsgemeinde* (64 %) oder in mehreren Ortsgemeinden (22 %) tätig. 12 % der Befragten arbeiten in einem *Funktionspfarramt* oder einer anderen Tätigkeit (2 %). Hier gibt es einen erheblichen Unterschied zwischen den Geschlechtern, denn unter den Männern sind deutlich weniger in einem Funktionspfarramt tätig als unter den Frauen (9 % gegen 19 %), dafür deutlich mehr in mehreren Ortsgemeinden (24 % gegen 17 %). Dies mag mit einer höheren Teilzeitquote unter den Frauen zu tun haben, was sich jedoch anhand dieses Datensatzes nicht überprüfen lässt.

Erhoben wurde die *durchschnittliche Anzahl der Gottesdienste*, die die Befragten vorzubereiten haben, Andachten, Amtshandlungen und Kindergottesdienste ausgenommen: Zwei Drittel der Befragten geben an, während der regulären Arbeitswochen einen Gottesdienst pro Woche (43 %) oder sogar mehrere (22 %) vorzubereiten. Das übrige Drittel berichtet von geringeren Zahlen: 32 % bereiten zwischen einem und drei Gottesdienste pro Monat vor, nur 3 % berichten von weniger als einem monatlichen Gottesdienst. Deutlich ist, dass die Tätigkeit in einem Funktionspfarramt zu einer geringen durchschnittlichen Anzahl von Gottesdiensten führt: 68 % dieser Befragten geben an, seltener als einmal pro Monat einen Gottesdienst vorzubereiten.

In der Befragung wurden unterschiedliche *Lagen der Gemeinden* berücksichtigt: 43 % geben an, in einer Stadt zu arbeiten, 15 % arbeiten in einem eher städtisch geprägten Raum, 42 % in einem eher ländlich geprägten Raum.

2. Gottesdienstliches Handeln – Ausgestaltung und Kooperationen

Als *Vorbereitungszeit für einen Gottesdienst* (einschließlich Predigtvorbereitung) geben die meisten der Befragten eine Zeit von vier bis sechs Stunden (40 %) oder von sieben bis neun Stunden (42 %) an. Mit einer kürzeren Vorbereitungszeit kommt nur eine kleine Gruppe aus (5 %), längere Zeit brauchen 12 % der Befragten. Diese Vorbereitungszeit ist stark vom Dienstalter und vor allem vom Lebensalter der Befragten abhängig. Hier zeigt sich, dass Befragte unter 40 Jahren überdurchschnittlich viel Zeit zur Vorbereitung verwenden.

Damit bereitet die große Mehrheit der Befragten (82 %) den Gottesdienst im zeitlichen Mittelfeld zwischen vier bis sechs oder sieben bis neun Stunden vor. Im Vergleich ist die Vorbereitungszeit bei den Frauen länger, 49 % der Frauen entscheiden sich für die Antwort »sieben bis neun Stunden«, aber nur 39 % der Männer. Dies mag zum Teil mit einer etwas geringeren Zahl der Gottesdienste bei den Frauen (durch mehr Teilzeitstellen und Funktionspfarrämter) und das geringere durchschnittliche Dienstalter zu erklären sein.

Die *Zusammenarbeit* der Befragten *mit Ehrenamtlichen und Kirchenmusiker/innen* in der Vorbereitung von Gottesdiensten ist vielschichtig beschrieben: Für einen *Familiengottesdienst* geben 51 % der Befragten an, diesen »häufig oder immer« gemeinsam mit Ehrenamtlichen vorzubereiten. Nur 8 % tun dies selten oder nie. Die Zusammenarbeit mit dem Kirchenmusiker oder der Kirchenmusikerin in der Vorbereitung ist um einige Prozentpunkte geringer, hier bereiten nur noch 37 % der Befragten »häufig oder immer« und sogar 21 % »selten oder nie« den Gottesdienst gemeinsam vor.

Anders sind die Verhältnisse, was den *sonntäglichen Hauptgottesdienst* anbetrifft: Hier geben nur 12 % der Befragten an, »häufig oder immer« mit Ehrenamtlichen zu arbeiten, 30 % tun dies »selten oder nie«. Mit der Kirchenmusikerin oder dem Kirchenmusiker bereiten jedoch 29 % der Befragten den Gottesdienst »häufig oder immer« vor, jedoch geben immer noch 24 % der Befragten an, dies »selten oder nie« zu tun.

Die Häufigkeit der Zusammenarbeit mit anderen hängt in manchen Fällen von der insgesamt zu leistenden Anzahl der Gottesdienste ab: Insgesamt scheint hier eine größere Zahl vorzubereitender Gottesdienste die Zusammenarbeit mit Ehrenamtlichen und Kirchenmusiker/innen eher etwas zu verstärken denn zu verringern. Wo man umgekehrt erwarten möchte, eine Zusammenarbeit mit anderen sei eher zu schaffen für Pfarrer/innen, die seltener Gottesdienste vorbereiten und mehr Zeit haben, dies mit anderen gemeinsam zu tun, scheint (zumindest ebenso) eine umgekehrte Logik zu greifen, nach der gemeinsame Vorbereitung die Arbeit auch erleichtert oder verringert oder nach der eine Zusammenarbeit möglicherweise auch schlicht eine Folge faktischer Nähe mit vielen Kontaktmöglichkeiten und viel Übungsfläche für Teamarbeit und das Delegieren von Aufgaben ist.

Im Bereich der *Kirchenmusik* ist die Situation in den Gemeinden der Befragten heterogen. Grundsätzlich müssen offenbar viele Gemeinden jetzt schon ohne Hauptamtliche/n mit kirchenmusikalischer Ausbildung auskommen: 30 % der Befragten geben an, in ihren Gottesdiensten arbeite »selten oder nie« eine hauptamtliche Kraft mit, dagegen geben 58 % an, dies sei »meistens oder immer« der Fall.[3] Nur 12 % wählen die Antwortmöglichkeit »manchmal«. Dies spiegelt eine Situation, in der kirchenmusikalische Arbeit in den meisten Gemeinden noch zumindest zufriedenstellend funktioniert, während sie an anderen Orten bereits auf das Nötigste oder Mögliche reduziert ist. Hierin scheint es, jedenfalls nach den vorliegenden Daten, keine Ost-West-Differenz zu geben: In Sachsen liegt die

3. Diese (hohe) Zahl lässt darauf schließen, dass hier viele Befragte offenbar als »Hauptamtliche« auch Kirchenmusiker/innen mit Teilzeitstellen oder Honorartätigkeit verstanden haben.

Quote der Befragten, die in ihren Gemeinden keine hauptamtliche Kraft für Kirchenmusik mehr haben, im Durchschnitt der insgesamt Befragten. Nur in Mecklenburg, der EKM und in Pommern sind die Werte höher, aber die geringen Zahlen der Befragten dort lassen einen wirklichen Vergleich nicht zu. Erhöhte Werte finden sich aber sehr prägnant in der Ev.-Luth. Landeskirche Hannovers, was darauf hindeutet, dass möglicherweise eher in Landeskirchen mit großem Anteil ländlicher Gemeinden ein System verbreitet ist, nach dem viele Gemeinden mit Teilbeauftragungen von C- und D-Musiker/innen agieren.

Die liturgischen Grundformen I und II, nach denen die Befragten Gottesdienste feiern, sind in der Befragung beide erfasst, aber sehr ungleich verteilt: 77 % feiern nach Grundform I, 18 % nach Grundform II und weitere 8 % machen keine Angaben machen oder geben an, »ohne feste Form« zu feiern.[4] Hier sind – erwartbar – die Unterschiede zwischen den Landeskirchen erheblich:

Tabelle 2: Befragte nach Landeskirche und Grundform

Landeskirche	Grundform I	Grundform II
Evangelische Kirche von Westfalen	72 %	23 %
Evangelische Kirche im Rheinland	82 %	14 %
Berlin-Brandenburg-schlesische Oberlausitz	70 %	27 %
Evangelisch-Lutherische Landeskirche Hannovers	86 %	11 %
Nordelbische Evangelisch-Lutherische Kirche	77 %	16 %
Evangelisch-Lutherische Landeskirche Sachsens	84 %	13 %
Evangelisch-Lutherische Landeskirche Mecklenburgs	90 %	10 %
Evangelische Kirche in Mitteldeutschland	68 %	24 %
Pommersche Evangelische Kirche	89 %	11 %

Das vorgeschlagene *Wochenlied* wird nach Angaben von 56 % der Befragten »meistens oder immer« gesungen, 34 % singen es »manchmal«, 11 % singen es »nie«. Dabei gibt es Unterschiede zwischen den Landeskirchen: Im Rheinland liegt der Anteil derer, die das Wochenlied »selten oder nie« singen, bei 19 %, in Sachsen bei 1 % (93 % singen das Wochenlied hier »meistens oder immer«).

Ähnlich different sind die Gewohnheiten, was das *Austeilen eines Informationsblattes* anbelangt: Insgesamt teilen 18 % »meistens oder immer« ein solches Blatt aus, 32 % »manchmal« und 50 % »selten oder nie«. Diese Anteile variieren aber

4. An dieser Stelle sind Unsicherheiten zu berücksichtigen, die diese Frage im Pretest hervorgerufen hatte. Trotz mehrfacher Anpassung der Formulierung und der Einfügung einzelner Bestandteile war die Unterscheidung der beiden Grundformen für viele Befragte nicht zweifelsfrei möglich.

stark nach Landeskirche: In Sachsen wählen 64% der Befragten die Antwort »selten oder nie«, in Westfalen nur 44%. In Mecklenburg geben nur 5% der Befragten an, »meistens oder immer« ein Informationsblatt auszuteilen, in Westfalen, im Rheinland und in Nordelbien sind es mehr als 20%. Ein Informationsblatt wird etwas öfter im städtischen Raum ausgeteilt als im ländlichen Raum, etwas öfter von Frauen als von Männern und deutlich öfter von Pfarrer/innen, die mir ihren Gottesdiensten (sehr) zufrieden sind – im Gegensatz zu solchen, die wenig zufrieden sind.

Einen *liturgischen Gruß* sprechen zu Anfang des Gottesdienstes nach eigenen Angaben 71% der Befragten »meistens oder immer«, 18% »selten oder nie«. Eine freie oder *informelle Begrüßung* sprechen 73% der Befragten, 9% tun es »selten oder nie«. Während der liturgische Gruß weder von der Lage der Gemeinde noch vom Alter der Liturg/innen abzuhängen scheint, ist die freie, informelle Begrüßung eher nach dem Geschmack der Jüngeren: Befragte unter 40 Jahren geben überdurchschnittlich oft (zu 84%) an, eine freie Begrüßung zu sprechen. Auch Frauen tun dies etwas häufiger als der Durchschnitt (76%). In dieser Frage spielt die landeskirchliche Prägung eine große Rolle: In Sachsen geben 84% der Befragten an, »meistens oder immer« einen liturgischen Gruß zu sprechen, in Westfalen nur 65%.

Die informelle Begrüßung scheint für die meisten Befragten nicht in Konkurrenz zum liturgischen Gruß zu stehen: Von denen, die angeben, »meistens oder immer« einen liturgischen Gruß zu sprechen, geben 71% an, auch »meistens oder immer« eine freie Begrüßung zu formulieren – und umgekehrt. Nur für die kleine Gruppe derer, die angibt, »selten oder nie« einen liturgischen Gruß zu sprechen (18%), ist die freie Begrüßung quasi das ergänzende Gegenstück: 83% von diesen Befragten geben an, »meistens oder immer« eine freie Begrüßung zu sprechen. Umgekehrt geben von den 9% der Befragten, die »selten oder nie« eine informelle Begrüßung sprechen, noch 79% an, »meistens oder immer« einen liturgischen Gruß zu sprechen.

Diese Zusammenschau zeigt, dass eine nicht unerhebliche Anzahl von Befragten (7%) keine der beiden Optionen wählt, also offenbar einen Beginn des Gottesdienstes gestaltet, der nach eigenem Empfinden weder einen liturgischen Gruß enthält noch eine freie Begrüßung. Mit dieser Beobachtung ist bereits etwas erfasst, das sich im Verlauf der Auswertung als eine Art Kontinuum der Perspektive auf Liturgie erweist: Es scheint eine gewisse Anzahl von Pfarrerinnen und Pfarrern zu geben, die sich in ihrem gottesdienstlichen Handeln auf andere Weise als Liturgie Gestaltende erleben, als dies gemeinhin vermutet wird. Das genaue Verständnis dessen, was das eigene liturgische Handeln bedeutet, ist in jedem Fall nicht als einheitlich zu beschreiben.

Das *Abendmahl* wird in den meisten Gemeinden der befragten Personen (57 %) etwa einmal im Monat gefeiert. Nur 32 % der Befragten geben an, in ihren Gemeinden häufiger Abendmahl zu feiern, 10 % geben an, es seltener zu feiern. Das Abendmahl findet erwartungsgemäß etwas häufiger statt in solchen Gemeinden, die ihren Gottesdienst nach der Grundform I feiern. Auffällig ist der Unterschied zur *gewünschten Häufigkeit des Abendmahles*: Viele Befragte wünschen sich eine höhere Frequenz, 43 % würden es gern häufiger als einmal im Monat feiern, nur 4 % gern seltener als einmal im Monat. Dass Pfarrerinnen und Pfarrer sich eine höhere Frequenz wünschen, ist durch alle Landeskirchen hindurch der Fall, unabhängig davon, ob hier bereits eine über- oder unterdurchschnittliche Frequenz gegeben ist.

3. Zufriedenheit mit der Gottesdienstgestaltung

Die befragten Pfarrerinnen und Pfarrer sind mit ihrem Pfarrberuf mehrheitlich zufrieden. Bei der Frage »Wie zufrieden sind Sie insgesamt mit Ihrem Pfarrberuf?« wählten 35 % die Antwortmöglichkeit »sehr zufrieden« und 46 % die Antwort »eher zufrieden«. Die mittlere Antwortmöglichkeit »teils/teils« wurde nur von 16 % gewählt, sehr geringe Zustimmung erhielten die negativen Äußerungen »eher nicht zufrieden« (3 %) und »überhaupt nicht zufrieden« (0,5 %).[5] Hierbei findet sich kein Zusammenhang mit dem Dienstalter, dem Geschlecht, der Nutzung von liturgischen Hilfsmitteln und der Anzahl der vorzubereitenden Gottesdienste. Auch die Unterschiede zwischen den Landeskirchen sind minimal. Die in Funktionspfarrämtern und »anderen Tätigkeiten« Beschäftigten sind insgesamt etwas zufriedener mit ihrem Pfarrberuf, Befragte in einer Tätigkeit in mehreren Ortsgemeinden etwas weniger zufrieden als der Durchschnitt.

Eine leicht erhöhte Unzufriedenheit findet sich bei Befragten, die mehr als zehn Stunden zur Vorbereitung eines Gottesdienstes benötigen. Interessante Unterschiede ergeben sich, wenn man Pfarrer/innen mit unterschiedlichen Haltungen zum Gottesdienst auf ihre Zufriedenheit mit dem Pfarrberuf hin befragt: Wer angibt, eine »möglichst genaue Ausrichtung des Gottesdienstes auf die Bedürfnisse der Teilnehmenden« sei unwichtig, ist etwas unterdurchschnittlich mit dem eigenen Pfarrberuf zufrieden.

5. In dieser allgemeinen Frage, die hier nur als Vergleichspunkt diente, decken sich die Ergebnisse mit denen der Pfarrerstudien der vergangenen Jahre.

Tabelle 3: Zufriedenheit mit Gottesdiensten, Liturgie und Pfarrberuf

Zufriedenheit mit	sehr zufrieden	zufrieden	teils/teils	eher/überhaupt nicht zufrieden
Gottesdiensten	12 %	72 %	16 %	1 %
speziell: Liturgie	13 %	59 %	24 %	4 %
Pfarrberuf	35 %	46 %	16 %	3 %

Im Vergleich mit der Zufriedenheit speziell im Hinblick auf Gottesdienst und Liturgie fällt auf: Hier ist die Zahl der nicht Zufriedenen etwas erhöht, gravierender ist jedoch, dass die Zahl der »sehr Zufriedenen« im Vergleich zur Zufriedenheit mit dem Pfarrberuf allgemein geringer ist. Eine Kreuzauswertung zeigt: 78 % derer, die mit ihrem Pfarrberuf grundsätzlich »sehr zufrieden« sind, antworten im Blick auf ihre Gottesdienste und die Liturgie verhaltener mit »zufrieden« oder »teils/teils«. Mit dem Arbeitsbereich Gottesdienst und Liturgie sind offenbar, das zeigen auch die anderen Fragen, die meisten Befragten stark befasst, erreichen aber dabei keine »volle Zufriedenheit«. Wer jedoch mit dem eigenen Gottesdienst und der Liturgie darin »sehr zufrieden« ist (12 und 13 % der Befragten), ist mit dem Pfarrberuf insgesamt viel zufriedener als der Durchschnitt. Die Gruppe der »sehr Zufriedenen« umfasst hier 66 % bzw. 60 % der Befragten. Darin lässt sich eine Wechselwirkung zwischen der allgemeinen Berufszufriedenheit und der gottesdienstlichen bzw. liturgischen Arbeit erkennen. Zu überprüfen wären nun die Wirkrichtungen dieser Zusammenhänge, indem sich eine der folgenden Aussagen verifizieren ließe: Liturgische Arbeit »macht Pfarrer/innen zufrieden« und erhöht die positive Identifikation mit der eigenen Arbeit insgesamt – oder umgekehrt: Den besonders Zufriedenen in diesem Beruf gelingt es, auch Gottesdienste und auch speziell die Liturgie ganz zu ihrer Zufriedenheit zu gestalten.

4. Grundlinien zu Einstellungen und Meinungen

Die befragten Pfarrerinnen und Pfarrer zeigen in ihren Einstellungen zum Gottesdienst, zur Prioritätensetzung und Entscheidung für wesentliche Grundlinien liturgischer Arbeit ein uneinheitliches Bild. Nur wenige Meinungen werden von einer breiten Mehrheit geteilt, für viele finden sich entgegengesetzte Gruppen, die einer Meinung entweder stark zustimmen oder sie (eher) ablehnen. Ebenso gibt es zu vielen Fragen zwar viele Befragte, die sich hier klar positionieren, aber ebenso viele Befragte, die sich zurückhalten und eher unbestimmt antworten, indem sie sich für mittlere Werte entscheiden. Diese auffällige Uneinheitlichkeit –

das Gegenteil einer grundsätzlichen Teilung von Meinungs-Gruppen wie man sie etwa erhält, wenn man Menschen bittet, politische Parteien zu bewerten – hat zu der Vermutung geführt, es könnte unter Pfarrerinnen und Pfarrern »Typen« geben, die sich in bestimmten Konstellationen zu einzelnen Meinungen ähnlich verhalten. Innerhalb der Typen finden sich dann komplexe Konstellationen, so genannte Logiken, in denen es plausibel ist, der einen Meinung zuzustimmen, eine andere abzulehnen und sich einigen gegenüber indifferent zu verhalten.

»Hinter« den Typen vermuteten wir bestimmte Logiken von liturgischen Haltungen, die in ihrem Gesamtbild, weniger in einzelnen Positionen, einen Sinn ergeben. Die Ergebnisse dieser Auswertung sind schließlich mit einer Clusterbildung gewonnen worden. Hierin transportieren sich dann die eigentlichen Ergebnisse über komplexe liturgische Haltungen, während an dieser Stelle nun ein Überblick über einige auffällige Ergebnisse und damit das Gesamtbild liturgischer Gestaltung erfolgt.

4.1 Grundlagen: Liturgiebegriff und Konzeptfragen

Das Interesse der Befragten an Themen von Gottesdienst und Liturgie scheint insgesamt hoch zu sein, wie die qualitative Vorstudie und der Pretest bereits gezeigt haben. Ein erster Blick in die quantitative Erhebung bestätigt dies: 62 % stimmen der Aussage zu, im Gottesdienst erlebe die Gemeinde das Zentrum ihrer Identität (8_5). Aussagen zur Rolle der Pfarrerin oder des Pfarrers erfahren deutliche Positionierungen (dazu unten mehr). Viele Befragte, dies zeigt später die Clusteranalyse, sind von den im Fragebogen behandelten Themen angesprochen und bilden mit komplexen Antwort-Logiken eine Haltung ab, die von einer klaren Prägung, einem überlegten Konzept oder auch einer tiefen Überzeugung von einer konkreten Idealform pastoraler und liturgischer Arbeit zeugt.[6]

Dabei sind die Vorstellung davon, *was »Liturgie« nun eigentlich sei*, offenbar ganz unterschiedlich: Dass im Item 8_13 die Aussage »Ein ›besonderer‹ Gottesdienst (Familien-, Kinder-, Taizé-, meditativ) kann auch ohne eine liturgische Form gefeiert werden« von 57 % der Befragten Zustimmung erfährt, lässt vermuten, dass wir es hier mit unterschiedlichen Vorstellungen zu tun haben, dass die einen Liturgie als eine den Gottesdienst im traditionellen Sinn stark formalisierende Ordnung verstehen, während andere dabei eher (im Sinne des EGb) eine innere Struktur von »Eröffnung und Anrufung«, »Verkündigung und Bekenntnis« sowie

6. Vgl. *Tabea Spieß*, Idealtypen der Gottesdienstgestaltung. Eine Auswertung der quantitativen Erhebung zum liturgischen Verständnis von Pfarrerinnen und Pfarrern, in diesem Band.

»Sendung und Segen« vor Augen haben, die unabhängig von gesungenen liturgischen Stücken, komplexen Abläufen etc. auch in übersichtlichsten gottesdienstlichen Formen selbstverständlich präsent ist.

Dieses Ergebnis deckt sich mit den Erfahrungen aus der qualitativen Vorstudie der Erhebung: Auch hier war der Liturgiebegriff unter den Teilnehmenden sehr different. Die Clusteranalyse wird später zeigen, wie diese unterschiedlichen Verständnisse sich als Typen gottesdienstlicher/liturgischer Positionierung verstehen lassen. Zunächst ist der Umgang mit diffusen oder uneinheitlichen Vorstellungen von Liturgie ein doppelter: Auf der einen Seite soll die Analyse induktiv erschließen, welche Vorstellungen die Befragten von Liturgie insgesamt haben – und welche nicht. Auf der anderen Seite erheben einige spezielle Fragen, deren Ergebnisse im Folgenden noch zur Sprache kommen, wie sich die Befragten zu fremden Setzungen positionieren.

Wie bereits angedeutet, fällt auf, dass mit etlichen Items ein *indifferentes Antwortverhalten* erreicht wurde, in dem viele Befragte sich in mittleren Antwortkategorien wiederfinden, einer Aussage weder zustimmen noch sie ablehnen. In empirischen Untersuchungen kann dies auf eine geringe Qualität eines Items hindeuten, etwa wenn ein Aussagesatz nicht eindeutig verständlich oder zu schwach formuliert ist, um Menschen mit unterschiedlichen Haltungen deutlich voneinander zu trennen. In dieser Untersuchung haben wir es jedoch in der Regel, auch in Fällen großer Enthaltungsquoten, mit Items zu tun, die tatsächlich durch große Gruppen von Befragten Zustimmung oder Ablehnung erfahren. Daneben bilden die Befragten, die jeweils eine mittlere Antwortmöglichkeit wählen, eine eigene Gruppe, hinter der wir eine eigene Logik des Antwortverhaltens vermuten, die mehr ist als bloße Unentschiedenheit und nach der für die Befragten eine nicht getroffene Entscheidung für die eine oder andere Seite dennoch eine Haltung gegenüber dieser Frage bedeutet. Der folgende Abschnitt liefert dazu einige Beispiele.

4.2 Relevanz gottesdienstlicher Bestandteile – implizite Diskurse

»Dass die *Predigt im Zentrum des Gottesdienstes* steht«, halten 17 % der Befragten für »sehr wichtig« und 36 % noch für »eher wichtig«. Die größte Gruppe (38 %) hat sich jedoch für die unentschiedene Position (Wert 3 auf der Skala von 1 für »völlig unwichtig« bis 5 für »sehr wichtig«) entschieden, nur 1 % und 9 % halten dies für »völlig unwichtig« oder »eher unwichtig«. Während also nur 10 % diesen Satz tatsächlich ablehnen, ist die starke Fraktion der Mittelgruppe auffällig und verlangt nach einer Deutung: Was sagt eine vorenthaltene Zustimmung ohne Ablehnung aus? Eine mögliche Deutung ist diese: Das Antwortverhalten könnte ein Thema markieren, zu dem es gewissermaßen einen relativen Konsens gibt, der – quasi »hinter den Kulissen« – keinesfalls tragfähig ist.

Natürlich ist die Predigt als Verkündigung des Evangeliums für einen Gottesdienst zentral. Niemand würde dies ernsthaft bestreiten. Nun ist aber in der Befragung nicht die Zustimmung zu praktisch-theologischen Grundwahrheiten erfragt, sondern die persönliche Meinung. Die Überschrift über die Itembatterie in Frage 7 lautet: »Worauf kommt es für Sie ganz persönlich im Gottesdienst an? Was ist für Sie wirklich wichtig?« In dieser Fassung unterbleibt dann, so die Hypothese, die an sich selbstverständliche Zustimmung einer großen Gruppe von 38 % der Befragten, die jedoch auch keine Ablehnung formulieren. Eine mögliche Botschaft dieser Gruppe könnte sein: »Dies ist nicht falsch, es ist eine allgemein anerkannte Richtigkeit, aber für mein Gottesdienst-Konzept ist dieser Satz eben auch nicht stimmig.« Man könnte weitergehen und vermuten, dass hier gewissermaßen ein Platzhalter formuliert ist für konzeptuelle Fragen, Ideen oder auch bereits (hier nicht abgefragte) Positionen, die durchaus ein Thema für diese Gruppe sind: Wie kann Verkündigung stattfinden, eingebettet in eine gelungene Kommunikation unter den Anwesenden, in der Musik, in meditativen Impulsen, vielleicht sogar in Gesprächen im und rund um den Gottesdienst? Wie kann Verkündigung zentral sein, ohne dass die Predigt deswegen zum wichtigsten Element des Gottesdienstes wird oder der verkündigende Mensch zur Zentralfigur, an der sich alles Weitere orientieren muss?

Ein solches Antwortverhalten, dies rechtfertigt die Interpretation »unentschiedener Antworten«, ist an mehreren Stellen und immer bei zentralen Fragen des Gottesdienstes zu finden. In derselben Itembatterie 7 (»Worauf kommt es für Sie ganz persönlich im Gottesdienst an?«) findet sich auch das Item »ein *intensives Gemeinschaftsgefühl* unter allen Anwesenden«. Auch dieser Satz erhält kaum Widerspruch (nur 9 % halten dies für (eher) unwichtig), aber auch »nur« 60 % Zuspruch, 31 % der Befragten finden sich auf der mittleren Position ein. Dass die Gemeinde, die gemeinhin Kirche ausmacht, und erst recht ihr Gottesdienst, der ja als Zentrum der Gemeinde bezeichnet wird, von der Gemeinschaft lebt, erscheint als Plattitüde – man kann sie kaum ablehnen. Dass dies aber für einen Gottesdienst im Kern wesentlich sei, können viele Befragte nicht bestätigen. Auch diese »Unentschiedenheit« erscheint als Platzhalter für eine konzeptuelle Suche oder sogar für Konzepte, auf die das Kriterium der Gemeinschaft eben nicht zutrifft. So wird der Gottesdienst ja durchaus häufig fernab vom Gemeinschaftsideal gestaltet, mit kontemplativen, eher aufs Individuum hin ausgeformten Elementen, mit einer wenig auf Gemeinschaftserleben abzielenden Sitzordnung, in der Konzentration auf Themen oder mit einer als intellektuelle Herausforderung erfahrene Verkündigung.

Ein ebensolches Ergebnis, zu verstehen vor allem als Hinweis auf mit diesem Thema verbundene Konzeptfragen, findet sich im Item »eine möglichst *hohe Beteiligung* der Anwesenden« in derselben Itembatterie. Hier ist es (bei immerhin einer recht klaren Gegnerschaft von 21 % und einer Zustimmung von 38 %) eine Mehrheit von 41 % der Befragten, die diese Frage unentschieden beantwortet. Im Vergleich zu den vorher genannten Sätzen ist deutlich: Diese Meinung ist aus der Sicht gegenläufiger Konzepte, in denen Beteiligung keine Rolle spielt und möglicherweise eher hinderlich ist, abzulehnen und sie wird tatsächlich auch von einer unübersehbaren Gruppe abgelehnt. Aber noch deutlicher ist das Signal: Es ist nicht so einfach, über das komplexe Thema »Beteiligung im Gottesdienst« zu urteilen.[7] Hier müssen andere Fragen mitbedacht, Begriffe geklärt, Konzepte vervollständigt und vielleicht auch Detailfragen der Praxis geklärt werden. Hinter dem Leitbegriff »Beteiligung« verbergen sich offenbar ganz unterschiedliche und zum Teil gegenläufige Vorstellungen darüber, was damit gemeint ist: Innere/emotionale Beteiligung, Mitwirkung, Mitgestaltung, Elemente des Gemeinschaftlichen, Elemente des Individuellen etc. Die hier beispielhaft genannten Themen (Predigt, Gemeinschaft, Beteiligung) erweisen sich auch im Rahmen der Clusteranalyse als zentrale Themen, anhand derer sich komplexe Positionierungen beschreiben lassen.

In einem ähnlichen Duktus erscheinen die Ergebnisse in Items, die unter anderem erfassen, inwieweit sich die Befragten in ihrer Arbeit an *Zielgruppen bzw. der Lebenswelt* der Menschen orientieren. Dieser Aspekt ist Gegenstand eines eigenen Auswertungstextes[8], darum beschränke ich mich hier auf die Ergebnisse der standardisierten Befragung. Grundsätzlich scheint es Konsens unter den Befragten zu sein, dass die Menschen, die einen Gottesdienst besuchen, mit ihren Vorerfahrungen, ihren Kenntnissen liturgischer Gewohnheiten und theologischer Zusammenhänge sowie ihren sprachlichen und kommunikativen Gewohnheiten in der Gestaltung von Gottesdiensten berücksichtigt werden sollen. Es ist den meisten Befragten wichtig, im Gottesdienst einen Bezug zum Alltagsleben der Anwesenden herzustellen (90 % Zustimmung), Texte inhaltlich und sprachlich leicht zugänglich zu halten (73 % Zustimmung), auch Kirchenfernen den Zugang zu erleichtern (65 % Zustimmung), die Gestaltung möglichst genau auf die Bedürfnisse der Teilnehmenden auszurichten (59 %) und dabei zu berücksichtigen, was die Menschen an Vorstellungen und Kenntnissen mitbringen.[9]

---

7. Gewählt wurde dieser schillernde und, wie im Nachhinein sichtbar wird, durch viele Befragte offenbar als Schlagwort mit diffuser Bedeutung verstandene Begriff, weil er das erste, zentrale Kriterium des Gottesdienstbuchs transportiert.
8. Vgl. *Claudia Schulz*, »Dass die Menschen sich da wohl fühlen ...«. Die Gestaltung von Gottesdiensten und die Orientierung an den Lebenswelten der Gottesdienstgemeinde, in diesem Band.
9. Items aus Frage 7 (7_10, 7_6, 7_11 und 7_8), das letzte aus Frage 8 (8_9).

Darin scheint die Orientierung an der Lebenswelt und den Vorverständnissen der Gottesdienstgemeinde nicht im Widerspruch zu stehen zu einer starken Orientierung an der Liturgie als »Geborgenheit gebende Form«: Von 33 % der Befragten, die »inhaltlich und sprachlich leicht zugängliche Texte« für »sehr wichtig« halten (Zustimmung, Wert 5), betrachten 50 % die »Geborgenheit in einer festen liturgischen Form« als »wichtig« (4) oder »sehr wichtig« (5), nur 18 % dieser Personengruppe hält eine solche feste Form für unwichtig. Umgekehrt betrachten weniger als 10 % derer, die eine feste liturgische Form für wichtig halten, leicht zugängliche Texte im Gottesdienst als unwichtig. Die Gruppe derer, die liturgische Texte oder traditionelle Elemente des Gottesdienstes für umfassend selbsterklärend halten oder davon ausgehen, dass sich deren Bedeutungsgehalt auch ohne eigene sprachliche Anstrengung schon transportieren werde, ist verschwindend gering.

Zu diesem relativen Konsens der »Lebenswelt-« oder »Zielgruppenorientierung« gibt es kaum Widerspruch, jedoch eine jeweils erhebliche Gruppe mit einer Haltung der »Unentschiedenheit«: Zwischen 22 und 32 % der Befragten halten diese Orientierung an den Besucher/innen eines Gottesdienstes weder für wichtig noch für unwichtig, sie verweisen damit auf eine Ambivalenz, die sich in den Clustern spiegelt: Eine Orientierung an der Zielgruppe gottesdienstlicher Arbeit ist – bei aller selbstverständlichen Relevanz für die Mehrheit – keine einfache Sache, sondern muss im Kontext anderer Vorstellungen spezifischer ausgearbeitet werden. Man könnte es auch so verstehen: Die Orientierung an der Zielgruppe ist wichtig, aber nicht zentral, sondern muss mit anderen Grundlinien verknüpft werden, um »wichtig« sein zu können.

4.3 Pfarrbild, Rolle und Funktion

Die befragten Pfarrerinnen und Pfarrer zeichnen mit ihren Antworten bestimmte Vorstellungen von ihrer Rolle im Gottesdienst nach. Diese sind wie auch die bereits beschriebenen Haltungen hochkomplex und kommen in dieser Vielschichtigkeit in der Clusteranalyse zum Ausdruck. Hier möchte ich jedoch Grundzüge des Verständnisses der eigenen Rolle – einschließlich zentraler Streitpunkte – vorstellen. Grundsätzlich sind sich die Befragten darin einig, dass die Pfarrerin/der Pfarrer für den Rahmen und die innere Stringenz des Gottesdienstes zuständig ist. 87 % halten es für wichtig, dass sie einen thematischen *»roten Faden« für den Gottesdienst* entwickeln (8_6), nur 3 % lehnen dies ab. Pastorales Handeln im Gottesdienst ist im Kern als Gestaltung thematischer und/oder liturgischer Leitlinien verstanden, jedoch nicht unbedingt als Leitungshandeln, in einer Vorrangstellung oder in der Gesamtverantwortung für das Gelingen des Gottesdienstes. Diese möglichen Interpretationen dieser »Zuständigkeit für Gestaltung« verdeutlichen deren Konflikthaftigkeit. Ein Blick auf das weitere Antwortverhalten der Befragten zeigt das.

Eine grundsätzliche Differenz ergibt sich etwa in der Frage, welche Wichtigkeit das pastorale Handeln im Gottesdienst insgesamt hat. Ein Item enthält eine extreme Formulierung und spaltet die Befragten im Wesentlichen in zwei Gruppen: »Die *Qualität des Gottesdienstes* hängt vor allem von der Pfarrerin/dem Pfarrer ab« (8_1). Hier wählen zwei gleich große Gruppen von je 38 % zum einen die mittlere, die »unentschiedene«, oder, wie oben gezeigt, die Position der noch nicht abgeschlossenen konzeptuellen Reflexion über diese Frage, zum anderen die Position der weniger nachdrücklichen Zustimmung mit der Antwortmöglichkeit 4. Dass Pfarrerinnen und Pfarrer eine zentrale Funktion im Gottesdienst einnehmen und für das »Gelingen« eine wichtige Rolle spielen, mag man kaum ablehnen, nur 3 % tun dies auf deutliche Weise, 12 % lehnen es verhalten ab. Jedoch wird diesem Satz ebenso nur von 10 % der Befragten eindeutig zugestimmt.

F8_1: Die Qualität des Gottesdienstes hängt vor allem von der Pfarrerin/dem Pfarrer ab

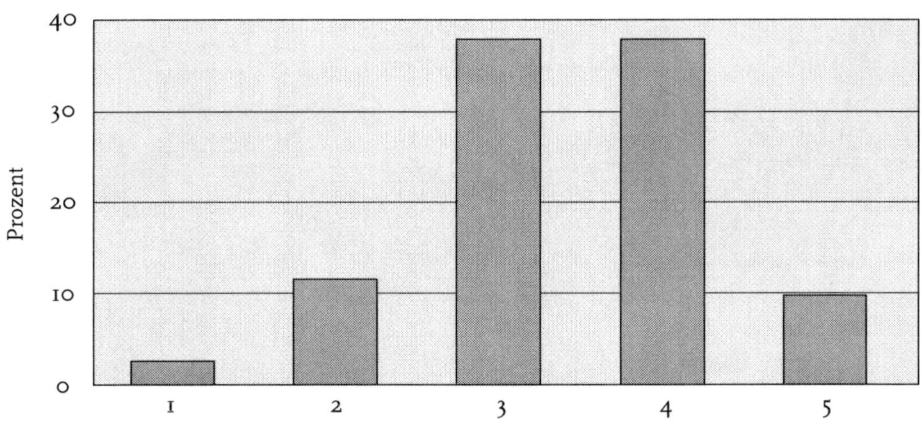

Mit weiteren Items – und in der Interpretation der Antworten – erschließt sich die Komplexität dieser pastoralen Rolle im Gottesdienst, wie sie in den Gruppendiskussionen bereits deutlich war: Neben dem eigenen Handeln spielt die Liturgie selbst eine große Rolle. Sie »trägt« den Gottesdienst, sorgt für Zusammenhänge und Plausibilität über das eigene Tun und Reden hinaus. Ebenso bilden auch die Teilnehmenden einen wichtigen Faktor. Für viele Befragte spielt deren Beteiligung eine wichtige Rolle, von der gemeinsamen Vorbereitung bis zur inneren Beteiligung und ihrem Verständnis oder auch ihrer Wertschätzung für das gottesdienstliche Geschehen.

Ein Streitpunkt im Ensemble dieser Themen ist die **eigene Persönlichkeit** und ihre Bedeutung oder Stellung in der Gestaltung des Gottesdienstes, in der Auswahl liturgischer Stücke oder in der Erstellung der Texte (z. B. Gebete). Soll sie eine zentrale Rolle spielen, soll sie etwa eine Art Prüfstein oder Kriterium sein für die Auswahl und eventuell Umgestaltung liturgischer Stücke? In den Gruppendiskussionen war deutlich: Wer so denkt, betrachtet das eigene liturgische Gestalten häufig auch als Leistung für die Menschen, die den Gottesdienst besuchen: Die intensive eigene Arbeit an Texten, das Formulieren neuer Texte oder das Umformulieren liturgischer Stücke machen aus dieser Perspektive den Gottesdienst leichter zugänglich und besser verständlich und das geistliche Geschehen intensiver und wirkungsvoller. In einer gegenteiligen Konzeption ist die eigene Person eher hinderlich, wo sie Texte verändert und allzu weitreichende Veränderungen vornimmt. Die eigene Person, die Rolle, die sie etwa gegenüber den traditionellen Texten und den »gegebenen« liturgischen Formen in der Gemeinde spielen soll und darf, wird Thema einer gesonderten Auswertung sein.

Die Itembatterie der Frage 12 erschließt einige Deutungen der pastoralen Rolle im Gottesdienst und zeigt darin die Vielfalt ihres Verständnisses:

Tabelle 4: Haltungen zur Rolle der Pfarrerin/des Pfarrers im Gottesdienst

Nun zu Ihrer Rolle als Pfarrer/in im Gottesdienst. Wie stehen Sie zu folgenden Aussagen (12)	**stimme (überhaupt) nicht zu (1&2)**	**mittlere Antwort (3)**	**stimme (voll und ganz) zu (4&5)**
1: Ich sorge für eine gelungene Inszenierung.	28 %	23 %	49 %
2: Ich bin Mittler/in zwischen den Menschen und Gott.	51 %	25 %	24 %
3: Ich bin Lehrende(r) und vermittle Inhalte.	22 %	38 %	40 %
4: Ich leite die Gemeinde durch den Gottesdienst, gehe ihr voran.	14 %	24 %	62 %
5: Ich bin »primus inter pares« – als Teil der Gemeinde.	15 %	22 %	63 %
6: Ich trete stellvertretend für die Gemeinde vor Gott.	61 %	19 %	20 %
7: Ich stelle den liturgischen Rahmen sicher.	8 %	19 %	73 %
8: Ich bin Mahner/in/Prophet/in.	43 %	35 %	22 %
9: Ich sorge dafür, dass sich die Menschen im Gottesdienst wohl fühlen.	11 %	32 %	57 %

Die bereits zitierte Position, es sei wichtig, einen thematischen »roten Faden« für den Gottesdienst zu entwickeln (8_6), findet sich in den Zustimmungswerten nahe an dem hier angebotenen Satz »Ich stelle den liturgischen Rahmen sicher« (12_7). Wird dieser »Rahmen« aber durch den Begriff der »Inszenierung« ausgetauscht (12_1), sinken die Zustimmungswerte. Auswertungen der Gruppendiskussionen, ebenso die Clusteranalyse, machen deutlich: Hier ist eine Differenz spürbar zwischen dem Bild einer Pfarrerin, die lediglich etwas Gegebenes, in sich selbst Wirksames wie die Liturgie »sichert«, und einer Pfarrerin, die mit Liturgie und dem eigenen Handeln darin etwas als »Inszenierung« selbst schafft. Noch eine schärfere Ablehnung erfahren die Aussagen, man trete im Gottesdienst stellvertretend für die Gemeinde vor Gott (12_6) oder sei Mittler/in zwischen Mensch und Gott (12_2). Hier setzt ein Pfarrer nicht nur etwas »in Szene«, er handelt auch quasi heilsrelevant für die Gemeinde, vollbringt im Glauben etwas für die anderen. Die Ablehnung dieser Idee durch 61 % und 51 % der Befragten macht deutlich, dass das reine Schaffen des liturgischen Rahmens zwar als zentrale pastorale Aufgabe gesehen wird, diese aber nur sehr beschränkt (und mit wenig Chance auf einen Konsens) in größerem Umfang beschrieben werden kann.

In einigen der genannten Positionen ist die Zustimmungsneigung vom Alter und anderen Faktoren abhängig. Einige Beispiele: Mit dem eigenen gottesdienstlichen Handeln für eine gelungene Inszenierung zu sorgen, ist für jüngere Pfarrerinnen und Pfarrer (vor allem für unter 40-Jährige) leichter vorstellbar als für ältere. Hier liegt die Zustimmung bei weit über 50 %, die Ablehnung bei unter 20 %. Die Ablehnung ist bei Pfarrerinnen und Pfarrern höher, die in mehreren Ortsgemeinden tätig sind (32 %), und bei denen, die mit den von ihnen gestalteten Gottesdiensten »sehr zufrieden« sind, unterdurchschnittlich (22 %, 60 % stimmen zu). Die Unterschiede zwischen den Befragten in den verschiedenen Landeskirchen sind minimal. Als »Mittler/in zwischen Mensch und Gott« sehen sich eher ältere Befragte (46 % Zustimmung bei über 60-Jährigen).

Ein Landeskirchenvergleich wird an anderer Stelle ausführlich vorgenommen.[10] Hier jedoch im Vorgriff ein Vergleich einiger Landeskirchen, wobei die extremsten Positionen unter Befragten solcher Landeskirchen zu beobachten sind, die nur mit einer kleinen Zahl Befragter teilgenommen haben. Diese Zahlen lassen sich schwer auswerten, weshalb an dieser Stelle nur die Landeskirchen mit einer Teilnehmendenzahl von über 100 aufgenommen sind, und diejenigen Items, in denen es deutliche Unterschiede zu beobachten gibt. Als »nein«-Antworten sind

10. Vgl. *Martin Evang/Ilsabe Seibt*, Das Gottesdienstbuch in Ost und West. Ein Vergleich zur Rezeption besonders in der EKBO und EKiR, in diesem Band.

hier die Werte von »stimme (überhaupt) nicht zu« (1&2) aufgenommen, als »ja«-Antworten die Werte von »stimme (voll und ganz) zu« (4&5):

Tabelle 5: Haltungen zur Rolle der Pfarrerin/des Pfarrers im Gottesdienst nach Landeskirche

Item/Zustimmung	EKiR		NEK		Westfalen		Hannover		EKBO		Sachsen	
	nein	ja	nein	ja	nein	ja	nein	ja	nein	ja	nein	ja
Ich bin Mittler/in zwischen den Menschen und Gott.	56%	20%	**46%**	25%	52%	24%	51%	22%	56%	24%	**46%**	**27%**
Ich bin Lehrende(r) und vermittle Inhalte.	22%	38%	20%	**45%**	23%	40%	**26%**	39%	21%	43%	14%	**46%**
Ich trete stellvertretend für die Gemeinde vor Gott.	**67%**	16%	**56%**	**24%**	64%	16%	60%	19%	64%	19%	**58%**	**24%**
Ich sorge dafür, dass sich die Menschen im Gottesdienst wohl fühlen.	12%	**62%**	10%	58%	12%	59%	**6%**	61%	12%	55%	16%	**45%**

4.4 Gottesdienstgestaltung und Predigt

In den Gruppendiskussionen war aufgefallen, dass viele Befragte die Predigt als zentral für das eigene gottesdienstliche Handeln und als komplementär zur liturgischen Gestaltung begreifen. Einige bereits genannte Fragen zielten auf das Miteinander (oder die Konkurrenz) von Predigt und Liturgie. Zusätzlich sind hier nun die Ergebnisse der Fragebatterie 14 aufgenommen, aufgeschlüsselt nach den drei Antwortkategorien:

Tabelle 6: Haltungen zur Predigt

Die folgende Frage beschäftigt sich mit der Predigt. Wie stehen Sie zu diesen Aussagen?	**trifft (überhaupt) nicht zu (1&2)**	**mittlere Antwort (3)**	**trifft (voll und ganz) zu (4&5)**
Die Predigt ist der Kern des Gottesdienstes. Ihr gegenüber sind Lieder oder Gebete zweitrangig.	53 %	30 %	16 %
Die Predigt ist religiöse Lebensdeutung.	11 %	22 %	67 %
Die Predigt ist eine Verständigung der Predigerin/des Predigers mit den Hörenden über ihr Leben.	24 %	27 %	49 %
Durch die Predigt spricht Gott zu seiner Gemeinde.	22 %	33 %	45 %
Die Predigt eröffnet vor allem eine biblische Sicht auf die Gegenwart.	6 %	20 %	74 %
Verschiedene Gestaltungsformen der Predigt sind erstrebenswert.	6 %	16 %	78 %
Die Predigt sollte, wenn möglich, gemeinsam vorbereitet werden.	57 %	29 %	14 %

Eine Polarisierung, in der die Verkündigung in der Predigt als Gegenstück zur Liturgie, zu Liedern, Gebeten und anderen Bestandteilen des Gottesdienstes gesetzt ist, wird nur durch eine Minderheit der Befragten getragen. Im stark kontrastiven Item, das »Lieder und Gebete« als »zweitrangig« bezeichnet, findet sich nur eine kleine Gruppe von 16 % der Befragten. Die Clusteranalyse wird zeigen, dass diese Gruppe quasi als Angelpunkt eines Typs von Gottesdienst Gestaltenden fungiert, die tatsächlich einen Gegensatz von Predigt und Liturgie konstruieren (Typ 1). Für die breite Mehrheit der Befragten greifen beide jedoch klar ineinander.

Grundsätzlich eint das Verständnis der Predigt als »religiöser Lebensdeutung« die Befragten. Wie selten ist der Widerspruch gering und die Enthaltung relativ niedrig. Die bei Ernst Lange entlehnte Formulierung, die Predigt sei »eine Verständigung der Predigerin/des Predigers mit den Hörenden über ihr Leben«, findet einen etwas geringeren Zuspruch. Mit Blick auf die Clusteranalyse lässt sich vermuten, dass hier das kommunikative, implizit beteiligende Moment einen Teil der Befragten zur Ablehnung bewogen hat. Das Item »Durch die Predigt spricht Gott zu seiner Gemeinde« ist weitgehend akzeptiert, bietet aber mit einer starken Mittelgruppe die Option auf einen Diskurs, vermutlich weil dieser Satz mit seinem dogmatischen Anspruch von vielen Befragten nicht abgelehnt werden kann, aber eben auch nicht akzeptiert.

Die hier als letztes abgedruckten Items »Gestaltungsformen« und »gemeinsame Vorbereitung« sind in die Batterie aufgenommen worden, um mit ihrer Hilfe die Kriterien des Gottesdienstbuches überprüfen zu können. Dabei fällt die allgemeine Anerkennung für vielfältige Gestaltungsformen (und ihre geringe Ablehnung) auf – vor allem im Kontrast mit der Bewertung einer gemeinsamen Predigtvorbereitung. Unabhängig davon, ob eine solche sporadische Gelegenheit grundsätzlich zu schätzen wäre, sind sich die Befragten weitgehend einig: Zur Normalform sollte die gemeinsame Vorbereitung nicht werden. Nun kann dies in verschiedene Richtungen ausgedeutet werden, ein Versuch sei hier dokumentiert: Möglicherweise ist für viele Befragte mit der Predigt die pastorale Identität und deren Sitz im »Kerngeschäft Gottesdienst« verbunden, so dass die Predigt als zentrale Arbeit der Pfarrerin oder des Pfarrers verstanden wäre. Sie kann nur ausnahmsweise geteilt werden, ohne die Logik des gottesdienstlichen Geschehens (und der pastoralen Arbeit) zu stören.

5. Nutzung des Evangelischen Gottesdienstbuches

5.1 Die Nutzung im Überblick

Von den befragten Pfarrerinnen und Pfarrern geben 83% an, das Gottesdienstbuch zu nutzen oder es genutzt zu haben (Frage 15). Dabei differieren die *Nutzungsbereiche* (Frage 16): Für 44% dient(e) das Gottesdienstbuch als Altaragende, für 72% als »Fundgrube für Texte, die ich übernehme«, für 68% als »liturgisches Nachschlagewerk«, für 53% als Basis für die »liturgische Ausgestaltung des Abendmahls«, für 52% als »Anregung für die eigene Textarbeit«, für 30% als »Arbeitshilfe zur Liturgiereform in der Gemeinde«, für 21% als »Basis für eine Gottesdienst-Vorbereitung in Gruppen« und für 11% als »Argumentationshilfe«. Zunächst ist die große Gesamtzahl der Nutzer/innen erfreulich. Auf den zweiten Blick lassen sich dann *Nutzungsweisen* bestimmen, die quasi »einmalig« sind: die Einführung als Altaragende sowie die Nutzung für die Liturgie-Reform in der Gemeinde. In den Gruppendiskussionen legte sich der Verdacht nahe, viele Befragte hätten das Gottesdienstbuch vor vielen Jahren für diesen einmaligen Zweck genutzt und seither nicht mehr oder nur noch sporadisch.

Ein Blick auf die Aussagen der Befragten darüber, welche *Hilfsmittel* sie zur Gottesdienst-Vorbereitung nutzen (Frage 24), widerlegt dies: Hier geben über 41% der Befragten an, das Gottesdienstbuch »oft oder sehr oft« zu nutzen, mehr als 31 % nutzen es »manchmal«, nur 25 % geben an, das Buch »selten oder nie« zu benutzen, 2 % geben an, es nicht zu kennen. Damit liegt die aktuelle, zumindest gelegentliche Nutzung des Gottesdienstbuches bei 72 % der Befragten insgesamt. Mit Blick auf die Zahl der Befragten, die angeben, das Buch zu nutzen oder es einmal genutzt zu haben (83 %), erscheint jetzt nur ein kleiner Teil der Befragten als »ehemalige Nutzer/innen«.

Kehren wir wieder zurück zur Frage nach Nutzungsweisen (Frage 16), lassen sich jetzt diejenigen aussondern, die das Gottesdienstbuch entweder als »Fundgrube für Texte« oder als »Anregung für die eigene Textarbeit« verwenden. Hier handelt es sich um 85 % der Nutzer/innen bzw. 69 % der Befragten insgesamt. Fragt man nach der Gruppe derer, auf die entweder eine der genannten Nutzungsweisen zutrifft oder die das Gottesdienstbuch als Nachschlagewerk, Argumentationshilfe oder Basis für die Vorbereitung in Gruppen nutzen, liegt die Quote bei 95 %. Die Zahl derer, die das Gottesdienstbuch nur als Altaragende, zur in der Regel »einmaligen« gemeindlichen Liturgiereform oder zur Abendmahlsgestaltung nutzen, ist also verschwindend gering. Auch die Gruppe derer, die das Buch in früheren Zeiten einmal als »Steinbruch« für die eigene Arbeit genutzt hat und jetzt nicht mehr nutzt, zum Beispiel aus Enttäuschung über »unbrauchbare Texte«, »zu altertümliche Formulierungen« etc., ist, wie oben beschrieben, vermutlich eher klein.

Hierzu lassen sich zusätzlich die Ergebnisse der Frage 19 nach der *Veränderung* in der Nutzung heranziehen: »Im Vergleich zu den vergangenen Jahren: Haben Sie das Gottesdienstbuch früher einmal mehr genutzt als heute?« Hier geben 70 % derer, die das Buch nutzen oder genutzt haben, an, es in unveränderter Häufigkeit zu nutzen, 18 % geben an, es heute mehr bzw. öfter zu nutzen als früher. Nur 12 % berichten von einer selteneren Nutzung im Vergleich zu früheren Zeiten. Frage 20 erfasst die Gründe für diese geringer gewordene Nutzung bei dieser kleinen Gruppe von Befragten mit dem Ergebnis, dass nur wenige dieser Gründe schwerwiegend sind bzw. für eine Mehrheit dieser Gruppe gelten: 36 % dieser 362 Befragten geben als Grund an, früher über weniger liturgisches Wissen verfügt zu haben, 38 % halten es für einen Grund, dass sie früher »noch keine ›fertigen‹ Konzepte entwickelt« hatten, 28 % geben an, der Grund sei mehr »Zeit/Kapazitäten« für liturgische Arbeit in früheren Jahren, 59 % halten einen früher höheren Bedarf an Ideen und Vorlagen für den Hintergrund, 9 % ein damals höheres eigenes Interesse an der Liturgie.

Frage 21 erfasst die *Nutzung des Gottesdienstbuches durch andere Aktive* in der Gemeinde, etwa Kirchenmusiker/innen oder Ehrenamtliche: Hier geben 57 % an, ihnen sei dies nicht bekannt, 29 % erwähnen eine Nutzung durch den Kirchenmusiker oder die Kirchenmusikerin, 24 % eine Nutzung durch Ehrenamtliche, 5 % den Küster oder die Küsterin.

5.2 Bewertung und Perspektiven auf eine weitere Entwicklung

Hier nun ein Blick auf die konkrete *Bewertung des Gottesdienstbuches* durch Befragte, die angeben, es zu nutzen oder genutzt zu haben (Frage 17):

Tabelle 7: Bewertung der Leistungen des Gottesdienstbuches

Leistungen des EGb	gut	eher gut	eher schlecht	schlecht
Informationsgehalt	39%	42%	6%	1%
Praktischer Nutzen	29%	55%	14%	3%
Qualität der Texte	17%	66%	15%	3%
Übersichtlichkeit	20%	44%	26%	10%
Anregung zur liturgischen Variation	22%	55%	20%	4%

Damit ist lediglich im Bereich der »Übersichtlichkeit« wesentlicher Verbesserungsbedarf angezeigt, diese beurteilt ein gutes Drittel der Befragten kritisch. In den Bereichen »Anregungsgehalt«, »Textqualität« und »praktischer Nutzen« gibt es weiteres Verbesserungspotenzial, das allerdings noch einmal interpretiert werden muss. Von einer »Problematik der Nutzung« oder gar einer Randständigkeit des Gottesdienstbuches kann nicht die Rede sein, vermutlich muss man, wenn man das Buch in seiner Eigenschaft als ein Hilfsmittel für Gottesdienstgestaltung betrachtet, sogar von einem beachtlichen Erfolg sprechen. Andererseits ist hierin, vor allem in der Mehrheit, die den Anregungsgehalt des Buches eben nur als »eher gut« bezeichnet, auch eine Problematik verborgen: Das Gottesdienstbuch will ja mehr sein als ein bloßes Hilfsmittel, es will gerade und vor allem Anregung bieten und Impulse zur eigenen Weiterarbeit. Wenn diese Funktion von einer großen Gruppe der Befragten nicht oder nur im Ansatz erkannt wurde, bedeutet dies ein erhebliches Verbesserungspotenzial. Das bezieht sich aber vermutlich nicht unbedingt auf das Buch an sich (das man ja auch als reines Hilfsmittel verstehen kann), sondern auf seine Funktion als programmatische Schrift. Die Problematik des Evangelischen Gottesdienstbuches liegt, will man in dieser Schärfe überhaupt von einer Problematik sprechen, vor allem in der Vermittlung seines eigentlichen Potenzials. Dass diese Vermittlung »im Buch« (etwa durch eine bessere Aufmachung) zu leisten wäre, möchte ich bezweifeln.

Mit Frage 18 wurde der Eindruck der Befragten erhoben, ob das Gottesdienstbuch die liturgische Gestaltung der eigenen Gottesdienste verändert habe gegenüber der Arbeit mit der alten Agende. Dabei waren per Definition diejenigen von der Antwort ausgeschlossen, die nicht einmal vor dem zweiten Examen Erfahrungen mit der alten Agende gemacht hatten. Hier geben 13 % an, die alte Agende nicht zu kennen. Damit geben 52 % derer, die das Gottesdienstbuch überhaupt nutzen und genutzt haben und die alte Agende noch kennen, an, durch das Buch eine Veränderung der eigenen liturgischen Gestaltung erfahren zu haben, 34 % halten dies für eher nicht zutreffend.

Frage 22 erfasst nun (wohl gemerkt: bei einer in der quantitativen Befragung recht zaghaften Kritik des Gottesdienstbuches insgesamt) die *Möglichkeiten zur Verbesserung* im Fall einer Neuauflage: »Stellen Sie sich vor, es gibt in einigen Jahren eine erneuerte Form des Gottesdienstbuches: Was ist dafür wichtig?« In dieser Frage waren wiederum alle Befragten angesprochen, nicht nur die Nutzenden. Insgesamt ist hier eine große Zahl von Enthaltungen zu beobachten. Dies liegt wohl daran, dass die Befragten, die angeben, das Gottesdienstbuch nicht zu kennen (2 %), sich hier zusätzlich konstant enthalten.

Tabelle 8: Wünsche nach Veränderung des Gottesdienstbuches

Mögliche Veränderungen	eher unwichtig	teils/teils	eher wichtig
Ein Werk mit fertigen Gottesdienstabläufen mit allen Texten/Gebeten	38 %	36 %	26 %
Texte, die ich sofort übernehmen kann	9 %	32 %	59 %
Impulse zur eigenen kreativen liturgischen Gestaltung	8 %	23 %	69 %
Eine Sammlung von Texten aus verschiedenen Zeiten/ mit verschiedenen Stilen	18 %	27 %	55 %
Eine Anleitung für den Gottesdienst mit verschiedenen Zielgruppen	16 %	30 %	54 %
Hinweise auf Lieder und andere musikalische Gestaltungsmöglichkeiten	7 %	20 %	73 %

Wo die Qualität der Texte des Gottesdienstbuches aus der Sicht der Befragten zwar nicht als optimal bezeichnet werden kann, aber ebenso wenig als schlecht (siehe Frage 17), äußert hier eine große Gruppe der Befragten Interesse an einer Verbesserung. Wichtiger noch als eine konkrete Verbesserung oder Aktualisierung der Texte erscheint die Verbesserung des Anregungsgehaltes zu sein sowie Hinweise zur liturgischen Gestaltung über das Wort hinaus, etwa durch Lieder und

»andere musikalische Gestaltungsmöglichkeiten«. Sehr zwiespältig ist die Meinung der Befragten in Bezug auf eine Funktion des Buches als »fertige Vorlage«. Ein gutes Drittel der Befragten distanziert sich von dieser Idee.

Die Frage 24 zeigt als Verdeutlichung das geringe Interesse der Befragten an fertigen Modellen. Die Pfarrerinnen und Pfarrer, dies ist hier so deutlich wie schon in den oberen Abschnitten und erst recht in den Ergebnissen der Gruppendiskussionen, mögen mehrheitlich die liturgische Arbeit an Gottesdiensten sehr gern, sie schätzen ihre Arbeit als wichtig ein und machen nur dort geringe Abstriche, wo die Zahl der Gottesdienste und die zeitlichen Möglichkeiten dies nicht anders zulassen. Sie erwarten vom Gottesdienstbuch Hilfestellung, Anregung und Inspiration, manchmal auch Information und Vorlagen. Im Wesentlichen ginge es bei einer Überarbeitung im Interesse der Nutzer/innen vor allem um eine Verbesserung eben dieser Inspirations- und Anregungsgehalte. Auch hier bestätigt sich die Beobachtung, die ich oben bereits beschrieben habe: Das Bedürfnis der Befragten richtet sich durchaus auf Elemente des Gottesdienstbuches, die dieses bereits enthält, die aber offenbar entweder nicht ausreichend bekannt oder aus anderen Gründen nicht zugänglich sind. Im Zentrum stehen dabei die Wünsche nach stärkeren Impulsen und Anregungen, auch zur Zusammenarbeit mit Gruppen in der Gemeinde oder mit kirchenmusikalisch kompetenten Menschen.

In welcher Erscheinungsform die Befragten sich ein zukünftiges Gottesdienstbuch wünschen, erfasst Frage 23. Das Ergebnis ist völlig uneinheitlich, relativ einig sind sich die Befragten nur in der Ablehnung der Loseblattsammlung mit Ergänzungslieferungen, diese wünschen sich nur 20 % der Befragten. Positiv bewertet wurden: eine CD-ROM (53 %), ein gebundenes Buch (47 %), eine Internetseite zum Herunterladen der Texte (45 %) oder auch ein Ringbuch zum Ein- und Ausheften (40 %). Das wichtigste Ergebnis dieser Befragung: Es ist kaum im Sinne einer Mehrheit »richtig« zu machen. Während die einen gern mit gebundenen Büchern arbeiten, sind die Bedürfnisse nach PC-Kompatibilität und Aktualität bei einer anderen Gruppe von Nutzer/innen sehr groß.

Hier nun die Nutzung des Gottesdienstbuches unter allen Befragten im Vergleich mit anderen Hilfsmitteln (Frage 24):

Tabelle 9: Gebrauch von Hilfsmitteln in der Gottesdienstgestaltung

Hilfsmittel	**oft/sehr oft**	**manchmal**	**selten/nie**	**unbekannt**
Textbücher für Gebete	46 %	39 %	14 %	1 %
Predigthilfen	60 %	28 %	12 %	0 %
fertige Gottesdienst-Entwürfe	7 %	27 %	**63** %	3 %
Internet	22 %	33 %	41 %	4 %
EGb	**41 %**	**31 %**	**25 %**	**2 %**
Ergänzungsband zum EGb	9 %	25 %	48 %	18 %
Fortbildungsmaterial	6 %	36 %	52 %	6 %
Gesangbuch	**84** %	12 %	4 %	0 %
alte Agende der eig. Landeskirche	10 %	10 %	66 %	**14** %
andere Agende	9 %	10 %	48 %	33 %

Hier fällt besonders der hohe Stellenwert des Evangelischen Gesangbuches auf. Es wird, das war auch in den Gruppendiskussionen zu hören, über die Auswahl der Lieder hinaus als Fundgrube in der Vorbereitung genutzt. Auch Predigthilfen rücken hier in den Bereich liturgischer Hilfsmittel. Entgegen aller Vermutungen im Vorfeld der Studie spielen weder die bisherigen Agenden der Landeskirchen noch Agenden anderer Landeskirchen eine zentrale Rolle, dem Gottesdienstbuch kommt ein insgesamt hoher Stellenwert zu.

6. Überprüfung der Kriterien des Evangelischen Gottesdienstbuches

Abschließend ein Blick auf die in der Befragung überprüften Kriterien des Gottesdienstbuches. Einige von ihnen, etwa der lebendige Zusammenhang mit den Gottesdiensten der anderen Kirchen in der Ökumene (4.) und die bleibende Verbindung mit Israel (7.), die in der liturgischen Gestaltung sichtbar werden sollen, wurden nicht in die Befragung mit aufgenommen. Der Pretest hatte gezeigt, dass diese Kriterien einerseits höchst selbstverständlich geteilt wurden (niemand mag sich selbst als andersdenkend bezeichnen), andererseits die Befragten ratlos waren darüber, wie sich denn etwa eine ökumenische Ausrichtung oder die Verbundenheit der Christen mit Israel auf die liturgische Gestaltung auswirken könnten. Verblieben sind die folgenden Kriterien, die sich nun anhand einzelner Fragen überprüfen lassen.

(1.) Feier des Gottesdienstes unter Beteiligung und Verantwortung der ganzen Gemeinde

Dieses Kriterium wurde mit der direkten Frage 8_10 aufgenommen: »Wenn Gottesdienst gefeiert wird, muss immer die ganze Gemeinde dafür verantwortlich und daran beteiligt sein.« Insgesamt erfährt dieses Kriterium von den Befragten die geringste Zustimmung: 45 % lehnen es direkt ab, weitere 33 % wählen den Mittelwert und nur 22 % der Befragten stimmen diesem Satz zu, davon weniger als ein Drittel »voll und ganz«. Die Zustimmungswerte scheinen vom Alter der Befragten abzuhängen: Bei unter 40-Jährigen liegt die Zustimmung bei 27 %, bei über 60-Jährigen nur noch bei 18 %. Der Landeskirchenvergleich verzeichnet auffallend hohe Zustimmungswerte in Sachsen (29 %) und eher geringe in Nordelbien (17 %) und Hannover (18 %). Inwieweit sich mit diesem Antwortverhalten bestimmte Haltungen gegenüber einer Beteiligung der Gemeinde und vor allem mit Blick auf die Verantwortung für den Gottesdienst und seine Ziele verbinden, zeigt die Clusteranalyse.

Grundlegend lässt sich jedoch an der hier zu beobachtenden geringen Übereinstimmung der Befragten mit dem ersten und zentralen Kriterium des Gottesdienstbuches zugleich der Kern einer »Rezeptionsproblematik« des Buches festmachen, wenn man es denn so scharf ausdrücken möchte. Der Gottesdienst ist in den Augen der Pfarrerinnen und Pfarrer nicht die Sache aller in der Gemeinde. Dies mag zum einen ein Spiegel der tatsächlichen Verhältnisse sein – denn der Gottesdienst wird faktisch nur selten wirklich von mehreren Gemeindemitgliedern verantwortet und in der Regel kann nur von einer »inneren Beteiligung« der Gottesdienstgemeinde die Rede sein. Zum anderen mag sich darin aber auch die tatsächliche Überzeugung ausdrücken, eine solche geteilte Verantwortung sei auch keinesfalls sinnvoll und eine deutlich stärkere Beteiligung der Gemeinde wenig sinnvoll. In den Gruppendiskussionen wird diese Haltung in den Diskursen der Befragten deutlich: Die Pfarrerinnen und Pfarrer fühlen sich in ihrer Arbeit durch gemeinsame Projekte mit Gemeindegruppen und Ehrenamtlichen bereichert, aber sie betrachten diese Zusammenarbeit nicht als das Eigentliche in ihrer Arbeit, sehen sich vielmehr selbst in der Rolle der zentral Gestaltenden.

Was hier Ursache und was Wirkung ist – die Überzeugung oder die faktische Situation oder Gewohnheit der Befragten – lässt sich kaum beantworten. Sicher ist jedoch, dass von einer breiten Überzeugung im Sinne des ersten Kriteriums des Gottesdienstbuchs nicht die Rede sein kann. Wo diese Situation vorherrscht, könnte es sein, dass eine Umsetzung der eigentlichen Intention des Gottesdienstbuches, Impulse zu geben für eine selbstbewusste und sachkundige liturgische

Gestaltung des Gottesdienstes für eine breite Gruppe von Aktiven, in der gegenwärtigen Situation kaum möglich ist.

(2.) Erkennbare, stabile Grundstruktur des Gottesdienstes, die vielfältige Gestaltungsmöglichkeiten offen hält

Wesentlich mehr Zustimmung, wenn auch sicher nicht im gewünschten Sinn, erfährt dieses Kriterium, das aus zwei einander ergänzenden Aussagen besteht. Die stabile Grundstruktur ist unter anderem in der Itembatterie mit der Frage »Was ist wichtig im Gottesdienst?« im Item 7_5 erfasst worden: »Geborgenheit in einer festen liturgischen Form.« Diesen Satz lehnen insgesamt nur 16 % der Befragten ab, nur 2 % finden dies »völlig unwichtig«. Dass die befragten Pfarrerinnen und Pfarrer mehrheitlich der Meinung sind, ein Gottesdienst brauche eine liturgische Form, für deren Sicherstellung sie zuständig seien, ist bereits oben dargestellt.

Der Fragebogen enthält mit Blick auf »besondere Gottesdienste« jedoch eine Gegenprobe mit aufschlussreichen Ergebnissen: (8_13) »Ein ›besonderer‹ Gottesdienst (Familien-, Kinder-, Taizé-, meditativ) kann auch ohne eine liturgische Form gefeiert werden.« Diesem Satz stimmen 57 % der Befragten zu, »nur« 32 % lehnen ihn ab. Diese Ergebnisse könnten, gemeinsam gelesen, den Schluss nahe legen, dass hier mehrere Liturgieverständnisse vorliegen, wie dies oben bereits erwähnt wurde: Während für die einen die Liturgie quasi identisch ist mit dem »Gerüst« eines Gottesdienstes – auf das eben je nach Situation auch mal verzichtet werden kann –, deuten die anderen sie als innerer Zusammenhang, der dann selbstverständlich in jedem Gottesdienst, auch in der kleinsten und ungewöhnlichsten Form, gegeben ist. Die Idee, einen Gottesdienst ohne liturgische Form zu feiern, ist in der zweiten Logik geradezu abstrus, in der ersten jedoch je nach Gelegenheit möglicherweise geboten, aber mindestens erlaubt.

Die Zahlen zeigen, dass zwar von der großen Mehrheit der Befragten eine »liturgische Stabilität« gefordert wird, der erste Teil des Kriteriums also durchaus geteilt wird, dass dahinter die Liturgieverständnisse so weit auseinander gehen, dass die mit dem Kriterium eigentlich geforderte Verbindung von Stabilität und Variation als prägendes Moment »guter Liturgie« von einer großen Gruppe der Befragten nicht verstanden und mitgetragen wird. Der zweite Teil des Kriteriums war erfasst mit der Frage 7_2: »...dass Spielräume in der Ausgestaltung der liturgischen Elemente genutzt werden.« Diese Aussage lehnen nur 18 % der Befragten ab, auch hier »enthalten« sich 33 % und 50 % der Befragten stimmen der Aussage zu.

Aufschlussreich sind nun die Zusammenhänge zwischen der einen und der anderen Position. Aus einer Kreuzauswertung der Fragen ergibt sich die bereits erwartete Mehrschichtigkeit: Diejenigen, die in 7_2 der Meinung sind, die liturgischen Spielräume sollten genutzt werden, stellen eine besonders große Zahl derer, die je nach Gelegenheiten den Gottesdienst auch mal »ohne Liturgie« feiern würden. 22 % von ihnen lehnen dies jedoch mit Bestimmtheit ab. So sind diejenigen, die eine Variation gerade als wertvollen Bestandteil einer gelungenen (stabilen) liturgischen Form betrachten, zwar in der Minderheit, aber durchaus als eine profilierte Gruppe vorhanden. Auch umgekehrt findet sich eine derartige Gruppe: Unter denen, die angeben, die »Geborgenheit in einer festen liturgischen Form« sei wichtig, findet sich eine große Zahl von Befragten, die zugleich eine Nutzung von Spielräumen befürworten. Aber es gibt auch hier 22 % der Befragten, die gerade diese Spielräume eher ablehnen und mit »Stabilität« ausdrücklich keine Variation verbinden. Der »liturgische Idealtyp«, der Liturgie als inneren Zusammenhang für jeden Gottesdienst betrachtet, zugleich die eigene Ausgestaltung unter Nutzung großer Spielräume als zentral für liturgisches Handeln betrachtet und auch die nötige Kompetenz dafür mitbringt, um dieses Ideal umzusetzen (was mit dem Fragebogen nicht erhoben wurde), scheint sich im Ensemble der Meinungen eher in einer kleinen Zahl von Befragten zu finden.

Dieser Befund vervollständigt die nach der Prüfung des ersten Kriteriums mögliche Sicht auf die Rezeptions-Problematik des Gottesdienstbuches: Einzelne Anliegen der Konzeption des Gottesdienstbuches werden ausdrücklich von breiten Mehrheiten geteilt. Das eigentliche Ziel, das Verständnis zu wecken für die unbedingte Zusammengehörigkeit von Stabilität der Form und Freiheit der Variation, oder anders gesagt: das Verständnis für die umfassende Bedeutung liturgischen Handelns über die jeweilige »Füllung« von Gottesdienstabläufen hinaus, ist nur bei einer Minderheit der Befragten erreicht. Wenn das Gottesdienstbuch im vergangenen Jahrzehnt dazu beigetragen hat, ein solches Verständnis zu schaffen oder zu vertiefen, hat dies keine Erfolge in größerem Umfang erbracht. Auf der anderen Seite ist zu berücksichtigen, dass das Anliegen, Haltungen zu formen und Kompetenzen zu erweitern, üblicherweise nicht durch Bücher, sondern durch Ausbildungseinheiten zu erreichen ist.

(3.) Gleichrangigkeit von bewährten Texten aus der Tradition und neuen Texten aus dem Gemeindeleben der Gegenwart

Dieses Kriterium wurde nah an der ursprünglichen Formulierung abgefragt in Frage 8_8: »Bewährte Texte aus der Tradition und Texte der Gegenwart sollen den gleichen Stellenwert erhalten.« 55 % der Befragten stimmen diesem Satz zu, 30 % sind unentschlossen (oder können sich im oben beschriebenen Denkmuster zu diesem Satz nicht ohne Weiteres verhalten) und nur 15 % lehnen diesen Satz ab.

Dieses Kriterium kann also weitgehend als Teil des Konsenses unter Pfarrerinnen und Pfarrern angesehen werden.

(5.) Sprachliche Gestaltung, die niemanden ausgrenzt: Frauen, Männer, Jugendliche, Kinder, unterschiedliche Gruppierungen in der Kirche

Dieses Kriterium erhält von den Befragten die höchste Zustimmung – es kann als weitgehend erfüllt (im Sinne der Überzeugung) bezeichnet werden. Frage 8_3 formuliert: »Die Sprache im Gottesdienst soll deutlich machen: In der Kirche gehören viele, sehr unterschiedliche Menschen zusammen.« Die Antworten auf diese Frage lassen darauf schließen, dass dieses Kriterium von den Befragten zu den oben erwähnten Kriterien gerechnet wird, die im Grunde keinen Widerspruch erlauben: Nur knapp 9 % der Befragten lehnen diesen Satz ab, 22 % sind unentschlossen (oder können sich im oben beschriebenen Denkmuster zu diesem Satz nicht ohne Weiteres verhalten) und 69 % stimmen dem Satz zu. Die Frage ist nun, inwiefern diese Aussage für die Befragten eine Bedeutung in der eigenen Arbeit hat, also als echtes Kriterium für liturgische Arbeit tragend ist. Informationen hierzu finden sich in der Analyse der Cluster.

(6.) Einbeziehung des ganzen Menschen in liturgisches Handeln – auch leibhaft und sinnlich

Auch dieses Kriterium erfährt eine breite Zustimmung der Befragten. Dem Item 8_12 »Der Gottesdienst muss auch Körper und Sinne ansprechen« stimmen 61 % der Befragten zu, nur 10 % lehnen es ab. Möglicherweise gehört dieses Kriterium letztlich in die Liste derer, die kaum Ablehnung erfahren, weil nahezu alle diesen Aspekt zumindest theoretisch für wichtig halten, auch wenn sie nicht immer eine Vorstellung davon haben, wie dies in der Praxis umzusetzen sei.

7. Rückblick und Ausblick

Zusammenfassend lässt sich auf die hohe Bedeutung des Gottesdienstes und der liturgischen Gestaltung verweisen, die unter den Befragten ganz deutlich zu finden sind. Der Gottesdienst scheint insgesamt weiterhin eine wichtige Rolle im Spektrum des pastoralen Handelns einzunehmen. Die Befragten reflektieren dieses Handeln, beziehen Position und kommen darin zu durchaus unterschiedlichen, aber engagiert gewählten komplexen Haltungen, was die Clusteranalyse noch vertiefter verstehen hilft.

Das Evangelische Gottesdienstbuch bekommt insgesamt »gute Noten«, und zwar sowohl als liturgisches Hilfsmittel im Sinne einer Anleitung oder einer Hilfestellung zu eigenem Gestalten als auch als Fundgrube für Texte und Anregung zu eigener Weiterarbeit. Als problematisch erweisen sich jedoch einige Kriterien des Gottesdienstbuches: Das dort entwickelte Grundverständnis von Liturgie, die impliziten Ziele und Konzepte, werden von einer großen Gruppe der Befragten nicht oder nur ansatzweise geteilt, vermutlich in weiten Bereichen nicht verstanden und entsprechend nicht umgesetzt. Hier wäre entweder die Leistung des Gottesdienstbuches kritisch zu hinterfragen oder, was in meinen Augen wichtiger und zielführender wäre, die Methodik der Vermittlung von Kriterien zu überprüfen. Möglicherweise ist zur Ausbildung bestimmter liturgischer Haltungen eine konsequente Arbeit in Aus- und Weiterbildung weitaus geeigneter als ein Buch es jemals sein könnte. Das Gottesdienstbuch dürfte in diesem Sinn als ein gelungener Beitrag zur Entwicklung von Liturgie gewertet werden, während diese Studie nochmals die unausweichlichen Beschränkungen eines solchen Unterfangens und den aktuellen Dissens zwischen liturgiewissenschaftlicher Arbeit und pastoraler Praxis formulieren hilft.

Idealtypen der Gottesdienstgestaltung: Eine Auswertung der quantitativen Erhebung zum liturgischen Verständnis von Pfarrerinnen und Pfarrern

Tabea Spieß

Pfarrerinnen und Pfarrer besitzen vielfältige Möglichkeiten, die gottesdienstliche Liturgie zu gestalten. Ihre differenzierten Haltungen und Einstellungen zu Fragen des Gottesdienstes und der Liturgie, ihre praktischen Gewohnheiten im Berufsalltag und die örtlichen Gegebenheiten beeinflussen die Gottesdienstgestaltung in der Praxis. Im Rahmen der Rezeptionsstudie des Evangelischen Gottesdienstbuches haben wir deswegen nicht nur Daten zur Nutzung des Gottesdienstbuches erhoben, sondern die Pfarrerinnen und Pfarrer auch zu ihren Sichtweisen zur Liturgie und Predigt im Gottesdienst, der eigenen professionellen Rolle sowie der Beteiligung der Gottesdienstgemeinde befragt. Aus diesem Datensatz wird im Folgenden eine Typologie entwickelt, um die unterschiedlichen Logiken und Konzepte zu systematisieren und in den Kontext der Nutzung des Gottesdienstbuches zu stellen.

Die Pfarrerinnen und Pfarrer beschreiben ihre Haltungen zu Fragen des Gottesdienstes in den Gruppendiskussionen insbesondere mit Bezug auf vier Themengebiete: Ihre Einstellungen zur Traditionsbindung, zu Fragen der liturgischen Variation, zur Gemeinschaft im Gottesdienst und zur Individualität in der Gestaltung bilden für die Diskussionsteilnehmer/innen den thematischen Rahmen, um ihre Konfliktlinien argumentativ zu entfalten.[1] Deutlich wird dabei, dass sich Zusammenhänge zwischen Einstellungen zum Gottesdienst, der eigenen Rolle als Pfarrerin oder Pfarrer, der Rolle der Predigt und dem Blick auf die Gottesdienstgemeinde auf der einen Seite sowie der Art und Häufigkeit der Nutzung des Gottesdienstbuches auf der anderen Seite herstellen lassen.

Ziel der quantitativen Erhebung ist es demnach, eine Typologie zu entwickeln, die nicht nur Haltungen zu Fragen des Gottesdienstes systematisiert, sondern

1. Siehe Abbildung 1 »Zentrale Konfliktlinien in Bezug auf Liturgie und Gottesdienst« im Text von *Claudia Schulz*, Orientierung an der Lebenswelt, in diesem Band.

darüber hinaus auch Aufschluss über die Motive der Nutzung des Gottesdienstbuches und seine Beurteilung bietet. Beispielsweise kann so dargelegt werden, welche unterschiedlichen idealtypischen Einstellungen zur Rolle der Predigt und zur Liturgie im Gottesdienst existieren und wie sie mit dem Gebrauch des Gottesdienstbuches zusammenhängen.

Ausgehend von den Antworten der 2137 Befragten wird zunächst eine explorative Faktorenanalyse durchgeführt. So soll die Vielzahl der Variablen strukturiert und reduzierend zu Gruppen zusammengefasst werden, die jeweils als Hintergrundvariablen eine Dimension beschreiben. Der folgende Abschnitt erklärt dieses Verfahren. Auf der Grundlage dieser Dimensionen werden mittels einer Clusteranalyse die Idealtypen gebildet und im zweiten Teil dieses Textes beschrieben. In einem dritten, abschließenden Schritt wird dargestellt, wie diese Typen das Gottesdienstbuch verwenden und wie sie es bewerten.

1. Die vorbereitende Faktorenanalyse: Reduzierung der Variablen

Die Themenfelder und Konfliktlinien, die in der qualitativen Vorstudie herausgearbeitet wurden, bildeten die inhaltliche Grundlage für die Konstruktion des Fragebogens. Die Bündelung von Variablen aus den Itembatterien in Form der explorativen Faktorenanalyse (Hauptkomponentenanalyse) in der Auswertung des Datensatzes spiegelt demnach auch in gewisser Weise die Diskussionsthemen wider.

Aus dem Datensatz können dann in der weiteren Analyse Aussagen miteinander verknüpft und Zusammenhänge hergestellt werden: Es können Gruppen von Pfarrerinnen und Pfarrern gebildet werden, die im Hinblick auf ihre vielfältigen Einstellungen zum Gottesdienst und zum Gottesdienstbuch beschrieben werden können. Darüber hinaus können beispielhafte Argumentationen aus den Gruppendiskussionen herangezogen werden. So können komplexe Haltungen und Meinungen dargestellt und voneinander abgegrenzt werden.

Zunächst wird eine Faktorenanalyse gerechnet, um die für eine Typenbildung relevanten Dimensionen zu identifizieren.[2] Ergänzt um weitere Variablen, wenn erforderlich, die inhaltlich zu den Dimensionen passen, werden so vier Skalen gebildet.[3] Sie können mit »Lebensweltorientierung«, »Liturgietraditionsorientie-

2. Nach dem Kriterium des Eigenwertes > 1 ergab die Hauptkomponentenanalyse eine vierfaktorielle Lösung mit einer erklärten Gesamtvarianz von 45,4 %.

3. Hier wird also zweistufig vorgegangen: Die relevanten Dimensionen werden mit der Faktorenanalyse herausgefunden und bilden so die Grundlage für die vier Skalen. Die Faktoren wurden, wenn nötig, verändert und um weitere, inhaltlich passende Variablen erweitert.

rung«, »Predigtorientierung« und »Gemeinschaftsorientierung« betitelt werden. Aus je fünf Variablen bestehen die Skalen »Lebensweltorientierung« und »Beteiligungsorientierung«, die Skalen »Predigtorientierung« sowie »Liturgieorientierung« aus jeweils vier Variablen[4]:

Lebensweltorientierung
Bezug zum Alltagsleben der Anwesenden (7_10)
Möglichst genaue Ausrichtung auf die Bedürfnisse der Teilnehmenden (7_8)
Inhaltlich und sprachlich leicht zugängliche Texte (7_6)
Der Gottesdienst sollte unbedingt berücksichtigen, was die Menschen an Vorstellungen und Kenntnissen mitbringen. (8_9)
Die Sprache im Gottesdienst soll deutlich machen: In der Kirche gehören viele, sehr unterschiedliche Menschen zusammen. (8_3)

Liturgietraditionsorientierung
Eine Pfarrerin/ein Pfarrer sollte sich mit der Ausformung der Liturgie nach eigenem Geschmack zurückhalten. (8_4)
Geborgenheit in einer festen liturgischen Form (7_5)
Gegenüber den »gegebenen« Texten (Liturgie/Bibel) sollte ich eigene Vorlieben und Sprachgewohnheiten zurücknehmen. (8_11)
Wenn liturgische Elemente vielen GottesdienstbesucherInnen nicht verständlich sind, sollte man sie besser weglassen. (8_7, umkodiert)

Predigtorientierung
Dass die Predigt im Zentrum des Gottesdienstes steht (8_4)
Die Predigt ist der Kern des Gottesdienstes. Ihr gegenüber sind Lieder oder Gebete zweitrangig. (14_1)
Wenn die Liturgie religiöse Erfahrungen ermöglicht, ist die Predigt verzichtbar. (8_14, umkodiert)
Durch die Predigt spricht Gott zu seiner Gemeinde. (14_3)

4. Die Skala »Lebensweltorientierung« besitzt ein Cronbachs Alpha von ,655. Cronbachs Alpha der Skala »Liturgietraditionsorientierung« liegt bei ,624. Die Skala »Predigtorientierung« hat ein Cronbachs Alpha von ,599. Cronbachs Alpha der Skala »Beteiligungsorientierung« liegt bei ,580. Da für den geringeren Reliabilitätswert hier keine Multidimensionalität verantwortlich ist und in den Gruppendiskussionen deutlich wurde, dass die Frage der Gemeindebeteiligung ein bedeutsames Thema für die Positionierungen der Pfarrerinnen und Pfarrer ist, wird die Skala auch im Folgenden verwendet.

Beteiligungsorientierung
Wenn Gottesdienst gefeiert wird, muss immer die ganze Gemeinde dafür verantwortlich und daran beteiligt sein. (8_10)
Eine möglichst hohe aktive Beteiligung der Anwesenden (7_7)
Ein intensives Gemeinschaftsgefühl unter allen Anwesenden (7_3)
Die Predigt sollte, wenn möglich, gemeinsam vorbereitet werden. (14_6)
Leichte Zugänglichkeit für Kirchenferne (7_11)

Die vier Skalen Lebensweltorientierung, Predigtorientierung, Liturgietraditionsorientierung und Beteiligungsorientierung beschreiben also Dimensionen, die »hinter« den Variablen des Fragebogens liegen und anhand derer die Haltungen der Befragten zu gottesdienstlichen Fragen analysiert werden können.

Um mit den Ergebnissen weiterarbeiten zu können, wird für jeden Befragten und jede Skala ein Wert errechnet. Der Datensatz wird so um vier Variablen erweitert, indem für jeden Fall pro Skala der Mittelwert aus den entsprechenden Variablen gebildet wird.[5]

Die Reduzierung der Variablen auf die Skalen und die Berechnung der Skalenwerte ermöglichen es nun, eine Clusteranalyse zu rechnen und die Befragten nach ihren Haltungen zu den relevanten Themen zu gruppieren. Hierbei werden Fälle mit ähnlichen Ausprägungen zu einem Cluster zusammengefasst, das sich wiederum möglichst stark von den anderen Gruppierungen unterscheidet.

2. Die Clusteranalyse: Fünf Idealtypen des gottesdienstlichen Gestaltens

Auf der Grundlage der gebildeten Skalen wird die Clusterzentrenanalyse durchgeführt. Es stellt sich heraus, dass für diese Untersuchung die Unterteilung in fünf Cluster am sinnvollsten ist. Die so entstandenen fünf Typen werden im Folgenden beschrieben und voneinander abgegrenzt. In den Clusterbeschreibungen sind Aussagen der Befragten aus dem Fragebogen aufgenommen, die für die einzelnen Cluster typisch sind oder dort besonders oft vorkommen. Diese Aussagen treffen aber nicht auf alle Befragten eines Clusters zu, in vielen Fragen haben einzelne Befragte auch Nähen zu anderen Clustern. Die Cluster werden relativ beschrieben, also im Verhältnis des jeweiligen Clusters zu allen Befragten.

5. Die Mittelwertscores werden nur für die Fälle berechnet, die für alle für eine Skala relevanten Variablen einen gültigen Wert besitzen.

Idealtyp 1: Die Lebensweltorientierte

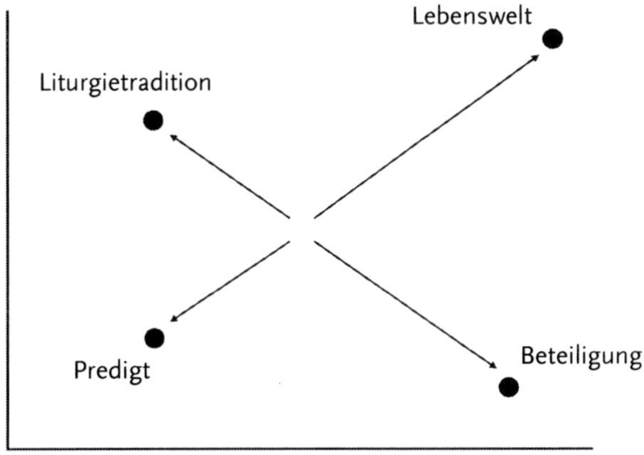

Diese Gruppe der Pfarrerinnen und Pfarrer kennzeichnet eine starke Orientierung an der Lebenswelt der Menschen: Gelungen ist ein Gottesdienst aus ihrer Sicht dann, wenn er in seiner Sprache und inhaltlichen Gestaltung möglichst exakt auf die Lebenssituation, die Bedürfnisse und das Vorverständnis der Gottesdienstgemeinde eingeht. So entsteht, gewonnen aus den Aussagen in der Befragung, das folgende Meinungsprofil: Dieser Typ stimmt stark den Aussagen zu, dass im Gottesdienst ein Bezug zum Alltagsleben der Besucherinnen und Besucher hergestellt werden sollte und das gottesdienstliche Geschehen idealerweise auf ihre Bedürfnisse ausgerichtet sein sollte. Gleichzeitig werden von diesem Typ die Vorstellungen und Kenntnisse der Gottesdienstgemeinde maßgeblich berücksichtigt. Die gesprochenen und gelesenen Texte werden so aufbereitet, dass sie für alle gut zugänglich sein sollen und einer inklusiven Sprache entsprechen. Der Gottesdienst soll so auch für Kirchenferne gut zugänglich sein. Die Pfarrerinnen und Pfarrer dieser Gruppe haben im Vergleich zu den anderen Typen am häufigsten geantwortet, dass sie meistens oder immer eine freie Begrüßung sprechen und selten oder nie das vorgeschlagene Wochenlied singen.

Mit dieser ausgeprägten Ausrichtung auf die Lebenswelt geht ein starkes Bemühen um Beteiligung einher: Es wird als wichtig erachtet, im Gottesdienst die Anwesenden aktiv zu beteiligen. Ehrenamtliche werden von den »Lebensweltorientierten« häufiger als vom Durchschnitt aller Befragten auch in die Vorbereitung nicht nur »besonderer« Gottesdienstformen, sondern auch des Sonntagsgottesdienstes einbezogen. Die Aussage »Die Predigt sollte, wenn möglich, gemeinsam vorbereitet werden« erhält von den Befragten dieser Gruppe die höchste Zustimmung von allen. Dem Kriterium des Gottesdienstbuches, der »Beteiligung und Verantwortung der ganzen Gemeinde für den Gottesdienst«, wird von diesem Typ leicht überdurchschnittlich stark zugestimmt, und so hängt die Qualität des Gottesdienstes auch nicht so stark von der Person des Pfarrers/der Pfarrerin ab wie in anderen Clustern. Im Hinblick auf die Gottesdienstgemeinde ist den Befragten dieses Idealtyps ein ausgeprägtes Gemeinschaftsgefühl aller Anwesenden wichtig.

Auch im Predigtverständnis wird der Lebensweltbezug dieser Pfarrerinnen und Pfarrer deutlich. Die Predigt steht hier weniger im Zentrum des Gottesdienstes: Die Befragten dieses Typs stimmen stärker als andere Cluster der Aussage zu, dass die Predigt grundsätzlich verzichtbar sei, wenn andere Elemente des Gottesdienstes religiöse Erfahrungen bieten. »Dass die Predigt im Zentrum des Gottesdienstes steht« erfährt von diesem Typ am wenigsten Zustimmung. Verschiedene Gestaltungsformen der Predigt sind für die »Lebensweltorientierten« stärker als für alle anderen Typen erstrebenswert. Auch zwei weiteren Auffassungen stimmen diese Befragten stärker zu als alle andere Typen: »Die Predigt ist eine Verständigung der Predigerin/des Predigers mit den Hörenden über ihr Leben« und »Die Predigt ist religiöse Lebensdeutung« bejahen die »Lebensweltorientierten« überdurchschnittlich, währen das Item »Durch die Predigt spricht Gott zu seiner Gemeinde« vergleichsweise stark abgelehnt wird. Die Verkündigung geschieht in der Vorstellung dieser Befragten vor allem im gemeinsamen Teilen des Evangeliums und wird von einem möglichst intensiven Miteinander begünstigt. Um einen Gottesdienst zu gestalten, der tatsächlich auf die Lebenswelt und die Bedürfnisse der Beteiligten ausgerichtet ist, ist es wichtig, die liturgischen Spielräume zu nutzen (die »Lebensweltorientierte« stimmt diesem Item am stärksten zu), und weniger, Geborgenheit in einer festen liturgischen Form zu bieten. In der Ausgestaltung der Liturgie und in der sprachlichen Bearbeitung der Texte finden sich dann die eigenen Vorlieben wieder, möglicherweise weil diese Pfarrer/innen annehmen, mit einer sprachlichen Gestaltung »nach eigenem Geschmack« auch eine größere Lebensweltnähe zu erreichen. Dieser Typ besitzt also eine geringere Orientierung an der Liturgietradition beziehungsweise eine je nach Situation recht große Freiheit im Umgang mit der Liturgie.

Im Fragebogen wurde angeboten, der Aussage zuzustimmen, dass »besondere« Gottesdienste auch »ohne eine liturgische Form« stattfinden können. Hier ist die Zustimmung dieses lebensweltorientierten Typs auffällig und überdurchschnittlich hoch, ebenso im Hinblick auf die Aussage, dass liturgische Elemente besser weggelassen werden sollten, wenn sie vielen Gottesdienstbesuchern nicht verständlich sind. Die Liturgie ist in den Augen dieser Befragten eher nicht selbsterklärend: Weil in dieser Logik die Abendmahlsliturgie nicht von allen ohne weitere Erklärungen verstanden wird, wird von diesen Pfarrerinnen und Pfarrern häufiger als vom Durchschnitt aller Befragten in einer Hinführung die Bedeutung des Abendmahls erläutert. Bei der Feier des Abendmahles singen sowohl Gemeinde als auch Liturg/in weniger oft die liturgischen Stücke, und die Frage nach dem Ersetzen von liturgischen Elementen durch Lieder wird im Vergleich zu den anderen Clustern von diesen »Lebensweltorientierten« am häufigsten mit »oft/sehr oft« beantwortet.

Die Pfarrerinnen und Pfarrer dieses Typs sehen sich selbst als die Gestaltenden des Gottesdienstes: Sie haben sehr stark den Eindruck, für eine »gelungene Inszenierung« im Gottesdienst zu sorgen, und etwas stärker als der Durchschnitt, dass sie »einen thematischen ›roten Faden‹ für den Gottesdienst« entwickeln. Die Pfarrerinnen und Pfarrer, die hier als die »lebensweltorientierten« beschrieben werden, lehnen die Aussage, im Gottesdienst Lehrende zu sein, am stärksten von allen Typen ab, ebenso die Auffassung, im Gottesdienst stellvertretend für die Gemeinde vor Gott zu treten.

Ausgeprägter als in den anderen Clustern ist darüber hinaus die Zustimmung dieser »Lebensweltorientierten« zu den beiden Items, die sich auf Kriterien des Gottesdienstbuches beziehen: »Bewährte Texte aus der Tradition und Texte der Gegenwart sollten den gleichen Stellenwert erhalten« und »Der Gottesdienst muss auch Körper und Sinne ansprechen«. Die Aussage »Im Gottesdienst erlebt die Gemeinde das Zentrum ihrer Identität« wird hingegen stärker abgelehnt als von anderen Typen.

Für den Idealtyp der »Lebensweltorientierten« hat die Einführung des Gottesdienstbuches die Gottesdienste etwas stärker als für den Durchschnitt aller Befragten verändert: Es wird im Vergleich zu den anderen Typen hier häufiger als Argumentationshilfe und Arbeitshilfe bei der Liturgiereform in der Gemeinde genutzt. Gleichwohl nutzen von diesen Pfarrer/innen nur rund 30 Prozent das Gottesdienstbuch oft oder sehr oft. Wenn sie es verwenden, dann vor allem als Fundgrube für Texte und Anregung für die eigene Textarbeit sowie für die Gottesdienst-Vorbereitung mit Gruppen und als Nachschlagewerk. Als Altaragende wird es von den Befragten dieses Clusters hingegen weniger genutzt.

In diesem Cluster finden sich vergleichsweise viele Frauen, die überdurchschnittlich häufig in einer Stadt arbeiten, zwischen 30 und 49 Jahre alt sind und in einem Funktionspfarramt tätig sind. Sie feiern im Vergleich zu anderen Befragten eher seltener Gottesdienste.

Ein Ausschnitt aus einer Gruppendiskussion kann als Beispiel für eine Argumentation dieses Typs herangezogen werden:

Peter Freund:

Paulus sagt das so leicht, den Juden ein Jude, und den Griechen ein Grieche und so. Ich kann nicht jedes Mal Bäumchen wechsel dich spielen. Ich bin schon ich, aber ich bin auch nur dann ich, wenn ich den Mut habe Samstagabend, da ist irgendwas in den Tagesthemen, was alle Leute bewegt oder was morgens in der Bild am Sonntag steht, früher bin ich aus Prinzip nicht Brötchen holen gegangen am Sonntagmorgen, aber jetzt geh ich aus Prinzip, um zu sehen, was oben auf der BamS [Bild am Sonntag] steht, das muss ich doch wissen, bevor ich um zehn Uhr auf die Kanzel steige, haben die Leute die Bild-Zeitung gelesen. Und das ist mir schon sehr wichtig, also diesen Kontakt zu haben und ich muss mich dafür nicht viel verbiegen, als zu sagen, wenn das die Leute bewegt, dann bewegt mich das auch.
(...) Wenn die Leute das im Sonntagsgottesdienst erkennen, dass ihr Leben ein Stück gottgeleitet, gottgelenkt, vielleicht auch ein Stück richtig, – es geht da auch immer so um »guter Mensch«, oder mal »auf nem rechten Weg«, ja, wenn die Leute sich da wiedererkennen, dann ist es richtig. Diese Lebensorientierung: kommt deine Biographie irgendwo drin vor in dem Ding, dann stimmt es.

(GD3 – Pfarrer/innen Kleinstadt Nord)

Idealtyp 2: Der traditionsbezogene Liturg und Prediger

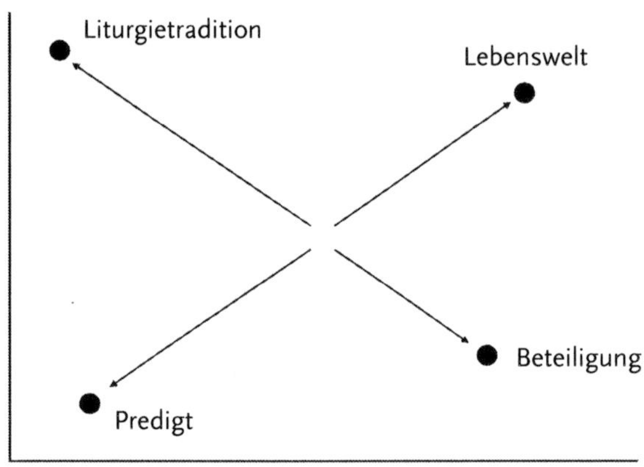

Im Gegensatz zum vorigen Cluster sind für diesen Idealtyp der Lebensweltbezug sowie die Beteiligung der Gottesdienstgemeinde von geringerer Bedeutung, vielmehr besitzen die Pfarrer/innen dieses Clusters eine ausgeprägte Predigt- und Liturgietraditionsorientierung. Sowohl der Predigt als auch den traditionellen liturgischen Bestandteilen des Gottesdienstes wird eine tragende Rolle zugeschrieben: Der Gottesdienst erfüllt seine Funktion besonders gut, wenn hier am Bewährten wenig Veränderungen vorgenommen werden.

Für diesen Idealtyp steht die Predigt stärker im Zentrum des Gottesdienstes. Mehr Zustimmung als von anderen Typen erhält die Aussage, dass die Predigt im Vergleich zu Liedern und Gebeten den Kern des Gottesdienstes darstellt. In der Vorstellung dieser Befragten ist die Predigt weniger Lebensdeutung und weniger Verständigung mit den Anwesenden über ihr Leben. Für sie ist die Predigt die alleinige Aufgabe des Pfarrers/der Pfarrerin: Knapp 86 % der »traditionsbezogenen Liturgen und Prediger« lehnen das Item »Die Predigt sollte, wenn möglich, gemeinsam vorbereitet werden« ab. Ebenso werden unterschiedliche Gestaltungsformen der Predigt von ihnen stärker als von anderen Clustern abgelehnt.

Wichtig für die Pfarrerinnen und Pfarrer dieses Typs ist die Geborgenheit in einer festen liturgischen Form; die Nutzung der liturgischen Spielräume finden die traditionsbezogenen Liturgen und Prediger im Vergleich zu den anderen Typen am wenigsten wichtig. In der Ausgestaltung der Liturgie sollten sich die Pfarrer/innen mit ihren eigenen Vorlieben vielmehr stärker zurückhalten und ebenso die eigenen Sprachgewohnheiten gegenüber den »gegebenen« Texten der Bibel und Liturgie mehr zurücknehmen. Drei Viertel der »traditionsbezogenen Liturgen und Prediger« geben an, meistens oder immer das vorgeschlagene Wochenlied zu singen. Die Abendmahlsliturgie ist hier im Vergleich zu anderen Typen für mehr Befragte selbsterklärend, und unverständliche liturgische Elemente werden nicht weggelassen, eben weil ihre Wirkung durch Veränderungen mit dem Ziel höherer Lebensweltnähe oder Verständlichkeit nicht verbessert, sondern eher gefährdet wird. Darüber hinaus wird auch überdurchschnittlich stark abgelehnt, dass »besondere« Gottesdienste »ohne Liturgie« gefeiert werden können. Unklar ist, ob dies der Fall ist, weil die Befragten dieses Typs vom Bewährten nicht abrücken mögen, oder ob diese Befragten tatsächlich der Meinung sind, dass selbstverständlich kein Gottesdienst jemals ohne eine Liturgie gefeiert werden kann.

Ein Beispiel für diese Haltung findet sich in einer Gruppendiskussion:

> *Birgit Schröder:*
>
> *Also mir ist wichtig, auch grade das Glaubensbekenntnis oder alle liturgischen Teile, die sich wiederholen. Also mir ist wichtig, dass grade aus diesem, ich sage es nochmal, aus diesem pädagogischen oder aus diesem »ach was hat sich denn der Pfarrer heute ausgedacht, nimmt er dies oder nimmt er das«, oder also dass ich selber das Thema des Gottesdienstes bestimme (...) Der Gottesdienst hat überhaupt kein Thema, der hat Texte, der hat kein Thema, sondern der hat eine Ausrichtung, und deswegen ist mir auch wichtig, also neben dem Glaubensbekenntnis, auch die Liturgie, also das Kyrie, das Gloria entsprechend wenn die Passionszeit ist, das wegzulassen, also diese ganzen Wiederholungen, diese Wiederholungen, in die sich alle die, die Gottesdienst feiern wollen, auch reinfallen lassen können.*
>
> *Manch einer steht vielleicht etwas ferner, aber beim nächsten Mal nimmt er das als etwas Vertrautes wahr. Und für mich ist wichtig, eher sogar dann an die katholische Tradition angelehnt, dass die Worte, dass die Texte gelesen werden. Ich sollte mir keine Gedanken machen, ob Herr XY hinten in der letzten Reihe jetzt grade diesen Text wahrnimmt, sondern er wird gelesen. Und was ein Mensch davon mitnimmt, das ist nicht bei mir. Also ich möchte gern weg bisschen von diesem verkrampften »Es ist abhängig davon, wie du die Worte gebrauchst«, sondern eigentlich eher sagen: »Die Worte werden gelesen. Sonntag für Sonntag. Du bist gar nicht so wahnsinnig wichtig, die werden gelesen. Und die Liturgie wird gefeiert.« Aber das Ganze steht für mich nicht wie ein Baukasten zur Disposition. Ich versuche es, in meiner Praxis so frei wie möglich von eigenen Kommentierungen zu halten, also mich als Liturg in der Weise zurück zu nehmen, dass man solche pädagogischen Absichten hat.*
>
> (GD1 – Pfarrer/innen Großstadt)

Hier steht also die stärkere Liturgietradition in Zusammenhang mit der geringeren Ausrichtung der Gottesdienste auf die jeweilige Gottesdienstgemeinde. Kennzeichnend hierfür ist, dass diese Pfarrerinnen und Pfarrer im Vergleich zu den anderen Typen bei der Frage nach dem Austeilen eines Informationsblattes und nach der freien/informellen Begrüßung am häufigsten »selten/nie« ankreuzen. In diesem Zusammenhang wird von dem »traditionsbezogenen Liturgen und Prediger« auch das Kriterium des gleichen Stellenwerts für traditionelle und moderne Texte stärker abgelehnt, ebenso eine inklusive Sprache im Gottesdienst. Möglicherweise ist der Grund hierfür eher eine konservative Haltung der Befragten und ihr grundsätzlich geringes Interesse an Veränderung als eine echte Ablehnung solcher Veränderungen aus inhaltlichen Gründen.

Auch weitere Items, die für eine Lebenswelt- und Beteiligungsorientierung stehen, finden im Vergleich zu anderen Clustern weniger Zustimmung oder werden stärker abgelehnt, so die Ausrichtung auf die Bedürfnisse und Vorstellungen und Kenntnisse der Teilnehmenden, der Bezug zum Alltagsleben, die leichte Zugänglichkeit für Kirchenferne und leicht zugängliche Texte, ein ausgeprägtes Gemeinschaftsgefühl sowie der Bezug auf Körper und Sinne.

Die tragende Funktion der Liturgie im Gottesdienst wird auch in der Beschreibung der eigenen Rolle deutlich: Der »traditionsbezogene Liturg und Prediger« stimmt am wenigsten zu, dass es als Pfarrer/in wichtig sei, den »roten Faden« für den Gottesdienst zu gestalten. Ebenso lehnt er die Aussage, im Gottesdienst für eine gelungene Inszenierung zu sorgen, am stärksten ab. Dies erübrigt sich, weil diese Befragten der Liturgie und der Predigt eine so erhebliche Bedeutung beimessen, dass die eigene Gestaltung des Gottesdienstes darüber hinaus nur eine unwesentliche Rolle spielt. Der Pfarrer muss hier nichts mehr »inszenieren«, die Pfarrerin findet den »roten Faden« in der Agende bereits vor, ihre Aufgabe ist die Gestaltung der Verkündigungsinhalte. Entsprechend wird es auch nicht so sehr als Aufgabe des Pfarrers/der Pfarrerin angesehen, dafür zu sorgen, dass sich die Gottesdienstbesucher/innen wohl fühlen.

Gleichwohl hängt die Qualität des Gottesdienstes aus Sicht dieser Befragten stark von der Pfarrerin/dem Pfarrer ab, was vermutlich an der zentralen Aufgabe der Verkündigung in der Predigt liegt. Die Predigt wird dann tatsächlich zum Dreh- und Angelpunkt des Gottesdienstes – möglicherweise ist dies Teil der Logik, nach der die Liturgie zwar wesentlich, aber nicht wirklich (immer neu) zu gestalten ist. Der Pfarrer/die Pfarrerin in diesem Cluster versteht sich selbst überdurchschnittlich häufig als Lehrende(r) und Stellvertreter/in der Gemeinde vor Gott. Er/sie sieht sich aber weniger als primus inter pares als Pfarrer/innen der anderen Cluster.

Dieser Typ gibt am häufigsten von allen an, das Abendmahl häufiger als einmal im Monat zu feiern, und dies entspricht auch den Wünschen der Befragten: Jeder zweite Befragte dieses Clusters wünscht sich, das Abendmahl häufiger als einmal im Monat zu feiern. Die »traditionsbezogenen Liturgen und Prediger« geben darüber hinaus am häufigsten an, dass die Abendmahlsliturgie oft oder sehr oft sowohl von der Gemeinde als auch vom Liturgen oder von der Liturgin gesungen wird. Gleichzeitig wird von ihnen am seltensten eine erklärende Hinführung zum Abendmahl gesprochen, und liturgische Elemente werden seltener als von anderen Typen durch Lieder ersetzt.

Die Pfarrer/innen dieses Clusters lehnen es stärker ab, dass die ganze Gemeinde für den Gottesdienst verantwortlich und daran beteiligt ist. Dies entspricht der geringen Beteiligungsorientierung und den hohen Anforderungen an die Pfarrerinnen und den Pfarrer. Gleichwohl stimmen diese Befragten im Durchschnitt stärker der Aussage zu, dass der Gottesdienst das Zentrum der Gemeindeidentität sei.

Zu diesem Cluster gehören relativ viele Männer, die häufiger als andere angegeben haben, in ländlichen Gebieten zu arbeiten und länger als 21 Jahre im Dienst zu sein, dementsprechend auch häufiger älter als 50 Jahre sind. Sie sind vielfach in mehreren Ortsgemeinden oder einem Gemeindeverbund tätig, weniger in Funktionspfarrämtern, und feiern häufig Gottesdienste. Die Gottesdienstform ist häufig die Grundform I. Die Gottesdienstvorbereitung nimmt bei einem auffällig hohen Anteil der Befragten dieses Clusters mehr als 10 Stunden in Anspruch, was möglicherweise an der hohen Wertschätzung für die Predigt liegt.

Das Gottesdienstbuch hat im Vergleich zu den anderen Typen für diese Befragten eher keine Veränderungen der eigenen Gottesdienstgestaltung gebracht und es wird bzw. wurde auch weniger häufig zur Liturgiereform in der Gemeinde herangezogen. Der traditionsbezogene Liturg und Prediger verwendet das Gottesdienstbuch gleichwohl überdurchschnittlich häufig, und zwar als Altaragende sowie für die Ausgestaltung des Abendmahles – also als Teil der bestehenden festen Form –, aber vergleichsweise weniger für die Textarbeit oder als Nachschlagewerk.

Idealtyp 3: Der liturgiedistanzierte Prediger

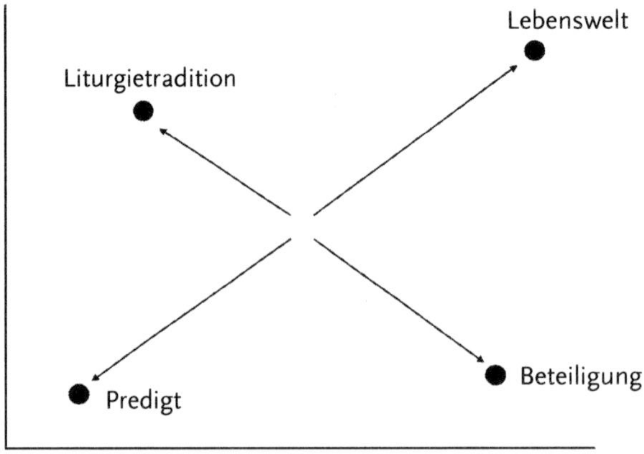

Während bei dem oben dargestellten Idealtyp, dem traditionsbezogenen Liturgen und Prediger, eine ausgeprägte Predigtorientierung mit einer starken traditionell-liturgischen Orientierung einhergeht und eine Lebensweltorientierung dabei eher ausschließt, ist bei diesem Typ, dem »liturgiedistanzierten Prediger«, eine Verbindung von starker Predigt- und durchschnittlicher Lebensweltorientierung sowie schwächerer Liturgietraditionsorientierung zu finden. Die Pfarrer/innen dieses Typs wollen den Gottesdienst gestalten, aber sie verstehen dies nicht so sehr als liturgische Tätigkeit, sondern als eine Zuwendung zu den Menschen mit dem Instrument der Verkündigung. Sie wollen nicht in erster Linie andere beteiligen, sondern verstehen ihre Gestaltung des Gottesdienstes und der Predigt als ausreichend an der Gemeinde und den Anwesenden orientiert.

Die »liturgiedistanzierten Prediger« stimmen im Vergleich der Typen der Aussage, dass die Predigt mehr als Lieder und Gebete der Kern des Gottesdienstes sei, am stärksten zu – dass die Predigt verzichtbar sei, wenn die Liturgie religiöse Erfahrungen ermöglicht, lehnen sie stärker ab als andere Pfarrerinnen und Pfarrer. Die Zustimmung zur möglichst aktiven Mitwirkung anderer Anwesender im Gottesdienst sowie zum Kriterium des Gottesdienstbuches, der Gottesdienst müsse unter Beteiligung und in der Verantwortung der ganzen Gemeinde gefeiert werden, fällt im Vergleich zu dem Durchschnitt aller Befragten weder stärker noch schwächer aus. Die Berücksichtigung von Körper und Sinnen spielt im Gottesdienst eine geringere Rolle als bei den anderen Typen.

Grundsätzlich ist Liturgie für diesen Typ eher Nebensache. Liturgie ist, anders als die Predigt, kein Ort der Gestaltung. Entsprechend arbeitet dieser Pfarrtyp nicht mit Liturgie, indem er Spielräume gestaltet, gleichzeitig ist ihm Geborgenheit in einer festen Form vergleichsweise unwichtig. Die Liturgie wird nach eigenen Vorlieben – man mag sagen: nach situativem Bedarf – gestaltet und kann bei »besonderen« Gottesdiensten auch eher »weggelassen« werden. Die Liturgie erklärt sich dieser Auffassung nach nicht von selbst. So wird, um die Nähe zur Lebenswelt der Teilnehmenden zu verbessern, häufiger eine Hinführung zum Abendmahl gesprochen, als die anderen Typen dies tun. Die »liturgiedistanzierten Prediger« haben am häufigsten angegeben, dass sowohl sie selbst als auch die Gemeinde selten oder nie eine Abendmahlsliturgie singen.

Als Beispiel für eine mögliche Argumentation dieses Typs ein Zitat aus einer Gruppendiskussion:

> *Simon Hansen:*
>
> *Für mich gibt's da einen sehr einfachen Grundsatz. Die Idee zur Predigt beschäftigt mich länger als die Form des Gottesdienstes. Die Form ist das, was da drum herum wächst, und der Grundsatz ist für mich relativ einfach. Wenn die Predigt steil ist und provokant, dann ist der gottesdienstliche Rahmen bekannt und konservativ. Ja, im wahrsten Sinne des Wortes bewahrend. Ja, wenn ich die Leute dann in der Predigt verstöre, will ich sie in der Form bewahren, bewahrt wissen. Wenn ich so das Gefühl habe, Mensch, ich muss doch, weil ich unter Zeitdruck bin, irgendwie noch ne alte Predigt nehmen und sie nochmal neu halten, bisschen umschreiben oder so, da ist nicht so viel Engagement dahinter. Oder es ist irgendein Sonntag, der mir überhaupt nicht schmeckt. Dann sag ich o.k. Und jetzt gestalten wir die Form im Rahmen ein bisschen abwechslungsreicher, holen es durch attraktive Lieder oder so was raus. In summa soll das Gesamtkunstwerk erlebbar und auch ein Erlebnis sein, und das ist überhaupt nicht schlimm, wenn nachher einer sagt, also in Ihrer Predigt komm ich ja überhaupt nicht mit, aber ich hab mich ja wohl gefühlt – oder andersrum.*
>
> (GD3 – Pfarrer/innen Kleinstadt Nord)

In diesem Cluster finden sich überdurchschnittlich viele Männer und über Fünfzigjährige, die in einer Ortsgemeinde tätig sind und vergleichsweise häufig einen bis drei Gottesdienste im Monat feiern. Ihre Vorbereitungszeit der Gottesdienste ist vergleichsweise länger (überdurchschnittlich häufig über 10 Stunden – möglicherweise ist dies bei dem »liturgiedistanzierten Prediger« ähnlich wie bei dem »traditionsbezogenen Liturgen und Prediger« in der Bedeutung der Predigt begründet), und Pfarrerinnen und Pfarrer, die Gottesdienste nach Grundform II feiern, finden sich überdurchschnittlich häufig in diesem Cluster. Der Satz »Im Gottesdienst erlebt die Gemeinde das Zentrum ihrer Identität« erhält von den »liturgiedistanzierten Predigern« eine durchschnittliche Zustimmung.

Das Gottesdienstbuch wird von diesem Idealtyp eher seltener genutzt und es hat im Vergleich zu anderen Typen für weniger Pfarrerinnen und Pfarrer dieser Gruppe die liturgische Gestaltung der Gottesdienste gegenüber der alten Agende verändert.

Idealtyp 4: Der gestaltende Liturg

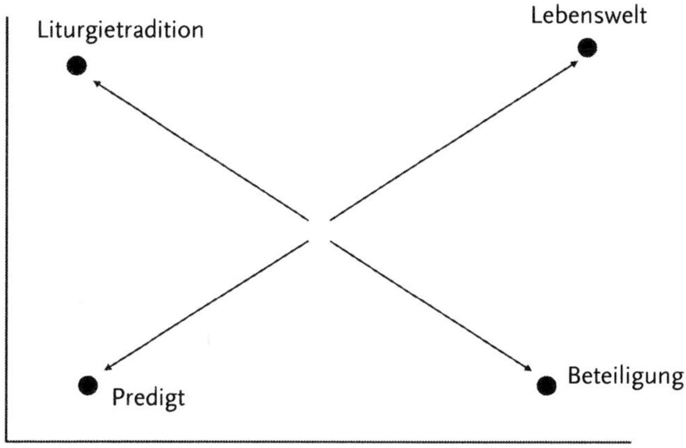

Der Typ, der hier »gestaltender Liturg« genannt wird, entspricht wohl am ehesten dem Ideal des Gottesdienstbuches: Er unterstützt das Prinzip der festen Grundstruktur mit variabler Ausgestaltung, und er verwendet nach eigenen Angaben im Vergleich zu den anderen Typen häufiger das Gottesdienstbuch (ungefähr jeder zweite »gestaltende Liturg« nutzt es oft oder sehr oft). Diese Pfarrerinnen und Pfarrer bewerten das Gottesdienstbuch besser als andere Idealtypen, und sie geben häufiger an, dass die Einführung des Gottesdienstbuches die liturgische Gestaltung ihrer Gottesdienste verändert hat. Eine hohe Zustimmung erhält von diesen Pfarrerinnen und Pfarrern auch die Aussage, im Gottesdienst erlebe die Gemeinde das Zentrum ihrer Identität. Dieser Typ gibt häufiger als andere an, Ehrenamtliche und hauptamtliche Kirchenmusiker/innen häufig oder immer in die Vorbereitung der Sonntagsgottesdienste einzubeziehen. Das Kriterium des Gottesdienstbuches, dass die ganze Gemeinde für die Feier des Gottesdienstes verantwortlich und daran beteiligt sein soll, findet bei den »gestaltenden Liturgen« im Vergleich der Typen am meisten Zustimmung.

In der Ausgestaltung der Liturgie kommt der Geborgenheit in der festen liturgischen Form und der Zurückhaltung der eigenen Vorlieben und Sprachgewohnheiten gegenüber gegebenen Texten eine vergleichsweise wichtige Rolle zu. Häufiger als der Durchschnitt der Befragten geben diese Pfarrerinnen und Pfarrer an, das Wochenlied meistens oder immer zu singen und einen liturgischen Gruß zu sprechen. Die »gestaltenden Liturgen« lehnen die Aussage, »besondere« Gottesdienste könnten auch ohne liturgische Form stattfinden, stärker ab. Bei den Befragten dieses Typs lässt sich davon ausgehen, dass ein großer Teil von ihnen einen liturgischen Rahmen für jede Art von Gottesdienst für unerlässlich hält.

Die liturgischen Variationen erfordern es, dass in den Gottesdiensten der »gestaltenden Liturgen« etwas häufiger ein Informationsblatt ausgeteilt wird.

Dieser Idealtyp stimmt der Auffassung, dass die Predigt im Zentrum des Gottesdienstes stehe, überdurchschnittlich stark zu, ebenso lehnt er es stärker als der Durchschnitt ab, einen »besonderen« Gottesdienst »ohne eine liturgische Form« zu feiern. Gleichzeitig sind für den »gestaltenden Liturgen« verschiedene Gestaltungsformen der Predigt und die gemeinsame Vorbereitung mit anderen, wenn möglich, wichtiger als für andere Typen. In der Predigt wird zum einen ein Lebensweltbezug deutlich (durch eine größere Zustimmung als der Durchschnitt zum Item »Die Predigt ist eine Verständigung der Predigerin/des Predigers mit den Hörenden über ihr Leben«), zum anderen gibt es eine stärkere Zustimmung zu den Aussagen, durch die Predigt spreche Gott zur Gemeinde und es finde eine biblische Sicht auf die Gegenwart statt. Bei beiden Items stimmen diese Pfarrerinnen und Pfarrer am stärksten zu.

Zu diesem Cluster gehört, als Voraussetzung für das eigene liturgische Gestalten, eine hohe Aufmerksamkeit für die Gottesdienstbesucher/innen: Ein intensives Gemeinschaftsgefühl unter allen Anwesenden, für alle Teilnehmenden leicht zugängliche Texte, die Ausrichtung auf die Bedürfnisse der Menschen und ihre Kenntnisse und Vorstellungen, der Bezug zu ihrem Alltagsleben und leichte Zugänglichkeit für Kirchenferne sind im Vergleich zum Durchschnitt aller Befragten wichtiger. Darüber hinaus geht der »gestaltende Liturg« stärker als andere Typen davon aus, dass er den Gottesdienst so gestalten muss, dass sich die Menschen wohlfühlen. Dieser Pfarrtyp empfindet es als wichtig, dass er den roten Faden des Gottesdienstes gestaltet; er stimmt dem Item »ich stelle den liturgischen Rahmen sicher« am stärksten zu. Zu seinem Rollenverständnis gehört eine überdurchschnittliche Zustimmung zu den Items »Ich leite die Gemeinde durch den Gottesdienst, gehe ihr voran«, »Ich bin ›primus inter pares‹ – als Teil der Gemeinde« sowie »Ich bin Lehrende(r) und vermittle Inhalte«. Darüber hinaus sehen die Befragten dieses Clusters sich im Vergleich zum Durchschnitt aller Befragten häufiger als Stellvertreter/in der Gemeinde, Mahner/in sowie Mittler/in zwischen den Menschen und Gott. Auch dem Kriterium des Gottesdienstbuches, der Gottesdienst müsse auch den Körper und die Sinne einbeziehen, wird in diesem Gottesdienstkonzept überdurchschnittlich zugestimmt.

In einer Gruppendiskussion findet sich eine Argumentation, in der sich viele Aspekte der dargestellten Haltung wieder finden lassen:

Christiane Meyer:

Also zunächst mal der Kirchenmusiker und ich, wir machen sozusagen die Hauptarbeit, aber es gibt viele Gottesdienste, die werden auch in Gruppen vorbereitet, wir haben sehr mündige Lektorinnen und Lektoren, die selbständig Gottesdienste gestalten, aber auch wenn der Kirchenmusiker und ich, wenn wir diejenigen sind, die die Hauptgestaltung machen, fließt doch ganz vieles ein. Also wie gesagt, die Gesprächsrunden wirken immer weiter und dann es ist ganz schön. Es hat sich so rausgebildet, ich hab Mittwochabend einen offenen Frauenabend. Und oft nehme ich den Predigttext als Textimpuls und arbeite dann zu diesem Text mit den Frauen, Bibliodrama-Elementen oder Bibliolog, also wo sich die Frauen sozusagen mit einzelnen Personen oder Gestalten der Texte identifizieren und sich so auf den Weg der Texte einlassen. Am Mittwochabend entsteht eine Fülle wunderbarer Texte und schöner Anregungen, und so erfüllt setze ich mich dann donnerstagvormittags an die Predigt.

Also das heißt, da wirkt dann das Geschehen des Mittwochabends und die ganze Texte und die Erfahrungen mit dem Text wirken nach, aber ich bin dann diejenige, die die Predigt ausarbeitet und die sich dann mit dem Musiker trifft, um ein liturgisches Gesamtkunstwerk zu gestalten, und das spielt bei uns auch ne große Rolle, also der Kirchenmusiker hat viel mitzuwirken, und er macht das auch gut.

Ja, also wir tun was wir können, um die Gegenwart Gottes zuzulassen. Und dafür setzen wir alles ein, was wir an spiritueller Kompetenz haben, an theologischer Kompetenz, an musikalischer Kompetenz, an ästhetischem Empfinden, an Kontakt zu den Menschen die kommen, das lassen wir alles einfließen, wir sind also, ich würde sagen: »wir sind Gehilfinnen und Gehilfen der Ästhetik, der Zelebrierung der Gegenwart Gottes.«

(GD 1 – Pfarrer/innen Großstadt)

Das Gottesdienstbuch wird von diesem Idealtyp vergleichsweise häufig als Altaragende und für die Ausgestaltung des Abendmahls verwendet.

Die Befragten dieses Clusters sind zu ungefähr 70 Prozent männlich und zu ungefähr 30 Prozent weiblich, dies entspricht etwa der Verteilung der Stichprobe. Der »gestaltende Liturg« arbeitet überdurchschnittlich häufig in ländlichen Gebieten und ist 30 bis 39 oder über 50 Jahre alt.

Idealtyp 5: Die Liturgin/Pragmatikerin

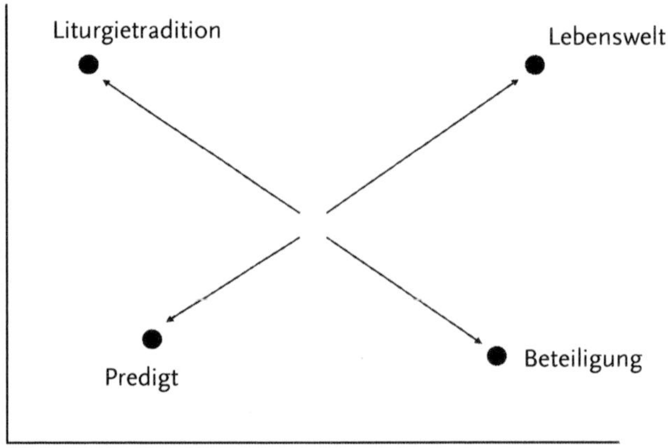

Dieser Idealtyp der Gottesdienstgestaltung ist im Hinblick auf die Lebenswelt- und Beteiligungsorientierung im Vergleich zu den anderen Typen eher unauffällig oder ablehnend. Die Befragten nehmen zu vielen im Fragebogen angebotenen Haltungen nicht Stellung und wählen die mittlere Antwortmöglichkeit. Man könnte die Befragten in diesem Cluster wohl als konzeptuell zurückhaltend oder auch pragmatisch beschreiben. Im Vergleich zu den anderen Typen ist hier die Ausrichtung auf die Menschen und ihre Lebenswelt eher unterdurchschnittlich und auch die Predigtorientierung geringer ausgeprägt. Überdurchschnittlich zugestimmt wird hingegen der Auffassung, dass die Predigt verzichtbar ist, wenn die Liturgie religiöse Erfahrungen ermöglicht. Rund 72 Prozent der Befragten, die diesem Typ zugeordnet wurden, lehnen die Aussage ab, dass die Predigt der Kern des Gottesdienstes und wichtiger als Lieder oder Gebete sei.

Die Pfarrer/innen, die diesem Idealtyp zugeordnet wurden, feiern überdurchschnittlich häufig Gottesdienste nach Grundform I und benötigen im Vergleich am wenigsten Vorbereitungszeit für ihre Gottesdienste. In diesem Cluster finden sich etwas mehr Frauen.

Um die Befragten dieses Typs besser zu verstehen, lassen sie sich in zwei Gruppen aufteilen. Beide Gruppen besitzen dann eine durchschnittliche Lebenswelt- und Beteiligungsorientierung sowie eine geringer ausgeprägte Predigtorientierung. Das entscheidende Differenzierungsmerkmal jedoch ist die Liturgietraditionsorientierung: Während eine Gruppe der Pfarrerinnen und Pfarrer hier wenig auffällige Positionen um mittlere Werte einnimmt, besitzt die andere Gruppe eine stark ausgeprägte Orientierung an der Liturgietradition.

Diese Pfarrerinnen und Pfarrer stimmen der Bedeutung der Geborgenheit in einer festen liturgische Form, die gleichzeitig variabel ausgestaltet werden kann, im Vergleich zu allen Befragten stärker zu. Ebenfalls überdurchschnittlich stark wird der Aussage zugestimmt, dass der eigene Geschmack bei der liturgischen Gestaltung der Gottesdienste deutlich zurückgenommen werden sollte.

Kennzeichnend für diese »Liturgin« ist, dass die Predigt im Vergleich zum Durchschnitt der Befragten eher nicht als Zentrum des Gottesdienstes gesehen wird. Vielmehr stimmen sie der Aussage, dass die Predigt verzichtbar sei, wenn die Liturgie religiöse Erfahrungen ermöglicht, überdurchschnittlich zu. Der Idealtyp 1 (die »Lebensweltorientierte«) begründet die weniger entscheidende Rolle der Predigt mit einer starken Orientierung an der Lebenswelt der Gottesdienstgemeinde, während für diese »Liturgin« eben kein Lebensweltbezug ausschlaggebend für die unterdurchschnittliche Predigtorientierung ist. Vielmehr geht die geringere Bedeutung der Predigt hier mit einer ausgeprägten Liturgietraditionsorientierung einher. Dass ein »besonderer« Gottesdienst auch »ohne liturgische Form« gefeiert werden könne, wird von diesem Idealtyp am stärksten abgelehnt. Die geringe Predigtorientierung unterscheidet diese Pfarrerinnen und Pfarrer von den zwei zuvor dargestellten Typen mit einer ausgeprägten Liturgietraditionsorientierung (dem »traditionsbezogenen Liturgen und Prediger« und dem »gestaltenden Liturgen«), bei denen Liturgie und Predigt gleichermaßen eine große Bedeutung zukommt.

Für die stark liturgieorientierte Pfarrerin dieses Idealtyps spiegelt sich die liturgische Haltung auch in der eigenen Pfarrerinnenrolle wider: Die »Liturgin« gibt häufiger als die Befragten anderer Typen an, zu ihrer Aufgabe im Gottesdienst gehöre es, »den liturgischen Rahmen sicherzustellen«.

Die andere Gruppe dieses Clusters liegt in der Regel auf den mittleren Werten, häufig wurde auf der 5er-Skala die 3 angekreuzt. Diese Antworten ergeben also kein sehr spezifisches, ergiebiges Muster. Für sie ist Liturgie möglicherweise einfach gegeben oder wird ohne sonderlich aufwändige Reflexion den Umständen angepasst. Diese Pfarrerinnen und Pfarrer werden deswegen hier als »pragmatisch« beschrieben.

Ein Zitat aus einer Gruppendiskussion kann die Argumentation dieses Idealtyps beispielhaft darstellen:

> *Bernhard Wagner:*
>
> *Für mich ist wichtig im Gottesdienst, dass die Leute, die kommen, auch Heimat finden, ein Stück Vertrautheit und dann dass das Leben vorkommt, dass das Leben im Gottesdienst mit dem Glauben ins Gespräch kommt. Durch Predigt und mit der Liturgie auch in der Tradition.*
> *Aber das ist mir auch wichtig, dass die Kommunikation aus der Woche auch in den Gottesdienst mit hinein trägt und wie das dann aussieht, ich denke, das macht sich schon bemerkbar, wenn die gottesdienstliche Gemeinde spürt, da ist einer, der für den Gottesdienst verantwortlich ist, der ist mit uns allen im Gespräch und das trägt dann, glaube ich, auch den Gottesdienst.*
> *Solche besonderen Gottesdienste, wo jeder, der da ist, zum Zuge kommen könnte und so, jeder mit seinen Worten seinen Glauben ausdrücken kann, merk ich, kommt vor, mach ich mal, bereiten wir gemeinsam vor und so, ist aber nicht der normale Sonntag. Der normale Sonntag lebt auch sehr stark von der gebundenen Sprache und so dass ich eben auch als Pastor mal sagen kann, auf die Predigten konzentrier ich mich und geb ich mir Mühe, aber wenn ich denn mal eine Predigt erwischt hab, wo ich am Sonntagnachmittag sag, na Bernhard, würdest du nächsten Sonntag wieder zu dir in die Kirche kommen? Dass ich mir nicht so sicher bin, dass ich wieder hinginge. Also auch mal Predigten, die nicht so gut sind, aber da ist noch viel viel mehr. Das Bibelwort, die Lieder, die tragen mich, die tragen andre. Wenn ich an Psalm 23 jetzt vom letzten Sonntag her denke, da sind wirklich auch tolle Versatzstücke, gebundene Sprache, also dies, was in der Tradition da ist, wo auch viele drin leben, wo ich merke, Psalm 23 kommt auch bei den Konfirmanden an.*
>
> (GD3 – Pfarrer/innen Kleinstadt Nord)

3. Wie nutzen und bewerten die Idealtypen das Gottesdienstbuch?

Das Gottesdienstbuch wird insbesondere von den »traditionsbezogenen Liturgen und Predigern« und den »gestaltenden Liturgen« häufig verwendet: Jeweils über 50 Prozent der Befragten dieser Typen antworteten, sie nutzten es »oft/sehr oft«. Diese beiden Typen besitzen eine überdurchschnittlich stark ausgeprägte Liturgietraditionsorientierung. Die Antworten der Pfarrerinnen und Pfarrer, die als die »Lebensweltorientierten« bezeichnet werden können, verteilen sich ungefähr zu jeweils einem Drittel auf die Kategorien »oft/sehr oft«, »manchmal« und »selten/nie«. Die Befragten, die dem Typ »liturgiedistanzierter Prediger« zugeordnet wurden, kreuzen häufiger als anderen Typen an, das Gottesdienstbuch selten oder nie zu nutzen.

Tabelle 1: Häufigkeit der Nutzung des Gottesdienstbuches nach Idealtypen

	Idealtyp					gesamt
	1	2	3	4	5	
	Die Lebens-welt-orientierte	Der traditionsbezogene Liturg und Prediger	Der liturgiedistanzierte Prediger	Der gestaltende Liturg	Die Liturgin/Pragmatikerin	
oft/sehr oft	30,3 %	55,1 %	31,0 %	51,1 %	42,5 %	41,9 %
manchmal	34,4 %	27,0 %	29,9 %	29,2 %	32,6 %	30,8 %
selten/nie	32,6 %	16,5 %	35,8 %	17,7 %	23,3 %	25,1 %
unbekannt	2,6 %	1,4 %	3,4 %	2,0 %	1,6 %	2,2 %
gesamt	100 %	100 %	100 %	100 %	100 %	100 %

Wenn man die Art der Nutzung betrachtet, lässt sich zunächst eine Zweiteilung der Typen feststellen: Die Befragten der Idealtypen 5, 2 und 4 (die »Liturgin/Pragmatikerin«, der »traditionsbezogene Liturg und Prediger« sowie der »gestaltende Liturg«) geben häufiger als die Befragten der Cluster 1 und 3 (die »Lebensweltorientierte« und der »liturgiedistanzierte Prediger«) an, das Gottesdienstbuch als Basis für die liturgische Ausgestaltung des Abendmahls zu nutzen. Eine noch größere Differenz zeigt sich bei der Nutzung als Altaragende: Etwa 29 Prozent der »Lebensweltorientierten« und etwa 39 Prozent der »liturgiedistanzierten Prediger« verwenden das Gottesdienstbuch als Altaragende. Bei den »gestaltenden Liturgen« sind es etwa 52 Prozent, bei den »traditionsbezogenen Liturgen und Predigern« etwa 59 Prozent, und die »Liturginnen/Pragmatikerinnen« nehmen mit 44 Prozent eine mittlere Position ein. Auffällig ist, dass in den Clustern mit einer stärkeren Liturgietraditionsorientierung mehr Befragte das Gottesdienstbuch als Altaragende nutzen.

Die Nutzung einer Altaragende entspricht vermutlich nicht dem Bedürfnis der »Lebensweltorientierten«, die Gottesdienste in ihrer Gestaltung stark auf die Gottesdienstgemeinde auszurichten, insofern wird das Gottesdienstbuch in diesem Kontext auch seltener genutzt.

Mehr als ein Drittel der Pfarrerinnen und Pfarrer, die hier als die »Lebensweltorientierten« bezeichnet werden, verwendet(e) das Gottesdienstbuch zur Liturgiereform in der Gemeinde. Möglicherweise ist das Gottesdienstbuch mit seinen Möglichkeiten der variablen liturgischen Ausgestaltung ihrem Wunsch nach einer Ausrichtung auf die Gottesdienstgemeinde durch Veränderungen in der Liturgie entgegen gekommen.

In den Gruppendiskussionen wurde immer wieder über das Gottesdienstbuch als »Textbuch« gesprochen, entweder als Materialsammlung »fertiger« Texte zum Übernehmen oder als Anregung für die eigene Textgestaltung. So wurde die Verwendung des Gottesdienstbuches als »Textbuch« auch quantitativ abgefragt.

Etwas mehr als die Hälfte aller Befragten nutzt das Gottesdienstbuch als Anregung für die eigene Textarbeit und ungefähr drei Viertel nutzt das Gottesdienstbuch als »Fundgrube« für Texte, die übernommen werden. Als »Fundgrube« wird es am wenigsten von dem »traditionsbezogenen Liturgen und Prediger« verwendet, der, zusammen mit dem »liturgiedistanzierten Prediger«, es auch seltener als die anderen Cluster als Anregung für die eigene Textarbeit verwendet.

Tabelle 2: Art der Nutzung des Gottesdienstbuches nach Idealtypen

Idealtyp Verwendung als/für	Die Lebensweltorientierte	Der traditionsbezogene Liturg und Prediger	Der liturgiedistanzierte Prediger	Der gestaltende Liturg	Die Liturgin/Pragmatikerin	gesamt
Altaragende	28,7 %	58,6 %	38,8 %	51,5 %	44,0 %	44,6 %
Abendmahl-Gestaltung	45,5 %	60,2 %	45,8 %	60,6 %	53,7 %	53,6 %
Fundgrube für Texte	75,7 %	69,1 %	72,2 %	74,1 %	75,9 %	73,7 %
Anregung für Textarbeit	59,3 %	44,1 %	46,5 %	52,3 %	56,7 %	52,4 %
Liturgisches Nachschlagewerk	73,1 %	60,9 %	65,9 %	67,8 %	71,5 %	68,3 %
Argumentationshilfe	14,6 %	10,2 %	6,6 %	12,9 %	10,2 %	10,9 %
Liturgiereform in der Gemeinde	35,8 %	25,8 %	25,3 %	32,8 %	28,9 %	29,8 %
Gottesdienst-Vorbereitung mit Gruppen	22,4 %	18,0 %	15,0 %	18,5 %	19,3 %	20,2 %

Die Befragten haben darüber hinaus die »Leistungen« des Gottesdienstbuches bewertet: Erfragt wurden der Informationsgehalt, der praktischen Nutzen, die Qualität der Texte, die Übersichtlichkeit und die Anregung zur liturgischen Variation. Hierzu gab es jeweils vier Antwortmöglichkeiten: »gut«, »eher gut«, »eher schlecht«, »schlecht«. Wie unterscheiden sich die Idealtypen in ihren Bewertungen?

Den praktischen Nutzen des Gottesdienstbuches bewertet der »gestaltende Liturg« am positivsten. Der »traditionsbezogene Liturg und Prediger« und die »Liturgin/Pragmatikerin« beurteilen den praktischen Nutzen mit jeweils ungefähr 86 Prozent als »gut« oder »eher gut«. Die beiden anderen Idealtypen, die »Lebensweltorientierte« und der »liturgiedistanzierte Prediger«, bewerten den praktischen Nutzen etwas schlechter – dies sind die beiden anderen Idealtypen, die auch eine geringer ausgeprägte Liturgietraditionsorientierung aufweisen.

Die Befragten, die dem Typ des »liturgiedistanzierten Predigers« zugeordnet wurden, bewerten die Übersichtlichkeit des Gottesdienstbuchs schlechter als alle anderen Cluster. Wie oben dargelegt, arbeitet dieser Typ gleichwohl wenig an und mit der Liturgie und kann dementsprechend das Gottesdienstbuch hierfür auch nicht nutzen. In den Gruppendiskussionen der Vorstudie wurde ebenfalls Kritik an der Übersichtlichkeit geäußert, allerdings auch eher von Pfarrer/innen, die das Gottesdienstbuch selten verwenden. Bei häufiger Benutzung, so das Ergebnis einer Gruppendiskussion, wird die Struktur des Buches verständlicher und übersichtlicher.

Über den Informationsgehalt des Gottesdienstbuches sagen in allen Clustern über 90 Prozent der Befragten, er sei gut oder eher gut. Die »Qualität der Texte« des Gottesdienstbuchs wird von den »Lebensweltorientierten« am negativsten bewertet. In den Gruppendiskussionen wurde deutlich, dass die Sprache der Gebete im Gottesdienstbuch nicht der Sprache dieser Pfarrerinnen und Pfarrer entspricht – und »fremde«, also nicht selbst geschriebene Gebete in der Logik dieses Typs vermutlich grundsätzlich nicht den Bezug zur Lebenswelt der jeweiligen spezifischen Gottesdienstgemeinde herstellen können. Die folgenden Tabellen stellen die Bewertungen des Gottesdienstbuches, aufgeschlüsselt nach Idealtypen, dar.

Tabelle 3: Bewertung des Informationsgehalts nach Idealtypen

	Idealtyp					
	Die Lebensweltorientierte	Der traditionsbezogene Liturg und Prediger	Der liturgiedistanzierte Prediger	Der gestaltende Liturg	Die Liturgin/ Pragmatikerin	
	1	2	3	4	5	gesamt
gut	40,5 %	34,0 %	33,9 %	45,2 %	39,9 %	39,3 %
eher gut	54,7 %	56,3 %	59,3 %	49,4 %	53,0 %	54,0 %
eher schlecht	4,5 %	8,8 %	6,9 %	4,5 %	6,3 %	6,1 %
schlecht	0,4 %	0,8 %	0 %	0,9 %	0,8 %	0,6 %
gesamt	100 %	100 %	100 %	100 %	100 %	100 %

Tabelle 4: Bewertung des Praktischen Nutzens nach Idealtypen

	Idealtyp					
	1	2	3	4	5	gesamt
gut	25,0 %	29,7 %	23,8 %	38,5 %	26,5 %	29,1 %
eher gut	56,9 %	56,2 %	55,6 %	48,3 %	60,1 %	55,5 %
eher schlecht	14,2 %	10,4 %	17,5 %	11,5 %	11,5 %	12,8 %
schlecht	3,8 %	3,6 %	3,1 %	1,7 %	1,9 %	2,6 %
gesamt	100 %	100 %	100 %	100 %	100 %	100 %

Tabelle 5: Bewertung der Qualität der Texte nach Idealtypen

	Idealtyp					
	1	2	3	4	5	gesamt
gut	9,0 %	17,9 %	14,6 %	22,3 %	16,9 %	16,6 %
eher gut	67,1 %	63,8 %	63,2 %	65,9 %	69,2 %	66,2 %
eher schlecht	20,6 %	11,9 %	18,5 %	10,3 %	14,9 %	14,9 %
schlecht	2,7 %	3,3 %	2,7 %	1,4 %	2,2 %	2,3 %
gesamt	100 %	100 %	100 %	100 %	100 %	100 %

Tabelle 6: Bewertung der Übersichtlichkeit nach Idealtypen

	Idealtyp					
	1	2	3	4	5	gesamt
gut	18,1 %	25,1 %	18,5 %	20,7 %	16,4 %	20,3 %
eher gut	45,8 %	40,3 %	43,4 %	44,3 %	45,0 %	43,6 %
eher schlecht	26,1 %	24,5 %	24,1 %	26,7 %	31,3 %	26,7 %
schlecht	8,1 %	10,1 %	14,1 %	8,3 %	7,3 %	9,4 %
gesamt	100 %	100 %	100 %	100 %	100 %	100 %

Tabelle 7: Bewertung der Anregung zur liturgischen Variation nach Idealtypen

	Idealtyp					
	1	2	3	4	5	gesamt
gut	19,6 %	17,7 %	17,0 %	29,0 %	22,4 %	21,8 %
eher gut	56,1 %	58,8 %	58,9 %	48,8 %	51,9 %	54,1 %
eher schlecht	20,0 %	20,4 %	19,9 %	18,6 %	22,2 %	20,3 %
schlecht	4,3 %	3,1 %	4,1 %	3,6 %	3,5 %	3,8 %
gesamt	100 %	100 %	100 %	100 %	100 %	100 %

Zusammenfassend lässt sich sagen, dass die Liturgietraditionsorientierung, die Lebensweltorientierung, die Beteiligungsorientierung und die Predigtorientierung Dimensionen sind, anhand derer sich Einstellungen zu gottesdienstlichen Fragen näher kennzeichnen lassen. Jedem und jeder Befragten lässt sich für jede dieser vier Dimensionen ein Wert zuordnen, und es entstehen fünf Idealtypen, wenn die Befragten mit ähnlichen Ausprägungen auf dieser Grundlage zu Gruppen zusammengefasst werden. Das Gottesdienstbuch wird insbesondere von den Pfarrerinnen und Pfarrern eines Idealtyps mit ausgeprägter Liturgietraditionsorientierung verwendet. Sie nutzen es vor allem als Altaragende und für die Ausgestaltung des Abendmahls. Pfarrerinnen und Pfarrer, die einem Idealtyp mit einer weniger stark ausgeprägten Liturgietraditionsorientierung zugeordnet wurden, verwenden das Gottesdienstbuch eher für die Liturgiereform in der Gemeinde und als Nachschlagewerk. Deutlich wurde, dass diese Pfarrerinnen und Pfarrer sich für ihre Gottesdienstvorbereitung stärker als alle andern Idealtypen Impulse zur eigenen kreativen Arbeit wünschen, um Texte und Themen für die Gottesdienstgemeinde zu schreiben und aufzubereiten.

B. Diskurse zwischen Empirie, Theorie und Praxis

Das Priestertum aller Glaubenden und die Beteiligung am Gottesdienst

Helmut Schwier

»Der Gottesdienst wird unter der Verantwortung und Beteiligung der ganzen Gemeinde gefeiert«[1] – so lautet bekanntlich das erste Kriterium des Evangelischen Gottesdienstbuches, ein Kriterium, das nicht nur zufällig an erster Stelle steht, sondern den Charakter eines Leitkriteriums innehat[2] und die seit den Vorarbeiten an der Erneuerten Agende herausgestellte Programmatik des Gemeindebezuges bündelt.[3] Das Kriterium greift auf die ekklesiale Grundeinsicht der Reformation zurück und hat *in liturgicis* ebenfalls große Vorbilder, die hierbei allerdings durchaus disparate, teils auch antagonistische Modelle verfechten: die Herrnhuter z. B., aber auch Friedrich Schleiermacher als »Herrnhuter höherer Ordnung«, auf jeden Fall die sog. Ältere liturgische Bewegung um Julius Smend und Friedrich Spitta, die Berneuchner, mit anderen Akzenten: Hans Asmussen, Wilhelm Stählin, mit Abstrichen Peter Brunner und schließlich – als Gegensatz dazu – alle Vertreter neuer Gottesdienste seit den 1960er Jahren.[4]

---

1. *Evangelisches Gottesdienstbuch.* Agende für die Evangelische Kirche der Union und für die Vereinigte Evangelisch-Lutherische Kirche Deutschlands, hg. von der Kirchenleitung der VELKD und i. A. des Rates von der Kirchenkanzlei der EKU, Berlin u. a. 1999, 15. Zum Gottesdienstbuch und zur Agendenreform vgl. jetzt *Helmut Schwier*, Der Evangelische Sonntagsgottesdienst. Verständnis und Praxis im Umfeld des »Evangelischen Gottesdienstbuches«, LJ 60 (2010), 116–131.
2. Vgl. *Christian Grethlein*, Grundfragen der Liturgik. Ein Studienbuch zur zeitgemäßen Gottesdienstgestaltung, Gütersloh 2001, 484; ich hatte vorgeschlagen, die additive Liste der Kriterien so zu gewichten, dass die beiden ersten Kriterien als basale Axiome zu lesen wären, denen die übrigen Kriterien zuzuordnen seien und die, in Fortschreibung des ökumenischen Anliegens des Ev. Gottesdienstbuches und meiner Konzeption von Liturgik, insgesamt von einem ökumenischen Leitkriterium gesteuert werden sollten (vgl. *Helmut Schwier*, Die Erneuerung der Agende. Zur Entstehung und Konzeption des »Evangelischen Gottesdienstbuches«, Leit. NF 3, Hannover 2000, 517–528). Zur weiteren Debatte vgl. jetzt *Katharina Stork-Denker*, Beteiligung der Gemeinde am Gottesdienst, APrTh 35, Leipzig 2008, 107–126.
3. Vgl. auch Helmut Schwier (Anm. 2), 387–389, 471–474.
4. Vgl. auch Katharina Stork-Denker (Anm. 2), 60-102 und die kompakte Skizze bei *Klaus Raschzok*, Die Gemeinde im evangelischen Gottesdienst, in: Irene Mildenberger/Wolfgang Ratzmann (Hg.), Beteiligung? Der Gottesdienst als Sache der Gemeinde, Beiträge zu Liturgie und Spiritualität 15, Leipzig 2006, 51–75, hier 57–63.

Wer wollte hier noch widersprechen? Wer will hier noch neues Terrain entdecken?

Aber ist wirklich alles so klar und eindeutig? Es gibt zwar einige neuere Untersuchungen zum Thema »Beteiligung der Gemeinde« wie die vielfältigen praxiserprobten Reflexionen und Vorschläge Werner Reichs,[5] die sehr informative Monographie von Katharina Stork-Denker[6] und den Sammelband einer Leipziger Tagung mit wichtigen Beiträgen von Karl Foitzik, Benedikt Kranemann, Klaus Raschzok, Wolfgang Ratzmann und anderen, die neben dogmatischen und praktisch-theologischen Argumenten auch auf empirische Befunde zurückgreifen;[7] jedoch bleibt hier die Basis der zur Verfügung stehenden Daten sehr schmal.

Die Nötigung zu diesem Thema stammt in erster Linie von den empirischen Befunden zur Rezeption des Gottesdienstbuches, deren Ergebnisse und Herausforderungen hier im Zentrum stehen. Daher wird mit einer knappen Skizze der ekklesiologischen und liturgischen Fragen begonnen, worauf dann einige Ergebnisse der Rezeptionsstudie präsentiert werden, die abschließend praktisch-theologisch zu reflektieren und zu gewichten sind. Neues Terrain verspreche ich nicht, aber doch einige neue Zugänge zu einem vielleicht allzu bekannten alten Gelände.

1. Das Priestertum aller Glaubenden und der Gottesdienst

Die ekklesiologische Grundeinsicht der Reformatoren[8] geschieht in starker Abgrenzung zur katholischen Tradition und kulminiert in der metaphorischen Rede vom Priestertum aller Glaubenden bzw. Getauften. Was sich damit verbindet, ist zunächst klar und einfach: In der Taufe werden die Menschen zu Priestern geweiht und sind alle gleichen Standes vor Gott. Luther schreibt in der Adelsschrift: »alle Christen sein warhafftig geystlich stands«;[9] dies wird durch Hinweis auf Taufe, Evangelium und Glauben, also rechtfertigungstheologisch, begründet und hinsichtlich der Salbungs- und Weiheriten, der Tonsur und der priesterlichen

5. Vgl. *Werner Reich*, Die Beteiligung der Gemeinde, in: Hans-Christoph Schmidt-Lauber/Michael Meyer-Blanck/Karl-Heinrich Bieritz (Hg.), Handbuch der Liturgik. Liturgiewissenschaft in Theologie und Praxis der Kirche, Göttingen ³2003, 787–797.
6. S.o. Anm.2.
7. Vgl. Irene Mildenberger/Wolfgang Ratzmann (Anm. 4).
8. Vgl. hierzu insgesamt *Harald Goertz*, Allgemeines Priestertum und ordiniertes Amt bei Luther, MThSt 46, Marburg 1997, sowie in praktisch-theologischer Hinsicht *Silke Obenauer*, Vielfältig begabt. Grundzüge einer Theorie gabenorientierter Mitarbeit in der evangelischen Kirche, Heidelberger Studien zur Prakt. Theol. 14, Berlin 2009, 152–157.
9. WA 6, 407, 13f.

Standeskleidung polemisch zugespitzt: »das macht allis, das wir eine tauff, ein Evangelium, eynen glauben haben, unnd sein gleyche Christen, den die tauff, Evangelium und glauben, die machen allein geistlich und Christen volck. Das aber der Bapst odder Bischof salbet, blatten macht, ordiniert, weyhet, anders dan leyen kleydet, mag einen gleysner und olgotzen machen, macht aber nymmer mehr eyn Christen odder geystlichen menschen.«[10] Etwas später folgen die bekannten Formulierungen: »Dan was ausz der tauff krochen ist, das mag sich rumen, das es schon priester, Bischoff und Bapst geweyhet sey«[11].

Alle Christen sind gleichen geistlichen Standes vor Gott; alle Christen sind in der Taufe bereits geweiht. Dies ist auch die wichtigste Antwort, die von evangelischer Seite in ökumenischen Gesprächen auf die Anfrage nach Weihe und Amt gegeben werden sollte: Eine Priesterweihe haben Christen nicht vor, sondern hinter sich bzw. als unzerstörbaren Charakter bereits in und an sich. Dass das die Differenzen zu den vorreformatorischen Kirchen nicht mindert, ist bekannt, aber aus evangelischer Sicht liegt eben hier kein *defectus* vor, und daher besteht auch für Protestanten kein Anlass, durch pastorale Selbstinszenierung oder liturgische Zeremonien irgendetwas aufholen zu müssen.

Die grundlegende dogmatische Unterscheidung in »Priesterwürde« und »Priesterdienst«[12] beinhaltet nun, dass die Priesterwürde jedem einzelnen Christen vor Gott zukommt und sein Priesterdienst sich auf den Nächsten bezieht.[13] Der Priesterdienst im öffentlichen Gottesdienst kommt jedoch nicht jedem einzelnen zu. Noch einmal Luther in Fortsetzung des obigen Zitats: »Dan was ausz der tauff krochen ist, das mag sich rumen, das es schon priester, Bischoff und Bapst geweyhet sey, ob wol nit einem yglichen zympt, solch ampt zu uben. Dan weyl wir alle gleich priester sein, musz sich niemant selb erfur thun und sich unterwinden, an [= ohne] unszer bewilligen und erwelen das zuthun, des wir alle gleychen gewalt haben, Den was gemeyne ist, mag niemandt on der gemeyne willen und befehle an sich nehmen.«[14]

An der letzten Formulierung wird zunächst deutlich, dass Gemeinde das meint, was allgemein und gemeinsam ist, z. B. der Gemeindegrund, der Boden, der

10. WA 6, 407, 17–22; »blatten machet« ist Hinweis auf die Tonsur (Platten) und damit auf die geistlichen Ämter, »olgotzen« (Ölgötze) ist ein Spottwort für gesalbte Priester.
11. WA 6, 408, 11f.
12. Vgl. Harald Goertz (Anm. 8), 93–178; *ders./Wilfried Härle*, Art. Priester/Priestertum II (Allgemeines Priestertum), II/1 (Systematisch-theologisch), in: TRE 27, Berlin/New York 1997, 402–410, hier 403f.
13. Vgl. *Silke Obenauer*, Gottes bunte Gnade. Plädoyer für die Wiederentdeckung der Gaben in der Kirche, Theol. Plädoyers 3, Berlin 2009, 46–48.
14. WA 6, 408, 11–17.

Acker, der einer Gemeinde gehört;[15] den kann und darf niemand an sich reißen ohne Willen und Befehl der gesamten Gemeinde. Der weitere Erfahrungshintergrund für Luthers Argumentation ist ebenfalls klar: Wenn alle die gleichen Rechte haben, muss die öffentliche Ausübung geregelt sein, sonst herrscht nicht nur Chaos, sondern es setzen sich die Stärkeren auf Kosten der anderen durch. Daher braucht es eine Regelung, nämlich eine Beauftragung geeigneter und befähigter Personen seitens der Gemeinde. Das bedeutet: Ordiniertes Amt und Allgemeines Priestertum stehen in Wechselbeziehung. Das ordinierte Amt gründet im Allgemeinen Priestertum, denn in ihm werden »bestimmte Tätigkeiten an berufene Amtsträger delegiert, damit der allen gegebene Auftrag ordnungsgemäß und zuverlässig wahrgenommen wird [...]. Zugleich dient das ordinierte Amt dem Schutz des Allgemeinen Priestertums: Es schützt die priesterlichen Rechte der Einzelnen und verhindert, dass einige auf Kosten anderer ihre Priesterrechte ausüben und sie den anderen dadurch verwehren.«[16]

Positiv beschrieben sind ordiniertes Amt und Allgemeines Priestertum keine verschiedenen Priesterdienste, sondern sie sind jeweils der eine Dienst am Evangelium mit unterschiedlichen Zuständigkeiten: »Ob ein Mensch den Dienst am Evangelium im persönlichen Lebensbereich oder im kirchlichen Amt stellvertretend für die Gemeinschaft ausübt, stellt lediglich einen unterschiedlichen ›Gebrauch‹ des Allgemeinen Priestertums dar.«[17]

In einer anschaulichen Beschreibung der Gottesdienst- und Abendmahlssituation, die im Übrigen nicht ganz so ordentlich geregelt scheint, wie man es dem konservativen älteren Luther oft unterstellt, wird die Wechselbeziehung als In- und Miteinander der Dienste konkret: »Denn, Gott sey gelobt, Inn unsern Kirchen koennen wir einem Christen eine rechte Christliche Messe zeigen nach ordnung und einsetzunge Christi, auch nach der rechten meinung Christi und der Kirchen. Da tritt fuer den Altar unser Pfarrher, Bisschoff odder Diener im Pfarrampt, recht und redlich und offentlich beruffen, zuvor aber jnn der Tauffe geweyhet, gesalbet und geborn zum Priester Christi, ungeacht des Winckel Cresems, Der singet offentlich und deudlich die ordnung Christi, im Abend mal eingesetzt, Nimpt das brod und wein, danckt, teilets aus und gibts jnn krafft der wort Christi: ›DAS ist mein leib, DAs ist mein blut. SOlchs thut‹ etc. uns andern, die wir da sind und empfahen wollen. Und wir, sonderlich so das Sacrament nemen wollen, knyen neben, hinder

15. Vgl. *Karl Foitzik*, Beteiligungsgemeinde? Partizipation auf evangelisch, in: Irene Mildenberger/ Wolfgang Ratzmann (Anm. 4), 27–49, hier 40 Anm.39.
16. Silke Obenauer (Anm. 13), 49; vgl. auch dies. (Anm. 8), 156.
17. Harald Goertz/Wilfried Härle (Anm. 12), 405 (mit Hinweis auf WA 12, 189, 34ff.: De instituendis ministris ecclesiae). Zur Begrifflichkeit und Fortsetzung bei Schleiermacher vgl. jetzt *Wilfried Härle*, Kirchenleitung im Anschluss an Schleiermacher, ZevKR 55 (2010), 1–19.

und umb jn her, man, weib, jung, alt, herr, knecht, fraw, magd, eltern, kinder, wie uns Gott allda zu samen bringet, alle sampt rechte, heilige mit Priester, durch Christus blut geheiliget und durch den heiligen geist gesalbet und geweyhet jnn der Tauffe. Und jnn solcher unser angeborner, erblicher Priesterlichen ehre und schmuck sind wir da, [...] Und lassen unsern Pfarrher nicht fuer sich, als fuer seine personen, die ordnung Christi sprechen, Sondern er ist unser aller mund und wir alle sprechen sie mit jm von hertzen und mit auffgerichtem glauben zu dem Lam Gottes, das da fuer uns und bey uns ist und seiner ordnung nach uns speiset mit seinem leibe und blut. Das ist unser Messe, und die rechte Messe, die uns nicht feylet.«[18]

In diesem Abschnitt sind die wesentlichen Kernbegriffe und Vorstellungen genannt: Gemeinde und Bruder im Pfarramt, ordentlich berufen und wie alle geweiht in der Taufe, Priester und Mitpriester, öffentliche Verkündigung durch den Pfarrer als Mund der Gemeinde, die im Herzen mitspricht – diese Beschreibungen und Stichworte lassen das Mit- und Ineinander der Priesterwürden und Priesterdienste anschaulich werden und leiten gleichzeitig über zu dem Bereich der gottesdienstlichen Kommunikation. Übrigens gibt es neben der Priestermetaphorik in einer Tischredenäußerung Luthers auch ein anderes Wortfeld: Da werden nicht die Gläubigen in das Priestersein, sondern die Bischöfe in das »Schafsein« einbezogen und als »Beischafe« bezeichnet.[19] Dass hier, wenn auch nur in einer marginalen Äußerung, der bildspendende Bereich wechselt, ist immerhin bemerkenswert und verstärkt die Interdependenz von Gemeinde und ordiniertem Amt.

Im Bereich der gottesdienstlichen Kommunikation und der sie begleitenden Liturgiewissenschaft wird die Frage nach Allgemeiner Priesterschaft bzw. Gemeinde meist praktisch diskutiert mit der Zielrichtung konkreter Gottesdienstgestaltung. Zunächst zeigt aber die eigene Fachgeschichte, dass der »Wechselverkehr«, um Smend und Spitta aufzunehmen, in der Liturgie gerade nicht nur die Kommunikation zwischen Liturg und Gemeinde meint[20] und dass außerdem die Gottesbegegnung weder in einem simplen »Wort-Antwort-Modell« zu denken

18. WA 38, 247, 10-31 (Von der Winckelmesse und Pfaffen Weyhe, 1533).
19. Vgl. WA.TR 3, 643, 3829: »bischoff, bey schaff, der bei den schaffen sein soll, stets vnd vleissig auff sie mercken«; dies wird dann als nomen habitus, mehr aber noch als nomen actionis bezeichnet. Der Bezug zum guten Hirten, der bei den Schafen bleibt und nicht flieht wie der Mietling (Joh 10), ist noch erkennbar, aber im Kontext auch die scharfe und ironische Abgrenzung zur römischen Kirche. Daher wird das Wort auch zu Recht als »agitative Wortbildung« qualifiziert (Frühneuhochdeutsches Wörterbuch, begr. v. Robert Ralph Anderson, hg. v. Ulrich Goebel/Oskar Reichmann, Bd.3, Berlin/New York 2001, Sp.986 [s.v. beischaf]).
20. Vgl. hierzu *Konrad Klek*, Erlebnis Gottesdienst. Die liturgischen Reformbestrebungen um die Jahrhundertwende unter Führung von Friedrich Spitta und Julius Smend, VLH 32, Göttingen 1996, 71–73; *Michael Meyer-Blanck*, Liturgie und Liturgik. Der Evangelische Gottesdienst aus Quellentexten erklärt, TB 97, Gütersloh 2001, 177–187.

ist, wie Luthers fast bis zum Überdruss zitierte sog. »Torgauer Formel« häufig vereinfacht wird,[21] noch auf das katholisierende Missverständnis hinausläuft, der Liturg würde *in persona Christi* handeln und dadurch die Gottesrelation gewährleisten oder aber – als protestantische Variante – die Kategorie des »Wortes« wäre in Lesung und Kanzelrede autoritativ gesetzt und als solches alleiniges Medium der Gottesbegegnung. Hier ist zweierlei knapp zu sagen:

1. In der gottesdienstlichen Kommunikation geht es zentral um *Gottesbegegnung.*
2. Gottesbegegnung geschieht in, mit und unter *allen* Vollzügen des Gemeindegottesdienstes nach Maßgabe des Heiligen Geistes. Sie ist weder machbar noch analysierbar, aber verheißen.

Solche elementaren dogmatischen Einsichten zielen auf praktisch-theologische Kommentierung und auf praktische Konkretisierung. Bevor dies dargelegt wird, sollen zunächst relevante und exemplarische Ergebnisse der Rezeptionsstudie benannt werden.

2. Ergebnisse der Rezeptionsstudie zur Gemeindeverantwortung und -beteiligung

2.1 Grundauszählung

Zunächst werden einige Ergebnisse der Grundauszählung dargestellt. Die Kennfrage nach dem ersten Kriterium des EGB ist 8_10: »Wenn Gottesdienst gefeiert

21. Vgl. zur Komplexität der Formel Michael Meyer-Blanck (Anm. 20), 29–39; *ders.*: »daß unser lieber Herr selbst mit uns rede …«. Möglichkeiten des neuen »Gottesdienstbuches« für die lutherischen und unierten evangelischen Kirchen, ZThK 97 (2000), 488–508. Vgl. zur historischen Einordnung und zur Wirkungsgeschichte (vor allem zwischen 1870 und dem Ersten Weltkrieg samt einem kurzen kritischen Ausblick auf gegenwärtige Verwendungen und auf das Vorwort des Ev. Gottesdienstbuches) jetzt *Peter C. Bloth*, »… auff das dies newe Haus dahin gericht werde, das nichts anders darin geschehe, denn das …«. Zur Interpretation, Wirkungsgeschichte und praktisch-theologischen Bedeutung von Martin Luthers Torgauer Einweihungspredigt am 5. Oktober 1544, in: Wilfried Härle/Barbara Mahlmann-Bauer (Hg.), Prädestination und Willensfreiheit. Luther, Erasmus, Calvin und ihre Wirkungsgeschichte. FS Theodor Mahlmann, MThSt 99, Leipzig 2009, 35–65, hier bes. 40 Anm. 15, 49–65; Bloth stellt heraus, dass eine Interpretation als »Formel« oder Gottesdienstdefinition dem Text nicht gerecht wird. Wichtig ist vielmehr die auch für unsere Argumentation interessante Betonung in dieser Predigt, dass die Einweihung der neuen Kirche nicht durch rituelle Weihung seitens eines Bischofs vollzogen wird, sondern dass die rituellen Gegenstände (Weihwasser-) Sprengel und Räucherfass symbolisch gedeutet werden und dass die Gemeinde hier mit zuzugreifen habe (vgl. nur WA 49, 588, 10-22; 600, 11–21).

wird, muss immer die ganze Gemeinde dafür verantwortlich und daran beteiligt sein«.

F8_10: Wenn Gottesdienst gefeiert wird, muss immer die ganze Gemeinde dafür verantwortlich und daran beteiligt sein

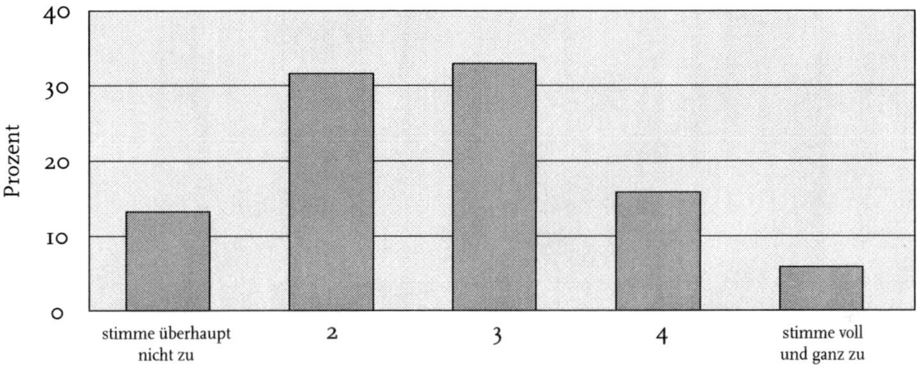

Hierzu äußerten sich insgesamt 2102 Personen; von ihnen stimmte nur eine Minderheit von 6 % voll und ganz und 15,9 % überwiegend zu, während 13,3 % überhaupt bzw. 31,7 % weitgehend ablehnten; auffällig der große Wert der Unentschiedenen: 33 %. Zusammengezählt: 21,9 % stimmen zu, 45 % lehnen ab, 33 % sind unentschieden.

Dies Ergebnis wird unterstützt durch die anderen mit dieser Frage inhaltlich korrespondierenden Fragen.

F7_7: Eine möglichst hohe aktive Beteiligung der Anwesenden

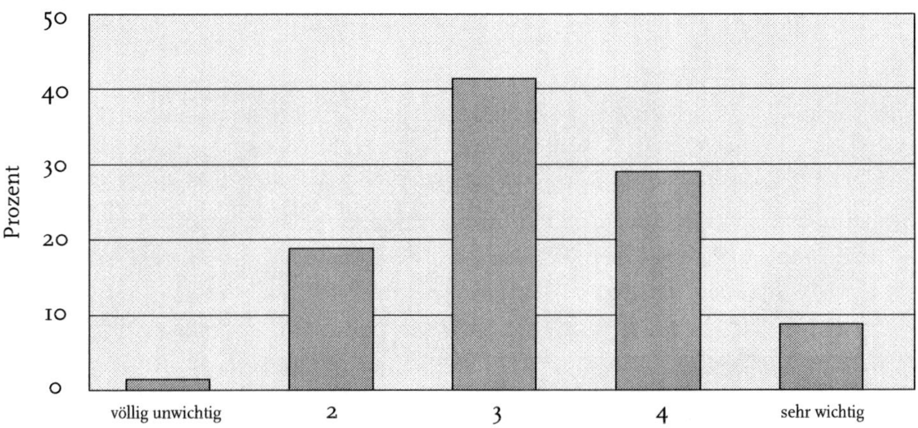

»Eine möglichst hohe aktive Beteiligung der Anwesenden« (7_7) hielten 29,1 % für wichtig und 8,9 % für sehr wichtig; dies ist 1,6 % völlig unwichtig und 18,9 % unwichtig; 41,5 % bleiben unentschieden. Die grobe Aufteilung ist vergleichbar mit der Kennfrage (8_10), jedoch ist hier der Anteil der Zustimmungen etwas größer – also: Zustimmung 38 %, Ablehnung 20,5 %, unentschieden 41,5 %.

F14_6: Die Predigt sollte, wenn möglich, gemeinsam vorbereitet werden

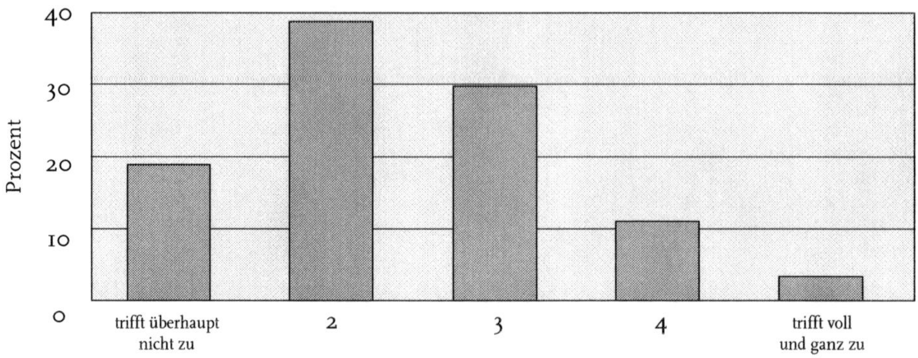

Einer gemeinsamen Vorbereitung der Predigt (14_6) stimmten insgesamt 14 % überwiegend oder voll und ganz zu, überwiegend und voll und ganz ablehnend sind 56,9 %, unentschieden 29,1 %. Die größeren Unterschiede in der Gewichtung liegen hier wohl an Verständnis und Erfahrung der Predigt als Pfarrergattung; in Theorie und Praxis ist die Predigt ein, wenn nicht: das Proprium der Pfarrerinnen und Pfarrer.

In Frage 12 wird nach der Rolle der Pfarrerinnen und Pfarrer im Gottesdienst gefragt. In unserem Kontext sind 12_4, 12_5 und als Gegenüber 12_6 und 12_2 von Bedeutung.

F12_5: Ich bin »primus inter pares« – als Teil der Gemeinde

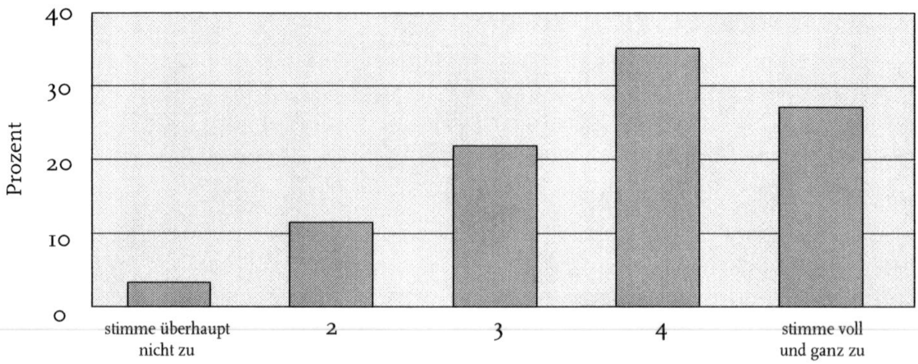

Der Einschätzung »Ich bin ›*primus inter pares*‹ als Teil der Gemeinde« (12_5) stimmten 62,6 % überwiegend bzw. voll und ganz zu, ablehnend waren insgesamt 15,3 %, 22,1 % bleiben unentschieden. Eine Zustimmung von knapp zwei Dritteln der Befragten erhält auch die Selbsteinschätzung, dass Pfarrerinnen und Pfarrer die Gemeinde durch den Gottesdienst leiten und ihr hier vorangehen (+ 62,4 %; -13,6 %; +/- 24 %):

F12_4: Ich leite die Gemeinde durch den Gottesdienst, gehe ihr voran

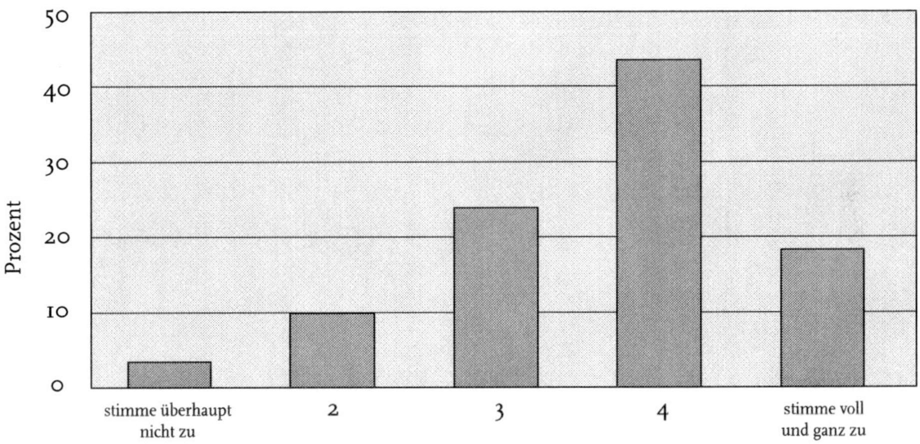

Die Betonung liegt also auf dem *primus*, nicht auf den *pares*. Dazu gehört auch das Ergebnis, dass die *primi* durchaus mit Ehrenamtlichen im Sonntagsgottesdienst kooperieren, aber die wenigsten »häufig« und die meisten »manchmal« [4_3 zu 12_5].

F12_6: Ich trete stellvertretend für die Gemeinde vor Gott

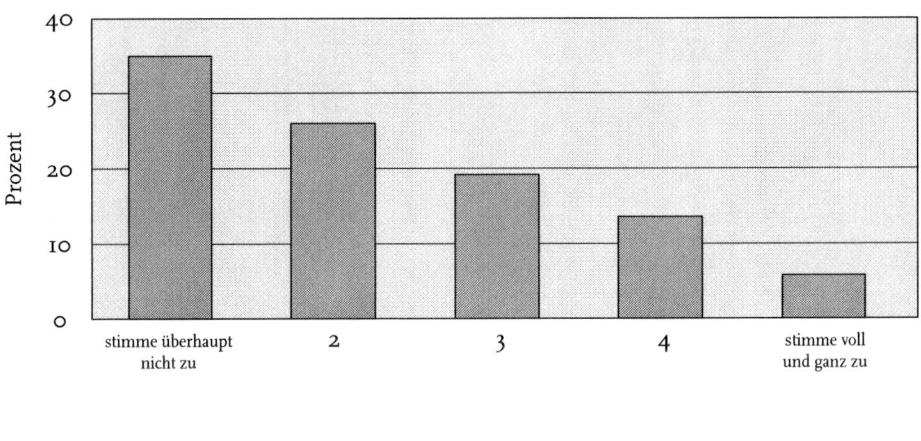

Dem pastoralen Selbstbild »Ich trete stellvertretend für die Gemeinde vor Gott« (12_6) stimmen insgesamt 19,6 % zu, 61,1 % lehnen es ab, 19,3 % bleiben unentschieden.

F12_2: Ich bin Mittler/in zwischen den Menschen und Gott

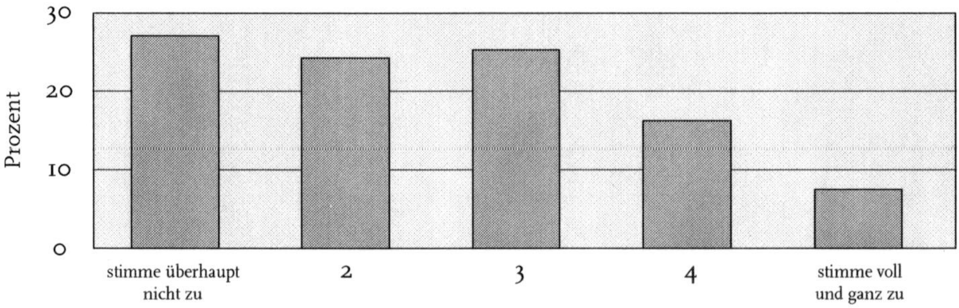

Das Selbstbild als »Mittler zwischen Gott und Mensch« (12_2) lehnen 51 % ab, 23,7 % stimmen ihm zu, 25,2 % sind unentschieden. Der *primus* bleibt *primus* und wird mehrheitlich nicht zum Priester und Mittler.

Es wurden unterschiedlich, aber deutlich polarisiert, Positionen zu liturgischen und theologischen Aussagen und zum pastoralen Selbstbild erhoben. Auffällig ist der konstant hohe Wert der Unentschiedenen. Die Fragen ermöglichen Zustimmungen bzw. Ablehnung; sie zielen auf Einstellungen, liegen also insgesamt auf einer eher theoretischen Ebene.

Werfen wir daher innerhalb der Grundauszählung noch einen Blick auf die erfragte Praxis, und zwar auf die Zusammenarbeit mit Ehrenamtlichen (4).

F4_1: Familiengottesdienste – Ehrenamtliche

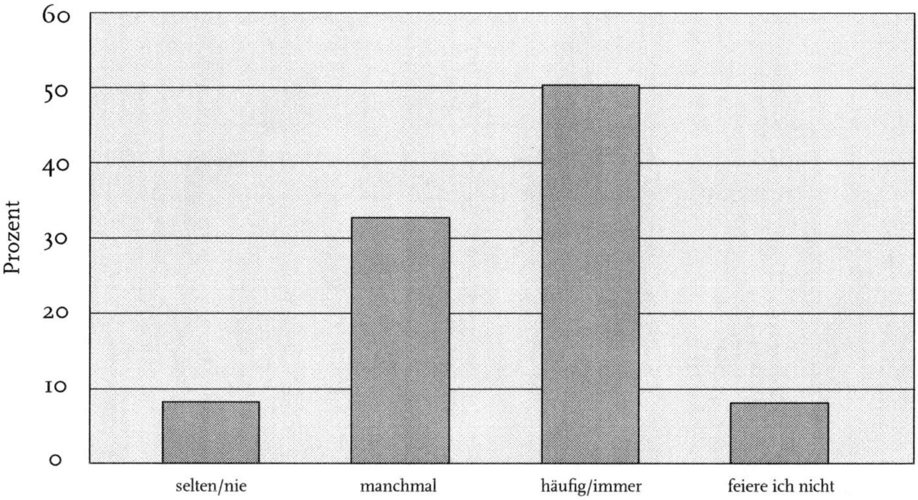

Bei Familiengottesdiensten liegt die häufige oder ständige Zusammenarbeit mit Ehrenamtlichen (4_1) bei 50,6 % (»manchmal«: 32,8 %), bei alternativen Gottesdiensten (4_5) bei 43,3 % (»manchmal«: 28 %), wobei hier noch ein relativ hoher Anteil angibt, solche Gottesdienste nicht zu feiern (14,7 %; bei 4_1: 8,3 %):

F4_5: Alternative Formen (z. B. Feierabend-, Gospel-, Samstagsgottesdienste) – Ehrenamtliche

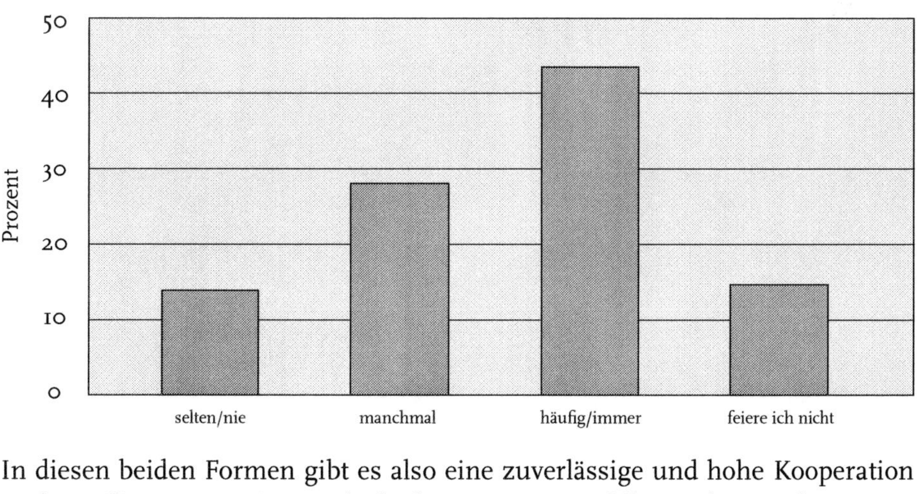

In diesen beiden Formen gibt es also eine zuverlässige und hohe Kooperation und Beteiligung von Gemeindegliedern; insgesamt fällt sie aber niedriger aus, als man erwarten könnte. Demgegenüber ist eine solche Beteiligung bei Sonntagsgottesdiensten (4_3) deutlich geringer:

F4_3: Sonntagsgottesdienste (Hauptgottesdienste) – Ehrenamtliche

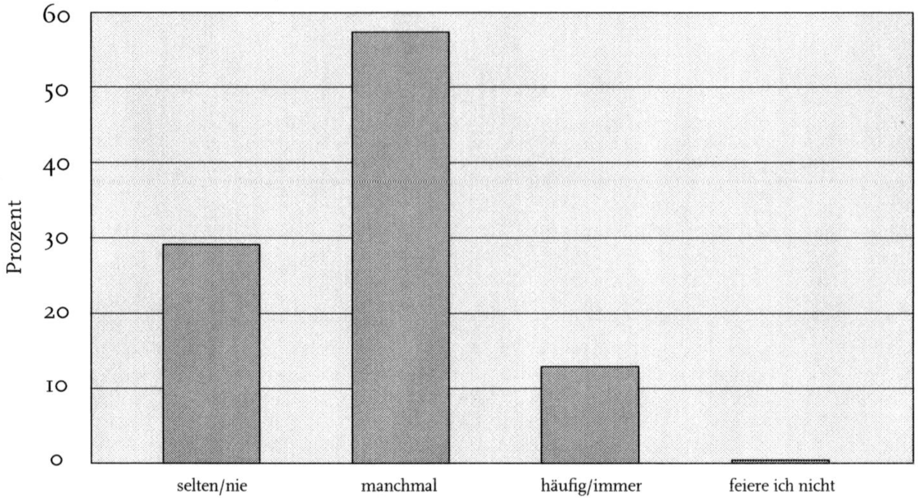

Hier geben an: 29,2 % (»selten/nie«), 57,4 % (»manchmal«), 13 % (»häufig/immer«). Auch die Kooperation mit den Kirchenmusikern ist beim sog. Hauptgottesdienst am Sonntag nur wenig deutlicher ausgeprägt: 23,8 % (»selten/nie«), 46,7 % (»manchmal«), 29,2 % (»häufig/immer«).

F4_4: Sonntagsgottesdienste (Hauptgottesdienste) – Kirchenmusikerin

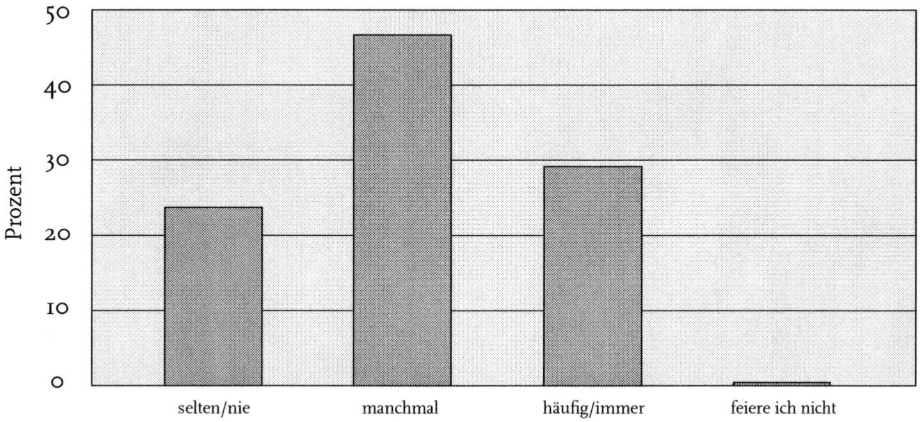

Nimmt man beide Angaben zusammen, kann man etwas vergröbernd sagen: Bei rund der Hälfte der Sonntagsgottesdienste gibt es »manchmal« eine Kooperation mit Kirchenmusikerinnen und Kirchenmusikern und Ehrenamtlichen, bei rund einem guten Viertel »selten oder nie« und bei einem knappen Viertel »häufig oder immer«, wobei hier die Kirchenmusikerinnen und Kirchenmusiker stärker gefragt sind.

Achtet man auf die genaue, bewusst zugespitzte Formulierung, dass nach einer Kooperation, die über das bloße Weitergeben von Informationen hinausgeht, gefragt wurde, kann man schlussfolgern, dass in den insgesamt sehr vielen Gottesdiensten, in denen Ehrenamtliche mitwirken, die Pfarrerinnen und Pfarrer ihnen mit großer Wahrscheinlichkeit eben bloß Informationen über Lesungen und Lieder weitergeben.

Trotz mancher Kompromisse, die in der Gemeindepraxis notwendig sind, und mancher Arbeitssituationen, die eine intensive Kooperation verhindern, ist es insgesamt nicht angemessen, wenn Pfarrerinnen und Pfarrer Gottesdienste mit Ehrenamtlichen feiern und ihnen nur Informationen vermitteln; da liegt die Vermutung nahe, dass die Ehrenamtlichen auch wenig unterstützt werden, wenn sie beispielsweise bei Lesungen und Fürbitten mitwirken.

Kritische Gottesdienstbesucher/innen und externe Beobachter/innen heben hervor, dass die Lesungen häufig ausgesprochen schlecht vorgetragen werden – nicht nur, aber häufig von Lektoren/innen. Dadurch verspielen wir in Zeiten, in denen die persönliche Bibellektüre eher marginal geworden ist, das zentrale evangelische Anliegen, dass Menschen der Bibel begegnen, sie hören und verstehen können.

Die praktische Mitwirkung bei Fürbittgebeten kann man nach meiner Wahrnehmung fast nur noch karikieren: Die Mitwirkenden lesen dem lieben Gott die Gebete vor, die der Pfarrer formuliert (selten!) oder kopiert (meistens!), vor allem aber erst zehn Minuten vor Gottesdienstbeginn (wenn man Glück hat!) ausgeteilt hat. Auf diese Weise degradiert man die Mitspielenden und *pares* zu Komparsen.[22]

Entgegenstehend zur großen Zustimmung, »*primus inter pares*« sein zu wollen, wird dies durch solche Praxis unterlaufen und konterkariert. Angesichts dieser Praxis liegt dringender Handlungs- und Fortbildungsbedarf vor, der in einigen Landeskirchen in Form von Gottesdienstcoaching und Fortbildung aufgenommen wird, und zwar auch für ehrenamtlich Tätige. Entscheidend wird sein, dass es dabei nicht bloß um Anbahnung und Förderung handwerklich-rednerischer Kompetenzen samt einer Präsentation von Texten geht, sondern um die theologische und geistliche Einsicht, dass das Fürbittgebet Aufgabe und Sache der Gemeinde ist.

2.2 Wechselbeziehungen

Aussagekräftig sind ebenfalls einige Ergebnisse, die man durch Kreuztabellen erhält.

Ausgehend von der Frage der Kooperation mit Ehrenamtlichen im Sonntagsgottesdienst möchte ich auf drei Ergebnisse aufmerksam machen. Einmal: diejenigen, die häufiger mit Ehrenamtlichen in Familiengottesdiensten und alternativen Formen zusammenarbeiten, praktizieren das auch beim Sonntagsgottesdienst (60,8 %). Hier gibt es offenbar klar erkennbare und wirkungsvolle Wechselbeziehungen. Weniger eindeutig ist das zweite Ergebnis: Man würde erwarten, dass diejenigen, die Kooperation mit Ehrenamtlichen in Sonntagsgottesdiensten häufig praktizieren, auch der Beteiligung der Anwesenden sehr hohe Wichtigkeit zumessen. Dies ist aber nicht ganz der Fall, denn die weitaus größte Gruppe derjenigen, die der Beteiligung der Anwesenden sehr große bzw. große Wichtigkeit zuerkennen, praktiziert eine Kooperation mit Ehrenamtlichen nur manchmal (51,4 % bzw. 65,0 %) und nicht häufig (30,5 % bzw. 13,0 %).[23] Das Ergebnis scheint konstant, da es auch durch die gegenteilige Kreuzung bestätigt wird.[24] Hier ist zu fragen: Liegt ein Theorie-Praxis-Problem vor (»ich stimme

22. Vgl. auch *Ursula Roth*, Die Theatralität des Gottesdienstes, PThK 18, Gütersloh 2006, 252.
23. Angaben aus den Kreuztabellen (4_3 zu 7_7).
24. Aus der Kreuztabelle (7_7 zu 4_3) geht hervor, dass von denen die häufig oder immer mit Ehrenamtlichen im Sonntagsgottesdienst zusammenarbeiten, die möglichst aktive Beteiligung der Anwesenden 29,6 % wichtig und 20,8 % sehr wichtig ist; jedoch bleiben 36,5 % unentschieden.

der Theorie an sich zu, praktiziere es aber nicht oft«) oder ist es nur ein Praxisproblem insofern, als eine intensive Kooperation eben nur manchmal möglich ist? Deutlich ist schließlich drittens, dass diejenigen Pfarrerinnen und Pfarrer, denen der Bezug zum Alltagsleben der Anwesenden besonders wichtig ist, auch die Kooperation mit Ehrenamtlichen im Sonntagsgottesdienst häufig praktizieren.[25]

Der Liturgiker hofft bei diesem Ergebnis, dass die Ehrenamtlichen eben nicht nur vordergründig beteiligt werden und dadurch nur als Komparsen mitspielen, sondern als im Alltagsleben Erfahrene ihre Kompetenz in den Gottesdienst einbringen. Dadurch würde zum Beispiel auch eine neue Verbindung von Gottesdienst und Diakonie gefördert werden können.[26]

2.3 Typenbildung

Bisher bewegten wir uns im Bereich der Grundauszählung der Fragebogenergebnisse und einiger Kreuzungen von Antworten. Anschaulicher wird das Bild durch die Clusteranalyse und Typenbildung.[27]

Tabea Spieß zeigt dabei, dass zwei von fünf Typen, nämlich die »gestaltenden Liturgen« und die »Lebensweltorientierten«, der Beteiligung der Gemeinde einen sehr hohen bzw. hohen Wert zuerkennen, während denjenigen zwei Typen, die der Predigt große Bedeutung (und Mühe!) zuordnen – also den »liturgiedistanzierten Predigern« und den »traditionellen Liturgen und Predigern« – dies durchschnittlich oder weniger wichtig ist. In der Praxis bewirkt die Dominanz der Predigt eher die Gegnerschaft zur Gemeindebeteiligung; das hat man schon seit den 1970er Jahren angeprangert und scheint ausgesprochen langfristig wirksam zu sein. Dabei ist jedoch eine korrigierende Differenzierung notwendig: Die ausgrenzende Gegenüberstellung von Beteiligung und Predigt trifft nicht für das Cluster der »gestaltenden Liturgen« zu; diese versuchen vielmehr die unterschiedlichen Faktoren gleichgewichtig zu berücksichtigen, während die beiden Predigt-

---

25. Bezug zum Alltagsleben wichtig bzw. sehr wichtig: 35,6 % bzw. 54,8 % kooperieren häufig im Sonntagsgottesdienst mit Ehrenamtlichen (Kreuztabelle 7_10 zu 4_3).

26. Vgl. *Helmut Schwier*, Liturgie und Diakonie – einige Überlegungen im Licht des »performative turn«, in: Johannes Eurich/Christian Oelschlägel (Hg.), Diakonie und Bildung, FS Heinz Schmidt, Stuttgart 2008, 265–277, hier 275–277.

27. Auf der Grundlage der Faktorenanalyse wurde eine »Beteiligungs«-Skala gebildet, die wiederum grundlegend für die Clusteranalyse war. Zur Skala »Beteiligung« gehören die Items »Wenn Gottesdienst gefeiert wird, muss immer die ganze Gemeinde dafür verantwortlich und daran beteiligt sein.« (8_10), »Eine möglichst hohe aktive Beteiligung der Anwesenden« (7_7), »Ein intensives Gemeinschaftsgefühl unter allen Anwesenden« (7_3), »Die Predigt sollte, wenn möglich, gemeinsam vorbereitet werden.« (14_6), »Leichte Zugänglichkeit für Kirchenferne« (7_11).

cluster die Dominanz der Predigt möglicherweise gegen den Faktor »Beteiligung« ausspielen und die »Lebensweltorientierten« umgekehrt die Gemeindebeteiligung gegen die Predigt.

Tabea Spieß hat in ihren Auswertungen deutlich gemacht, dass an dem Faktor »Beteiligung« gegenläufige Konzepte deutlich werden, die dann zu Zustimmung oder zu Ablehnung führen, aber eben auch zu einer großen Gruppe der Unentschiedenen. »Gestaltende Liturgen« und »Lebensweltorientierte« stimmen stark zu, wobei die jeweilige Praxis, z. B. die Kooperation mit Ehrenamtlichen, moderater ausfällt als die große Zustimmung und bei den »Gestaltern« sich auch innerhalb der als positiv gewerteten Liturgietradition vollzieht. Eine starke Ablehnung der Beteiligung wird vor allem durch Zustimmung zu traditionellen Liturgie- und Predigtvorstellungen gefördert oder aber durch Liturgiedistanz.

Eine offene Frage bleiben die teilweise großen Angaben im unentschiedenen Bereich und das Cluster der Pragmatiker. Als Universitätslehrer hat man natürlich immer ein tief sitzendes Vorurteil gegenüber Pragmatikerinnen und Pragmatikern – das lautet: Wer keine Theorien kennt und kritisch gewichten kann, endet bei einer orientierungslosen Praxis, eben bei einer bloßen Pragmatik. Ist das hier der Fall?

3. Praktisch-theologische Überlegungen: Partizipation als Teilhabe und Teilnahme an der Feier und Kommunikation des Evangeliums

Aus meiner Sicht ist gottesdienstliche Kommunikation Darstellung und Einladung: Hier wird die grundlegende Gott-Mensch-Relation mitteilend dargestellt – in Worten, aber auch in Bewegungen, Gesten, Tönen, Farben, Brot und Wein – und es wird eingeladen, in sie einzutreten.[28] Aufführung als Vollzug und Feier sowie die Partizipation als Teilhabe an der Gottesbegegnung und Teilnahme an der Kommunikation des Evangeliums bilden nicht nur formale Zielrichtungen des christlichen Gottesdienstes. Dabei eröffnet der Begriff der Partizipation eine kritische Dimension nicht zuletzt im Blick auf praktische Konkretionen.

---

28. Vgl. *Helmut Schwier*, Religiöse Kommunikation im Gottesdienst. Liturgiegeschichtliche, rezeptionsästhetische und performative Aspekte, in: Charlotte Magin/Helmut Schwier (Hg.), Kanzel, Kreuz und Kamera konkret. Ein Gottesdienstprogramm aus Heidelberg, Beiträge zu Liturgie u. Spiritualität. 20, Leipzig 2008, 97–112, hier 110ff.

Die im ersten Kriterium des Ev. Gottesdienstbuches formulierte »Beteiligung« ist einerseits zwar ein Fortschritt gegenüber einer bloßen Betreuungshaltung,[29] bleibt aber andererseits defizitär, weil es wie in der Erneuerten Agende und ihrer expliziten Abgrenzung von den sog. »pastorenzentrierten Gottesdiensten« noch auf das Gegenüber von Liturg und Gemeinde bezogen und fixiert bleibt.[30] Das defizitäre Verständnis von Beteiligung der Gemeinde kann in der Praxis einerseits zur Fehlform der pastoralen Erlaubnis führen samt all ihren pastoral-patriarchalen Verfärbungen – im Konfliktfall häufig als Auseinandersetzung zwischen Theologen und Kirchenmusikern geführt, die sich wiederum in ihrer Kompetenz und Profession nicht selten missachtet sehen. Beteiligung der Gemeinde kann andererseits ebenso verfehlt werden im Gottesdienst als »Mitspiel-Show«, wie es ein strapaziertes bon mot suggeriert.[31] Damit wird eine Fehlform karikiert, nach der allein die äußere Beteiligung und Lebendigkeit Ziel und Maßstab gottesdienstlichen Feierns sei.[32]

Demgegenüber ist Partizipation als Teilhabe und Teilnahme eine notwendige Voraussetzung, um Gottesdienst feiern zu können, und also keine Erlaubnis. Partizipation gehört zum Wesen der Liturgie; dies hat – bei manch bleibenden konfessionellen Unterschieden – vor allem das Zweite Vaticanum zu Recht betont.[33]

Partizipation basiert – evangelisch akzentuiert – auf dem Subjekt-Sein der mündigen Gemeinde.[34] Gottesdienst stellt dabei die öffentliche Kommunikation

---

29. Vgl. auch Karl Foitzik (Anm. 15), 27f.; auf die verschiedenen missionarischen und gemeindepädagogischen Reformansätze seit den 1960er-Jahren verweist *Wolfgang Ratzmann*, Zwischen Interaktion und Ritual. Zur gegenwärtigen Diskussion um die Beteiligung der Gemeinde am Gottesdienst, in: Irene Mildenberger/Wolfgang Ratzmann (Anm. 4), 101–112, hier 101–103.
30. Vgl. Helmut Schwier (Anm. 2), 387–389.
31. Vgl. *Peter Iden*, Der Pastor als Entertainer. Wenn Gottesdienste zur Mitspiel-Show werden, in: FR vom 14. Okt. 1995, S 9f. Der durchaus polemische Text wurde in praktisch-theologischen Vorträgen und Veröffentlichungen immer wieder zitiert; vgl. jetzt Wolfgang Ratzmann (Anm. 29), 104f.
32. Ich persönlich kenne keine Vertreter »Lebendiger Liturgie« oder sog. alternativer Gottesdienste, die heute so vordergründig argumentieren und gestalten. Dass in der Frühzeit solcher Gottesdienste auch einmal über die Maßen experimentiert wurde, ist aus der Situation der Startphase erklärlich.
33. Vgl. hierzu Katharina Stork-Denker (Anm. 2), 33–43 und *Benedikt Kranemann*, Der Gemeindebezug des Gottesdienstes aus katholischer Sicht, in: Irene Mildenberger/Wolfgang Ratzmann (Anm. 4), 77–100, hier 81–86.
34. Vgl. hierzu z. B. Werner Reich (Anm. 5), 788f., 792f. Vor allem die Kirchen der DDR haben in Gestalt von Arbeitshilfen die mündige Gemeinde hervorgehoben und gefördert; vgl. *Erhard Brinkel*, Gottesdienst als Sache der Gemeinde. Die Arbeitsbücher und Arbeitshilfen der Evangelischen Kirchen in der ehemaligen DDR, in: Irene Mildenberger/Wolfgang Ratzmann (Anm. 4), 163–168. Mit programmatischem Titel erschien auch eine der ersten Arbeitshilfen zur Erneuerten Agende – vgl. *Erhard Brinkel/Gustav Roth*, Gottesdienst der mündigen Gemeinde. Begleitheft für die Gemeinde zur Erneuerten Agende. Erarbeitet i. A. der Arbeitsgruppe »Erneuerte Agende«, Berlin 1991.

des Evangeliums mitteilend dar als die Heilsbotschaft von Christus, die jedem Menschen gilt. Dies erfordert innere und äußere Partizipation im Gottesdienst.

Innere und äußere Partizipation stehen in Wechselbeziehungen; aber die sind durchaus individuell unterschiedlich und wohl auch verbunden mit milieu- und konfessionsspezifischen Ausprägungen und Sozialisationsbedingungen sowie dadurch verursachten Begrenzungen. Wo die einen beispielsweise ganzheitliches Geschehen erleben, das zu fühlen und zu denken und zu glauben gibt, nehmen andere bloße Äußerlichkeiten, schlimmstenfalls »Mitmach-Spiele«, wahr; wo die einen in existentieller Erschütterung eine Kantate oder Passion erleben und auch in Aufnahme der verschiedenen musikalisch gestalteten Affekte spirituelle Bereicherung erfahren,[35] hören andere nur unzugängliche Hochkultur, die bei ihnen nichts in Bewegung setzt. Trotz dieser Unterschiede ist es notwendig, im Gottesdienst innere wie äußere Partizipation zu ermöglichen, ohne manipulativ zu wirken.

Innere und äußere Partizipation werden in Freiheit ermöglicht und gefördert durch verständliche wie poetische Sprache, durch überzeugende Symbole, durch mitzuvollziehende Rituale, durch gute Musik in unterschiedlichen Stilen. Je mystagogischer demgegenüber ein Gottesdienst gestaltet oder eine Gottesdiensttheorie entworfen wird, desto stärker droht eine einseitige Option für eine bloß innere Teilnahme und eine Aufteilung in Priester und Laien.[36]

Dass innere Teilnahme und Beteiligung nicht gering zu schätzen sind, bedeutet umgekehrt nicht, dass sich im Gottesdienst mehr Mysterium als Kommunikation ereignen würde. Die Aspekte des Machbaren und des Nicht-Machbaren lassen sich mit diesen beiden Begriffen ohnehin nicht sinnvoll erfassen. Vielmehr sollte, was hier nur angedeutet werden kann, evangelischer Gottesdienst in seiner bleibenden Spannung zwischen Kommunikation des Evangeliums und

35. Vgl. hierzu jetzt *Jochen Arnold*, Von Gott poetisch-musikalisch reden. Gottes verborgenes und offenbares Handeln in Bachs Kantaten, Arbeiten zur Pastoraltheologie, Liturgik u. Hymnologie 57, Göttingen 2009, 77–100, 454–471.

36. Vgl. hierzu die katholische Diskussion zwischen Joseph Ratzingers Liturgieverständnis und der Kritik von Klemens Richter, Albert Gerhards und Angelus A. Häußling: vgl. Katharina Stork-Denker (Anm. 2), 51–56; zu den jüngsten vatikanischen Liturgieinstruktionen vgl. Benedikt Kranemann (Anm. 33), 94–99. Im evangelischen Bereich gibt es derzeit durchaus unterschiedliche mystagogisch orientierte Konzepte (neben Manfred Josuttis' Arbeiten ist neuerdings zu nennen *Martin Nicol*, Weg im Geheimnis. Plädoyer für den Evangelischen Gottesdienst, Göttingen 2009). Innerhalb der Fachgeschichte stellt Rudolf Otto hier eine klassische Position dar, in der der kultische Dienst am Heiligen, ein »protestantisches Laienpriestertum« und deren »schweigender Dienst«, der ins gemeinsam gesprochene Vaterunser mündet, in der vagen Vorstellung vom »religiösen Erleben« verbunden wird (vgl. insgesamt *Katharina Wiefel-Jenner*, Rudolf Ottos Liturgik, VLH 31, Göttingen 1997 und die knappe Zusammenfassung bei Stork-Denker [Anm. 2], 71–75).

öffentlich gefeiertem Ritual oder Ritus[37] beschrieben und theoretisch fundiert werden.[38]

Richtet sich diese leichte Polemik gegen Gottesdiensttheorien, so dominiert in der Praxis noch vielfach das Predigtparadigma (mit oder ohne Liturgiedistanz), das für viele nur eine innere Partizipation zulässt. Damit die nicht überhaupt verhindert wird oder im Ansatz scheitert, braucht es größere theologische, sprachliche und rednerische Anstrengungen bei vielen Kanzelrednern, oder pointierter formuliert: mehr Substanz, weniger Redundanz.[39] Wie Hörer eine Predigt jedoch während des Hörens konkret rezipieren und damit innerlich partizipieren, können wir allerdings bisher nur annäherungsweise beschreiben; dass diese Partizipation gelingt, und zwar in erstaunlich präziser Weise, ist bei vielen, meist aber hochverbundenen Kirchengliedern jedoch deutlich.[40]

Um Wort- und Kognitionslastigkeit und andere Einseitigkeiten des Begriffs Kommunikation einschließlich der Belehrungssemantik[41] zu vermeiden, ist – wie Michael Meyer-Blanck jüngst nochmals vorgeschlagen hat – der Begriff und das Phänomen der Feier wiederzuentdecken.[42] Gerade hinsichtlich der Partizipation ist dies von entscheidender Bedeutung, weil sich in der Feier *idealiter* innere und äußere Partizipation wechselseitig ermöglichen und ineinander übergehen. An

---

37. Thomas Klie unterbreitet den Vorschlag, den unscharfen und inzwischen überdehnten, wenn nicht leeren Begriff ›Ritual‹ im liturgischen Beschreibungs- und Analysefeld durch »Ritus« zu ersetzen, zumal dadurch auch semiotische und spieltheoretische Sichtweisen eingebunden werden können und die Notwendigkeit von Deutung, Interpretation und freier Wählbarkeit sich eher mit dem Ritusbegriff verbindet als mit dem auf Iteration und Obligatorik setzenden Ritualbegriff; vgl. zum Ganzen *Thomas Klie*, Vom Ritual zum Ritus. Ritologische Schneisen im liturgischen Dickicht, BThZ 26 (2009), 96–107.
38. Michael Meyer-Blanck formuliert dieses Anliegen mit dem mathematischen Vergleich »Ritualisten in 1. Ableitung« und verdeutlicht, dass der evangelische Gottesdienst als Ritual die Unterbrechung des Rituals durch die Predigt notwendig erfordert und hier liturgische oder rituelle und rhetorische Codes zu unterscheiden sind; vgl. Michael Meyer-Blanck, (Anm. 20), 34; *ders.*, Die Dramaturgie von Wort und Sakrament. Homiletisch-liturgische Grenzgänge im ökumenischen Horizont, PTh 96 (2007) 160-171.
39. Ausgeführt habe ich meine Position in *Helmut Schwier*, Was ist eine gute Predigt? Bemerkungen zur Notwendigkeit homiletischer Aus- und Fortbildung als Bestandteil theologischer Bildung, in: Manfred Oeming/Walter Boës (Hg.), Alttestamentliche Wissenschaft und kirchliche Praxis, FS Jürgen Kegler, Berlin 2009, 135–144.
40. Vgl. hierzu unsere empirischen Untersuchungen zur Predigtrezeption: *Helmut Schwier/Sieghard Gall*, Predigt hören. Befunde und Ergebnisse der Heidelberger Umfrage zur Predigtrezeption, Heidelberger Studien zur Predigtforschung 1, Berlin 2008; ein zweiter Band soll 2011 folgen.
41. Martin Nicol beschreibt zu Recht manche evangelische Gottesdienste als »Glaubensseminar mit Musik« (Martin Nicol, Anm. 36, 113).
42. Vgl. *Michael Meyer-Blanck*, Evangelische Gottesdienstlehre heute. Ein Überblick, ThLZ 133 (2008), 3–20, aber auch das Impulspapier »Gottesdienst feiern« der Liturgischen Konferenz (*Michael Meyer-Blanck/Klaus Raschzok/Helmut Schwier* [Hg.], Gottesdienst feiern. Zur Zukunft der Agendenarbeit in den evangelischen Kirchen, Gütersloh 2009, 26–79).

und in der Feier kann man partizipieren, teilhaben und teilnehmen, und das in unterschiedlicher und frei gewählter Intensität, in verschiedenen Rollen und Funktionen, in körperlicher Ko-Präsenz und Resonanz,[43] mit Freude an der häufig milieuübergreifenden Gemeinschaft und immer wieder auch in festlicher Leichtigkeit, mit der Bereitschaft schließlich, kognitiv und emotional am Evangelium teilzuhaben und sich überraschen und bewegen zu lassen: zur Umkehr, zur Freude, zur Dankbarkeit. Daher soll Partizipation nicht als Vorschrift zur Beteiligung missverstanden, sondern als Einladung zum »Inter-esse« verstanden und gestaltet werden. Andernfalls wäre die Gefahr, in ein »Partizipationsdilemma« zu geraten, kaum vermeidbar: »Das Dilemma besteht darin, dass die Erweiterung an Partizipation gleichzeitig zu einer Verengung auf bestimmte Gruppen tendiert. Schon länger wissen wir: Je mehr sich der Gottesdienst an einer bestimmten Zielgruppe orientiert, desto mehr schließt er andere aus. Je stärker ein Gottesdienst von Gemeindeaktivitäten geprägt wird, desto mehr verliert er seinen Öffentlichkeitscharakter und wird zur Versammlung bestimmter Gemeindegruppen.«[44] Diese Zuspitzung markiert typische Gefährdungen von Gottesdienstgestaltungen mit einer Vorbereitungsgruppe. Damit wird auch zu Recht eine Inflation von Gottesdienstvorbereitungsgruppen kritisiert, die im Umfeld der Erneuerten Agende so stark, aber auch zu unkritisch propagiert worden waren. Die typischen Gefährdungen sind aber andererseits keineswegs unvermeidbar, denn Gottesdienstvorbereitungsgruppen – seien sie in der Zusammensetzung gemischt oder homogen – können sich exemplarisch, intensiv und konkret mit der Botschaft des Evangeliums und der Situation beschäftigen, die dann gerade ein »Inter-esse« der anderen Mitfeiernden eröffnet.

In der Praxis ist es hilfreich, wenn die Gemeinde bewusst als »Mitpriester« und in ihrer angeborenen priesterlichen Ehre und Schmuck Gottesdienst feiert, in den Worten und Gebeten der Liturgen und liturgisch Tätigen ihre Anliegen und Worte wiederfindet und an geeigneten Stellen selbst liturgisch in Bewegung kommt.[45] In der Praxis vor Ort ist dann natürlich ein Ausgleich zwischen einem »Zuviel« und einem »Zuwenig« anzustreben. Hier dient der Ratschlag des Gottesdienstbuches zu angemessenen Variationen einiger Sequenzen oder »Blöcke« als sinnvoller und moderater Gestaltungsimpuls für den regelmäßig gefeierten Gottesdienst.

---

43. Vgl. dazu Klaus Raschzok (Anm. 4), 71–75.
44. *Michael Meyer-Blanck*, Zur Diskussion um liturgische Qualitätskriterien, JLH 48 (2009), 62–74, zit. 73.
45. Dazu dienen traditionell der Gemeindegesang, der vielerorts noch zu fördern ist, die Bewegungen im Raum, die häufiger möglich sind als beim Abendmahl, sowie Fürbittgebete und Abkündigungen.

Ebenso ist es sinnvoll und notwendig, dass ein Pfarrer in der Gemeinde nicht nur als *primus* die *pares* sieht, sondern sich selbst als Schaf und »Beischaf« verhält, Teil der Gemeinde ist und, so häufig er »predigtfrei« hat, nicht »gottesdienstfrei« nimmt, sondern in der gottesdienstlichen Herde selbstverständlich dabei ist. Denn nur in diesem »Inter-esse« – und nicht in Albe oder Talar – erlebt er seine Priesterwürde als »Beischaf« der Getauften.

Der Gottesdienst wird nicht für andere »veranstaltet« oder von Pfarrern »gehalten«, sondern von und mit allen gefeiert.[46] Dass dies zuverlässig und öffentlich geschieht, ist und bleibt die zentrale und umfassende Verantwortung von Kirche und Gemeinde für den Gottesdienst.[47]

---

46. Vgl. auch Michael Meyer-Blanck/Klaus Raschzok/Helmut Schwier (Anm. 42), 40f. Das Veranstaltungsparadigma gehört m. E. zu den schier unausrottbaren Grundfehlern evangelischer Gottesdienstpraxis.
47. Ich verstehe hier Verantwortung als kybernetische Kategorie, die partizipationsoffene Gottesdienste fordert und fördert; dies gehört seit der Erneuerten Agende und ihrer Betonung, dass Gottesdienst und Gottesdienstgestaltung Beratungsthema in den Gemeinden, ihrer Leitungen und Arbeitskreise, werden sollen, zu den praktisch-kybernetischen Grundeinsichten dieser Agendenreform (vgl. auch Werner Reich [Anm. 5], 793–796). Verantwortung wird vor Ort auch als spirituelle Kategorie wahrgenommen, z. B. in der regelmäßigen Praxis des Gebetes vor und für den Gottesdienst seitens der Gemeinde und Kirchenvorstände.

Zentrum und »roter Faden«
Das Verhältnis von Liturgie und Predigt in der Sicht der Befragten der Studie

Michael Meyer-Blanck

1. Zentrum und »roter Faden«

Die Studie ist durch die begleitende Gruppe von vornherein so angelegt worden, dass neben Ergebnissen zur Nutzung des EGb etwas über das zugrunde liegende Gottesdienstverständnis überhaupt herauskommen sollte. Ein besonderes Interesse am evangelischen Gottesdienst in diesem Zusammenhang ist für mich das Verhältnis von Liturgie und Predigt. Wie verhält sich das homiletische Ich, das exemplarisch für die protestantische Individualität der versammelten Gemeindeglieder steht, zum liturgischen Wir, zum gemeinsamen Tun? Wie sind der Ritus und die individuell profilierte Rede einander zuzuordnen – und wie sehen das die Befragten? Die Predigt, so kann man es theoretisch sagen, ist die Unterbrechung des Ritus im Kontext des Ritus; sie ist eine notwendige Besonderheit im Rahmen des gemeinsamen öffentlichen Betens, die gerade durch ihren individuellen und aktuellen Gestus das rituelle Handeln der Gemeinde in der Liturgie als solches, als Ritus erkennen lässt.[1] Aus dem gemeinsamen Handeln hebt sich eine Person hervor, um dann zum Glaubensbekenntnis wieder dramaturgisch Teil der Gemeinde zu sein. Gerade die Unterbrechung des Ritus macht den Ritus als Ritus erfahrbar, so dass der Ritus im Modus der »2. Naivität« mitvollzogen werden kann. Was lässt sich nun empirisch zu dieser Sichtweise sagen? Was meinen die Befragten?

Die Gruppendiskussionen, die dem Finden der Items für den Fragebogen dienten, haben gezeigt, dass die Pfarrerinnen und Pfarrer bei ihren Äußerungen über Gottesdienst und Agende die Predigt in besonderer Weise im Blick haben. Das

1. Dazu, insbesondere auch zum Verhältnis von Predigt und Abendmahl, ausführlicher s. *Michael Meyer-Blanck*, Die Dramaturgie von Wort und Sakrament. Homiletisch-liturgische Grenzgänge im ökumenischen Horizont, in: PTh 96 (2007), 160-171.

ist bei der Vorbereitungszeit, die die Predigt zumeist erfordert, und bei der hervorgehobenen Rolle beim Predigtakt auch nicht verwunderlich. Die Predigt steht nicht nur als typisches Merkmal des Protestantismus im Zentrum des Interesses am Gottesdienst. Sie ist auch der Teil des Gottesdienstes, bei dem das Spannungsfeld von Person und Amt, also die Herausforderung durch die pastorale Rolle, in öffentlich hervorgehobener, inszenatorischer Weise, erfahren wird.

So war nach den Gruppendiskussionen zu vermuten, dass auch die quantitativ befragten Pfarrerinnen und Pfarrer besonders die Predigt im Blick haben, und das ist nun auch tatsächlich der Fall. 36,2 % (368 Befragte) halten es für wichtig und 16,7 % (354 Befragte) sogar für »sehr wichtig«, dass die Predigt »im Zentrum« steht.

F7_4: Dass die Predigt im Zentrum des Gottesdienstes steht

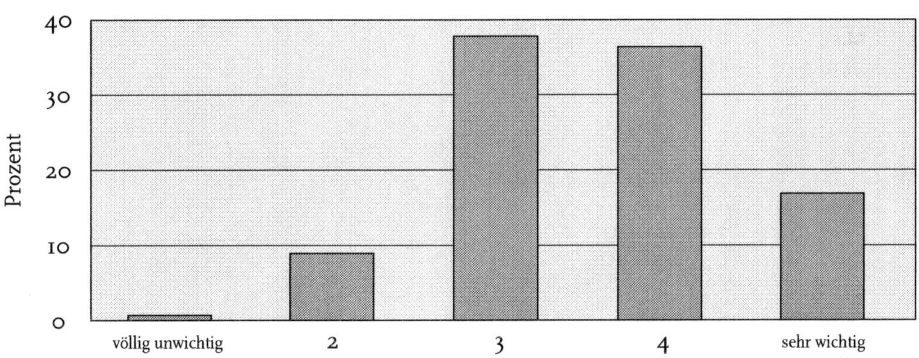

Von Bedeutung ist allerdings auch die hohe Zahl von 796 Befragten (37,5 % von 2142), die die unentschiedene Mittelposition ankreuzen; damit ist eine etwas »gebremste Entschiedenheit« in dieser Frage zu konstatieren. Das bedeutet aber auch: Es sind nur sehr wenige, die die Predigt »im Zentrum des Gottesdienstes« für unwichtig halten (9,5 %, 202 Befragte).

Mit dem Verständnis der angekreuzten Mittelpositionen stellt sich eine Grundfrage für die Interpretation. Sind diese als Unentschiedenheit zu bewerten, weil die Befragten mit den Items nichts rechtes anzufangen wissen, oder aus Sicht des Fragebogens: Sind die Items nicht ausreichend trennscharf formuliert worden? Oder deuten die Mittelpositionen vielmehr auf eine vertiefte Einsicht, die man als »Ambivalenzbewusstsein«[2] gegenüber der Komplexität des Gegenstandes

2. Darauf hat mich Petra Zimmermann auf dem Hintergrund der Erfahrungen bei der Interpretation der Kirchenmitgliedschaftsuntersuchungen aufmerksam gemacht.

deuten könnte? Ist bei einigen Vorgaben die Mittelposition gar die einzig sachgemäße? Handelt es sich um Hinweise auf ein grundsätzlich vermittlungstheologisches Verständnis, das für den Abschied von veralteten Kontroverspositionen (»Verkündigungsorientierung« versus »anthropologische Orientierung«) steht?

Entschieden ist jedenfalls die Zustimmung zu der Aussage »Es ist wichtig, dass ich als Pfarrerin/Pfarrer einen thematischen ›roten Faden‹ für den Gottesdienst entwickle«: Dies bejahten 1003 Befragte mit dem Skalenwert 5 und 826 mit dem Skalenwert 4, nur 14 lehnten dieses Item gänzlich ab (mit Skalenwert 1), 53 mit Skalenwert 2.

F8_6: Es ist wichtig, dass ich als Pfarrerin/Pfarrer einen thematischen »roten Faden« für den Gottesdienst entwickle

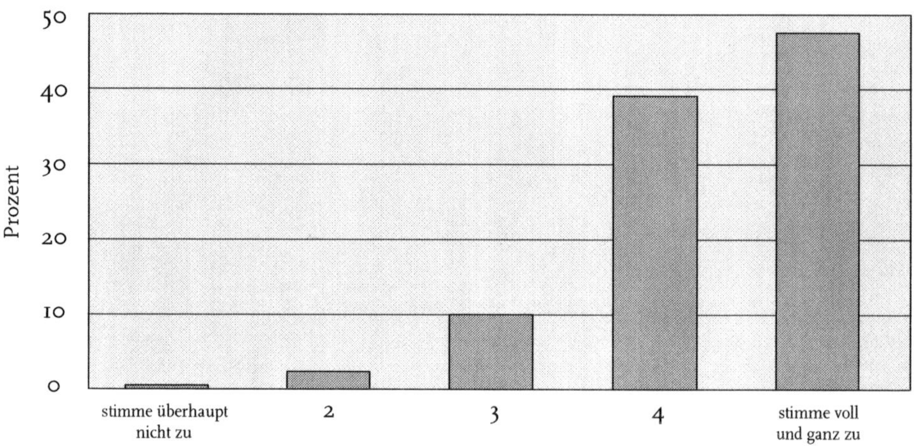

Insgesamt ergibt das eine Mehrheit von 86,8 % zu 3,2 %; der geringe Wert von 10,1 % auf der Mittelposition macht die Entschiedenheit in dieser Frage deutlich. Neben der Frage 7_10 (wichtig ist der »Bezug zum Alltagsleben der Anwesenden«, 89,8 % zu 0,9 %) erhält damit der »rote Faden« die höchste Zustimmung. Hier hatten wir bewusst das Attribut »thematisch« in die Antwortvorgabe eingefügt, um gezielt die in den Gruppendiskussionen anklingende inszenatorisch-dramaturgische Arbeit und Konzipierung der Liturgie abzufragen – und nicht nur die Orientierung an den mit »Struktur«, Ordinarium und Proprium umschriebenen Vorgaben.[3] Der Gedanke der liturgischen Dramaturgie und des Zusammenhanges

3. Kritisch zum thematischen und überhaupt zum gedanklich fortschreitenden Liturgieverständnis äußert sich *Martin Nicol*, Weg im Geheimnis. Plädoyer für den Evangelischen Gottesdienst, Göttingen 2009, 52–55 unter der Überschrift »Parataxe vs. Hypotaxe«. Dort heißt es: »Sätze stehen neben-

der einzelnen Teile des Gottesdienstes scheint mir ein wichtiger Fortschritt zu sein, der im Zusammenhang der Entstehung des EGb Eingang in die liturgische Diskussion gefunden hat. Dies war schon ein wichtiges Ergebnis der explorativen Phase der Gruppendiskussionen gewesen. Die daraufhin formulierte Frage 8_6 zeigt nun deutlich: Die Schrittfolge A-B-C-D ist inzwischen vielen vertraut geworden.

In einer Gruppendiskussion im Rahmen einer mit der Studie der LK verbundenen Untersuchung von Frank Peters zur Rezeption des EGb in der Evangelischen Kirche im Rheinland (EKiR) formulierte ein Pfarrer das damit verbundene Ziel, »möglichst eine Linie in der Vorbereitung durchzuziehen, die thematisch natürlich durch den Predigttext bestimmt ist, die sich aber dann wiederfindet in den Liedern, in den Gebeten, in den Lesungen, dass also das Ganze möglichst eine Einheit darstellt und nicht eine Aneinanderreihung von Einzelelementen.«[4] Dabei ist nicht an ein von außen herangetragenes, sondern eher an ein aus dem Proprium entwickeltes Thema gedacht: »Ich selber gucke immer auf das Proprium und versuche, dass das Eigenthema den Gottesdienst durchzieht in den Gebeten, den Abendmahlsgebeten, in der Predigt usw.«[5] In derselben Diskussion sagt eine Pfarrerin: »und dann kommt bei uns auch eben ein Satz, meistens aus dem Predigttext oder aus dem Evangelium, den ich dann versuche auch wie so einen roten Faden durch den Gottesdienst mitzunehmen«. Das wirft die Frage

einander (Parataxe), statt einander, mindestens intentional, im Sinne logischer Konjunktionen unter-, über- oder einfach zugeordnet zu sein (Hypotaxe).« (53) Dieser Grundsatz ist im normativen Sinne gemeint und richtet sich damit auch gegen Versuche, einen thematisch roten Faden auszuprägen: »Wenn zwischen zwei Texten keine explizite Verbindung hergestellt wird, wenn also die Parataxe gewahrt bleibt, dann hat der Gottesdienstbesucher als ›Rezipient‹ die Chance, selbst den Raum zu füllen, der offen bleibt. Der Hörer oder Beter springt in die Lücke, die der Liturg lässt. Solche Lücken gehören zu der Freiheit, die das Ritual lässt.« (55) In diesem Zusammenhang wird man allerdings genauer unterscheiden müssen, also ob z. B. zwischen einzelnen Stücken des Gottesdienstes (wie Kyrie und Gloria) ein Zusammenhang gesucht wird, oder ob für den Gottesdienst als Gebetsweg insgesamt ein »roter Faden« angenommen wird. So wird man nicht allein mit der Hypotaxe auskommen, denn diese tendiert zur Redundanz und Unfreiheit und beschränkt die Rezeption. Die Parataxe als alleiniges Prinzip tendiert umgekehrt zur Unverständlichkeit und gefährdet dadurch die Rezeption. Der Verzicht auf innere Zusammenhänge kann zu einer Art von liturgischem »zapping« führen, bei dem die Stücke begegnen, wie sie nun einmal sind, weil das Verstehen dem Rezipienten überlassen wird. Das bedeutet, dass es zwischen der didaktischen Ignoranz einerseits und dem thematisch »redundanten Exzess« andererseits noch etwas Drittes geben muss. – Zu diesem ursprünglich allein auf die Predigt bezogenen Ausdruck s. *Wilfried Engemann*, Wider den redundanten Exzess. Semiotisches Plädoyer für eine ergänzungsbedürftige Predigt, in: ThLZ 115 (1990), 785–800.

4. *Frank Peters*, Zur Rezeption des Evangelischen Gottesdienstbuches in der Evangelischen Kirche im Rheinland (Dissertation), Manuskript Februar 2010, 84. Die Arbeit erscheint 2011 im Druck.
5. Gruppendiskussion Pfarrerinnen und Pfarrer Großstadt, Äußerung eines Pfarrers mit gut 20 Dienstjahren in der Stadt.

auf, wo der Schlüsselsatz bzw. der rote Faden herkommt. Wahrscheinlich ist gemeint, dass sich dieser bei der Arbeit am biblischen und agendarischen Proprium gewissermaßen aufdrängt, so dass es sich um eine sowohl rezeptive als auch kreative Leistung handelt.

Eine andere Pfarrerin spricht vom »Gesamtwerk« oder »Gesamtkunstwerk« des Gottesdienstes und eine 40jährige Pfarrerin in einer vorstädtischen Gemeinde schließlich formuliert den Weg durch den Gottesdienst explizit so: »[I] Ich komme erst mal an, so wie ich bin, lege ab, was mir schwer ist; [II] und in der zweiten Phase liegt die Betonung stärker auf dem Hören, also kriege ich neue Orientierung für mein Leben; [III] Abendmahl: noch mal Gemeinschaft erfahren mit anderen; [IV] und zum Schluss: aufbrechen, wieder in den Alltag.«[6] Auch eine Gemeindepädagogin formuliert den Wunsch nach einem »roten Faden: »und was ich mir noch mehr wünschen würde für Gottesdienste, ...das hängt aber auch wieder mit meinem Dienst zusammen, weil wir das dann gemacht haben, einen thematischen Gottesdienst. Also, wo sich ein roter Faden durchzieht von A bis Z. Also so, ne, wo ich alles, wo ich nicht mit so tausend Gedanken nach Hause gehe, sondern wo das, wo ich weiß, das war der rote Faden.«[7]

In dieser Äußerung kommt der vielfach geäußerte Wunsch zum Ausdruck, die Gottesdienste durch eine thematische Fokussierung verständlicher zu machen. Dieser Ansatz, der Ende der 70er Jahre des 20. Jahrhunderts stark an Bedeutung gewann,[8] wird vor allem dann verfolgt, wenn Gottesdienste mit Gruppen vorbereitet werden (z. B. Schulgottesdienste und Konfirmandengottesdienste). Dazu passt es, dass sich eine Gemeindepädagogin so äußert, die sich zudem bewusst ist, dass dieser Wunsch mit ihrer Art des Dienstes zusammenhängt.

Andererseits lässt sich auch feststellen, dass viele Liturgen den »roten Faden« primär aus ihrer Predigt zu entwickeln versuchen. Auch für dieses Bestreben gibt es in der Untersuchung von Frank Peters mehrere Beispiele. Das bedeutet, dass der Blick auf den »roten Faden« und auf den liturgischen Zusammenhang ein

---

6. F. Peters (Anm. 4), 22.

7. Gruppendiskussion mit Nicht-Theologinnen mit intensiver gottesdienstlicher Erfahrung. Im Verlauf der Diskussion wurde dieser Ausdruck dann auch von anderen Teilnehmerinnen aufgegriffen. Außerdem wurde hier Wert darauf gelegt, dass Lesungen und der Predigttext aufeinander abgestimmt sind. – Ein junger Pfarrer nach gut vier Dienstjahren (Gruppendiskussion Pfarrerinnen und Pfarrer Kleinstadt Nord) formuliert zu seinem Gebrauch des EGb: »Ich gucke immer rein, was ist vorgeschlagen am Sonntag, lese mir dann, hinten ist das ja drin, das Proprium durch; komm ich da auf Ideen, wenn man da so andere Predigten liest, um auch so 'nen roten Faden zu haben, das strukturiert für mich die Arbeit.« Es wundert nach den Äußerungen in den Gruppendiskussionen nicht, dass Frage 8_6 in der quantitativen Befragung derart hohe Zustimmung fand.

8. *Peter Krusche/Dietrich Rössler/Roman Roessler* (Hg.), Themenstudien für Predigtpraxis und Gemeindearbeit, Bd. 1, Stuttgart 1977. Diese Vorgehensweise wurde als Alternative zur Perikopenpredigt propagiert und sollte den Weg von der Tradition zur Situation umkehren.

doppeltes Gesicht behält: Damit kann einerseits ein spannungsvoller Zusammenhang von Ordinarium, Proprium und Predigt gemeint sein. Andererseits kann sich hinter der Metapher des »roten Fadens« aber auch das Bestreben verbinden, den gesamten Gottesdienst von der eigenen Predigtidee her über einen Leisten zu schlagen. An dieser Stelle zeigt sich, dass die qualitative Untersuchung die quantitativen Ergebnisse erläutern und differenzieren kann.

So wird man jedenfalls feststellen können: Die in der Praktischen Theologie bisweilen etwas verspottete Idee des Strukturpapiers und der »Erneuerten Agende«[9] ist zumindest bei den hier zu Worte kommenden Liturgen auf fruchtbaren Boden gefallen. Die grundlegende liturgische Orientierung, die die Predigt nicht mehr der Liturgie gegenüberstellt, sondern diese als einen Teil der Liturgie ansieht, erklärt vielleicht auch die gewisse Zurückhaltung bei der Zustimmung zu dem Item in Frage 7_4, die Predigt stehe »im Zentrum des Gottesdienstes«.[10] Die Befragten haben offensichtlich ein Gespür für die Komplexität der Zusammenhänge.

Die eigene liturgische Rolle wird von den Befragten vor allem moderierend verstanden. Die theologisch »steilen« Items zur liturgischen Rollenbeschreibung finden geringe Zustimmung (»Mittlerin zwischen Gemeinde und Gott«, »Ich trete stellvertretend für die Gemeinde vor Gott«). Die Befragten verstehen sich viel eher als »primus inter pares« oder als durch den Gottesdienst leitende Personen. Bei dem Item »Ich trete stellvertretend für die Gemeinde vor Gott« haben wir eine Ablehnung von 1268 Befragten; mehr als ein Drittel kreuzt dabei die größtmögliche Ablehnung an (35,0 %). Hier ist offensichtlich das reformatorische Amtsverständnis durch das Item so deutlich provoziert, dass die Ablehnung vorprogrammiert war. Die deutliche Zustimmung zur Mittelposition 3 (19,3 %) könnte in diesem Fall auch damit zusammenhängen, dass man das Item ja nicht nur soteriologisch, sondern auch inszenatorisch und dramaturgisch verstehen kann im Sinne von Frage 12_4 »Ich leite die Gemeinde durch den Gottesdienst, gehe ihr voran«. Dennoch überwiegt klar die Ablehnung.

---

9. *Manfred Josuttis*, Die Erneuerte Agende und die agendarische Erneuerung, in: PTh 80 (1991), 504–516: »Die Folge von A zu D hält ja zunächst nur die banale Wirklichkeit fest, dass fast jeder Gottesdienst zwischen Anfang und Ende auch die Predigt und die Abendmahlsfeier einschließt.« (512) Insgesamt charakterisierte Josuttis die »Erneuerte Agende« von 1990 mit dem Bonmot »Es geht auch anders, aber so geht es auch.« (510) Die kritischen Stimmen aus der Praktischen Theologie zur »Erneuerten Agende« sind gesammelt bei *Peter Cornehl*, Liturgiewissenschaft im Aufbruch. Zum neuen »Handbuch der Liturgik«, in: ThLZ 121 (1996), 223–239: 239, Anm. 33; ausführlicher zur damaligen Diskussion s. *Helmut Schwier*, Die Erneuerung der Agende. Zur Entstehung und Konzeption des »Evangelischen Gottesdienstbuches«, Hannover 2000, 302–307.
10. S. o. zu dem großen Anteil der Mittelposition bei Frage 7_4.

F12_6: Ich trete stellvertretend für die Gemeinde vor Gott

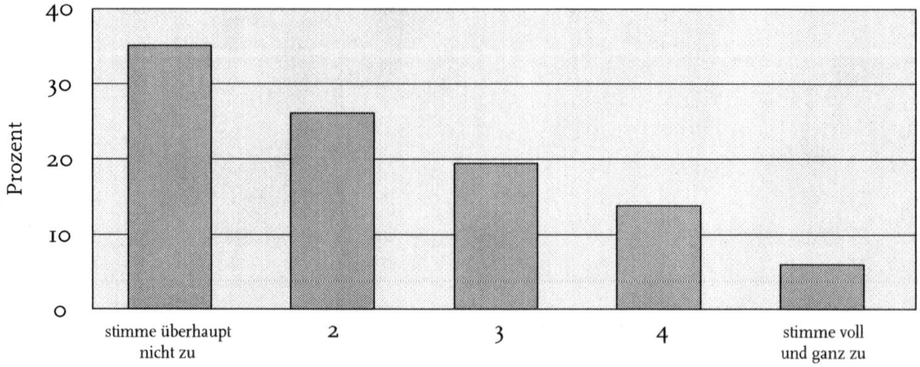

Auch zu dem Item »Ich bin Mittler/in zwischen den Menschen und Gott« wurde die klare Ablehnung von sehr vielen angekreuzt (560 von 2142 Antworten zu Wert 1; 502 Kreuze bei Wert 2).

F12_2: Ich bin Mittler/in zwischen den Menschen und Gott

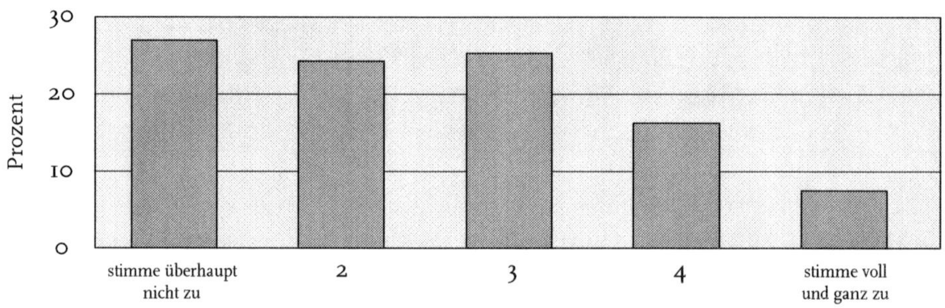

Die Pfarrerinnen und Pfarrer verstehen sich demnach hauptsächlich als liturgische Moderatoren. Die höchsten Zustimmungen bekommen die Items 12_4 (»Ich leite die Gemeinde durch den Gottesdienst, gehe ihr voran«) und 12_5 (»Ich bin ›primus inter pares‹ – als Teil der Gemeinde«).

Trotz einer deutlich gegebenen Zustimmung zur Kategorie der »Inszenierung« sinken die Zustimmungswerte, wenn mit diesem Begriff vom leitenden liturgischen Handeln gesprochen wird. Die Summe der Zustimmungswerte liegt hier bei 49 % und die Ablehnung bei 28 %, während 23 % unentschieden sind. Der Begriff der »Inszenierung«, der in der Praktischen Theologie seit gut 10 Jahren geläufig geworden ist,[11] hat für viele offensichtlich immer noch den Beiklang des Unehrlichen.

Das Neue des Inszenierungsbegriffes zeigt nun deutlich der Altersvergleich: Bei den 30- 39jährigen liegt die Zustimmung bei 58,4 %, bei den 40-49jährigen bei 51,3 %, bei den 50- 59jährigen bei 46,2 % und bei den über 60jährigen bei 39,7 % (Wert für alle Altersgruppen: 49 %).

F12_1: Ich sorge für eine gelungene Iszenierung

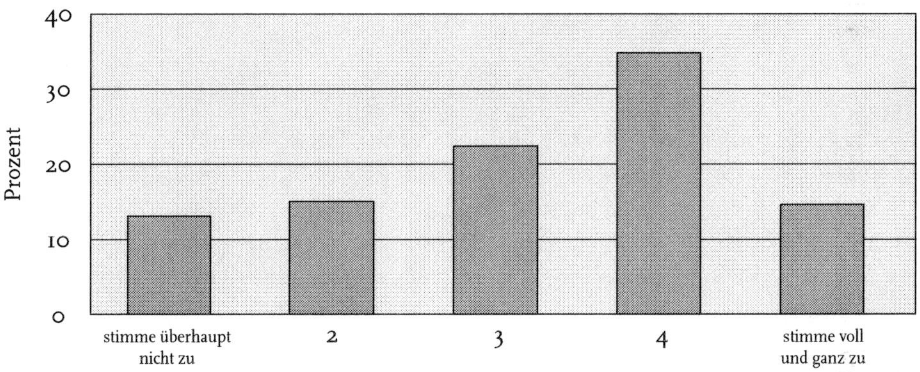

Ein kurzes Zwischenfazit: Die Deutekategorien »Inszenierung« und »roter Faden« sind auf dem Vormarsch. Der Struktur- und Dramaturgiegedanke, der sich vom »Strukturpapier« 1974 bis in die 10 Jahre der Rezeption des eingeführten EGb durchhält, scheint bei den Pfarrerinnen und Pfarrern angekommen zu sein. Die Liturgie ist für die Befragten nicht mehr Predigt mit Umrahmung, sondern ein strukturierter Ablauf, bei welchem der Predigt aber dennoch eine Zentralstellung zugemessen wird. Das damit Beschriebene gilt für alle. Nun lässt sich dieser Befund mit den Ergebnissen der Clusterbildung genauer aufschlüsseln.

11. Dazu vgl. *Michael Meyer-Blanck*, Inszenierung des Evangeliums. Ein kurzer Gang durch den Sonntagsgottesdienst nach der erneuerten Agende, Göttingen 1997; *David Plüss*, Gottesdienst als Textinszenierung. Perspektiven einer performativen Ästhetik des Gottesdienstes, Zürich 2007; *Ursula Roth*, Die Theatralität des Gottesdienstes, Gütersloh 2006.

2. Die Einstellungen der Idealtypen des gottesdienstlichen Gestaltens zur Predigt

Durch die Fragen 7, 8 und 14 war die Predigt im Fragebogen in besonderer Weise in den Fokus der Aufmerksamkeit gestellt worden. Mehrere Variablen lassen im Ankreuzverhalten deutliche Korrelationen erkennen. Insbesondere folgende Items korrelieren signifikant miteinander: »Dass die Predigt im Zentrum des Gottesdienstes steht.« – »Die Predigt ist der Kern des Gottesdienstes. Ihr gegenüber sind Lieder oder Gebete zweitrangig.« – »Wenn die Liturgie religiöse Erfahrungen ermöglicht, ist die Predigt verzichtbar.« (Umkodierte Frage 8_14) – »Durch die Predigt spricht Gott zu seiner Gemeinde.«

Die Einstellungen der befragten Pfarrerinnen und Pfarrer zur Predigt werden über die Skala »Predigtorientierung«, in der sich die genannten Items wieder finden, in die Clusterbildung einbezogen.

Die mit Hilfe der Skalen errechneten fünf Personengruppen, die »Idealtypen« unserer Studie (1. Die Lebensweltorientierte, 2. Der traditionsbezogene Liturg und Prediger, 3. Der liturgiedistanzierte Prediger, 4. Der gestaltende Liturg, 5. Die Liturgin/Pragmatikerin), können nun speziell im Hinblick auf das Verhältnis der Predigt zum Gottesdienst insgesamt bedacht werden. Man merkt schon an den Namen der Idealtypen, dass sie von der Predigtorientierung in besonderer Weise inhaltlich bestimmt werden. Dabei ist als besonders wichtig hinzuzufügen, dass gerade auch die »gestaltenden Liturgen« ein starkes Interesse für die Predigt mitbringen. Das hohe Predigtinteresse betrifft also die Typen 2, 3 und 4; demgegenüber suchen die »Lebensweltorientierten« (Idealtyp 1) überhaupt nach anderen Formen von Liturgie und Predigt.

Die fünf Cluster ergeben sich aus der Clusteranalyse; ihre Interpretation allerdings ist wiederum ein verstehender Akt. Es gibt damit einen hermeneutischen Zirkel von der Auswertung der Gruppendiskussionen über die Findung der Items bis zur Clusterbeschreibung. Die Cluster sind also – so weit sie über bloße Rechenergebnisse hinausgehen – auch Konstrukte, die die Interpretation bestimmen. Das Finden der Bezeichnungen ist damit eine Art erfinderischer Akt. Im Hinblick auf den jetzt interessierenden Zusammenhang habe ich darum den fünf Typen nach Durchsicht einiger Daten zusätzlich speziell homiletisch akzentuierte Namen beigelegt.

Der Typ 3, der liturgiedistanzierte Prediger, ist weniger an der Verbindung von Predigt und Liturgie, sondern vielmehr an der Verbindung von Predigt und Lebenswelt interessiert. Es geht um die Nähe zu den Zielgruppen, um eine gemeinsame Verständigung über Glauben und Leben. Diese erfolgt nicht über die Liturgie und Dramaturgie des Gottesdienstes, sondern mit Hilfe der Leben deutenden

Predigt. Die Predigt ist deswegen unverzichtbar, weil in ihr die religiöse Lebensdeutung ihren Ort hat. Der Prediger »redet mit dem Hörer über sein Leben« (49,5 % Zustimmung); noch höher ist die Zustimmung zu diesem Item allerdings in den Clustern 4 (60,6 %) und 1 (59,1 %). Ich nenne diesen Typ für unseren Zusammenhang jetzt »Predigtstudien-Prediger«.[12] In den Landeskirchen Rheinland, Westfalen und Hannover gehören die meisten (relative Mehrheit) zu diesem Idealtyp 3.

Idealyp 4, der gestaltende Liturg, entspricht am ehesten dem EGb-Ideal der Gestaltung von Liturgie. Er misst einer festen liturgischen Form unter variabler Ausgestaltung eine große Bedeutung bei, gleichzeitig verliert die Wortverkündigung nicht an Relevanz. Der »gestaltende Liturg« verbindet eine ausgeprägte Predigtorientierung mit einer starken Liturgietraditionsorientierung. Der Wert der Zustimmung zu dem Item »Die Predigt eröffnet vor allem eine biblische Sicht auf die Gegenwart« ist hier mit 80,7 % der höchste (in Cluster 3 sind es 76,5 %, in Cluster 2 sind es 78,3 %). Darum nenne ich diesen Cluster 4 für unseren Zusammenhang jetzt »EGb-Liturgen mit biblischer Predigt im Zentrum«. Bei der Vorbereitung habe ich mir das immer bildlich vorgestellt: Der Gottesdienst wird vorbereitet mit dem EGb und dem »Nestle«. Das bringt dann einen bestimmten Typus von Pfarrer(in) in die Phantasie. Da aber nach dem verwendeten biblischen Text bei der Predigtvorbereitung nicht gefragt war, belasse ich es bei der Formulierung »EGb-Liturgen mit biblischer Predigt im Zentrum«. Vergleichsweise viele Pfarrerinnen und Pfarrer der EKBO und aus Sachsen werden diesem Cluster zugeordnet.

Idealtyp 2, der traditionsbezogene Liturg und Prediger, umfasst die Pfarrerinnen und Pfarrer, die nicht ganz nach der derzeit gültigen praktisch-theologischen »correctness« urteilen. Die »traditionsbezogenen Liturgen und Prediger« sind besonders für die Geborgenheit in einer festen Form, sie sind im Vergleich zu anderen Typen zugleich eher gegen moderne Texte, gegen eine gemeinsame Predigt und gegen die Verwendung der inklusiven Sprache. Sie halten auch den »roten Faden« und die Arbeit an der Inszenierung für vergleichsweise weniger wichtig. In gewisser Weise handelt es sich um ein am Predigttext orientiertes Gegenüber zu dem Typ 3, dem »Predigtstudien-Prediger«. Darum belege ich den Cluster 2, der eher an einem Ideal vor der Zeit des EGb orientiert ist, jetzt mit der Formel »Agende 1 und altes GPM-Konzept«. Darunter sind selbstverständlich nicht die heutigen Benutzer der »Göttinger Predigtmeditationen« zu subsumieren.[13] Dennoch soll

12. Zur näheren Begründung vgl. auch unten Anm. 14 bis 16.
13. Bekanntlich haben die »Göttinger Predigtmeditationen« ihr Konzept mit dem Jahrgang 2007/2008 grundlegend geändert; darum spreche ich bewusst vom »alten« GPM-Konzept, wie es in dem Grundsatz »Vom Text zur Predigt« zum Ausdruck kam, vgl. dazu *Otto Weber,* Vom Text zur Predigt, in: ders., Der euch berufen hat. Predigten und Erwägungen zur Predigt, Neukirchen 1960, 31–46.

diese Bezeichnung metaphorisch für den Weg »vom Text zur Predigt und dann zur Liturgie« stehen.

Insbesondere in den Landeskirchen Sachsen und EKM gehören überdurchschnittlich viele Pfarrerinnen und Pfarrer zu diesem Cluster 2.

Idealtyp 1, die Lebensweltorientierte, ist für unsere Zwecke nicht so sehr von Bedeutung; es handelt sich ja um die Gruppe derer, die die Predigt für weniger bedeutsam halten und die die Verkündigung vor allem als ein gemeinsames Tun nach gemeinsamer Vorbereitung verstehen – und weniger als Kanzelrede. Weil hier auch zur Liturgie eine Distanz besteht, nenne ich diesen Cluster in unserem Zusammenhang abgekürzt »Präferenz für das 2. Programm«.

Cluster 5 schließlich ist der Idealtyp der Liturgin/Pragmatikerin, der am meisten die Mittelpositionen angekreuzt hat. Auch diese Pfarrerinnen und Pfarrer sehen allerdings die Predigt eher als verzichtbar an.

Damit sind die Cluster 2, 3 und 4 am stärksten an der Predigt interessiert. Das sieht im Zusammenhang dann so aus:

Cluster der Studie

Typenbezeichnung im Hinblick auf den gesamten Gottesdienst	Typenbezeichnung im Hinblick auf das Predigtverständnis
1. Die lebensweltorientierte Liturgin	Präferenz für das »2. Programm«
2. Der traditionsbezogene Liturg und Prediger (relative Mehrheit in Sachsen und EKM)	Agende 1 und altes GPM-Konzept
3. Der liturgiedistanzierte Prediger (relative Mehrheit in Rheinland, Hannover und Westfalen)	Predigtstudien-Prediger
4. Der gestaltende Liturg	EGb-Liturgen mit biblischer Predigt im Zentrum
5. Die Liturgin/Pragmatikerin	Undeutliche Positionierungen

Dabei ist keinesfalls zu vergessen, dass Weber schon damals vor der exegetisch und dogmatisch richtigen, aber menschlich und psychologisch blassen Predigt und damit auch vor der zum Prinzip erhobenen Form der »Homilie« warnte. Dies zeigt, dass die Unterscheidung der homiletischen Konzepte Konstruktcharakter hat und dass es allen Entwürfen von Karl Barth über Otto Weber, Wolfgang Trillhaas, Gerhard Ebeling und Ernst Lange bis zur Gegenwart um die Frage der Vermittlung von Bibelwort und Lebensrealität ging. Dabei ist wiederum allen Konzepten gemeinsam, dass die Reflexion auf die Liturgie als Quelle der Predigt praktisch keine Rolle spielt. In allen Konzepten von Barth über Lange bis zu dem in der Ausbildung verwendeten »homiletischen Dreieck« (Text – Gemeinde – Prediger/in) werden Ordinarium und Proprium, Lieder und Musik jedenfalls nicht als Quelle der *materialen* Homiletik herangezogen. Man hat immer den Eindruck, dass einsame Prediger/innen am Schreibtisch mit dem Text ringen, ohne daran zu denken, für welchen Aufführungszweck das eigentlich geschieht.

3. Einzelheiten (Kreuztabellen) zu den verschiedenen Predigt-Items

Diese Ergebnisse lassen sich anhand der Kreuztabellen noch etwas vertiefen. Dabei wurden aber nicht die eben genannten 5 Cluster, sondern einfach die Zustimmungen zu bestimmten Items korreliert.

Bei diesem Interpretationsschritt kann man das Profil der Zustimmung zu einzelnen Items genauer bestimmen und anhand des Antwortverhaltens Zusammenhänge näher in den Blick nehmen. Ich will das an drei Beispielen zeigen, anhand der von mir im Folgenden so genannten »Ernst-Lange-Homiletiker«, der »Wort-Gottes-Homiletiker« sowie der »prophetischen Homiletiker«. Diese Gruppen nämlich hatten wir durch spezifische Items anzusprechen gesucht. Für die aktuelle praktisch-theologische Diskussion mag es in diesem Zusammenhang als defizitär erscheinen, dass sich im Fragebogen kein Item zu den gegenwärtig präferierten ästhetischen, poetischen und rezeptionsästhetischen Betrachtungsweisen des Predigtgeschehens fand. Das liegt jedoch nicht nur daran, dass der komplexe homiletische Zusammenhang von Inhalt und Form schwer durch Items angesprochen werden kann. Vor allem hatten die Äußerungen der Kolleginnen und Kollegen in den Gruppendiskussionen nicht auf derartige Items geführt. Weil das Befragungsinstrument explorativ entwickelt wurde, fanden sich auch im Fragebogen die eher »klassischen« Predigtdefinitionen. Wie schon die Kategorie der »Inszenierung« vermuten ließ, gibt es eine Zeitverschiebung zwischen der theoretischen Diskussion im akademischen und im kirchlichen Zusammenhang.

Bei den Ergebnissen wird darüber hinaus deutlich, dass es vielfache Überschneidungen gibt. Die überwältigende Mehrheit der Befragten kann man demnach als »Vermittlungstheologen« bezeichnen, die die praktisch-theologischen Gräben der letzten Jahrzehnte hinter sich gelassen (bzw. schlicht ignoriert) haben. Die Zustimmungen zu den vorgelegten Items zeigen, wie deutlich das vermittelnde Element inzwischen geworden ist. Die Items verfestigen gerade nicht die alten Sichtweisen (»Wort-Gottes-Orientierung« contra »Lebensorientierung«). Sie lassen vielmehr deutlich werden, dass sich die Vertreter der klassischen Konzeptionen aufeinander zu bewegen. Wenn also im Folgenden Antworten typisiert werden, dann geht es darum jeweils um leichte Tendenzen. Diese lassen sich nun allerdings doch feststellen.

3.1 »Ernst-Lange-Homiletiker«

Frage 14_5 enthielt die klassische Formulierung von Lange: »Die Predigt ist eine Verständigung des Predigers/der Predigerin mit den Hörenden über ihr

Leben«.[14] Diese Vorgabe fand große Zustimmung (49,1 % pro, 23,2 % contra, 27,6 % Mittelposition).[15]

F14_5: Die Predigt ist eine Verständigung der Predigerin/des Predigers mit den Hörenden über ihr Leben

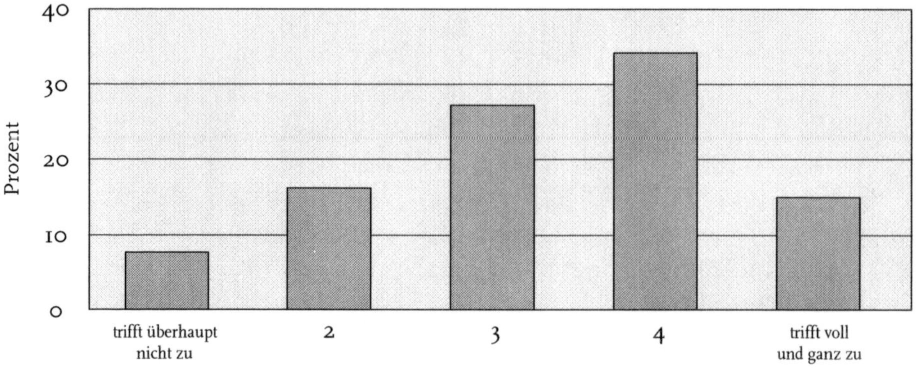

Deutlich korrelieren die Zustimmungen zu Frage 14_2 (Predigt als religiöse Lebensdeutung); mit diesem Item liegt bewusst eine gewisse Doppelung zu Frage 14_5 vor, nur in einer gegenwärtig wieder üblicheren Terminologie.[16] Dabei lässt

14. *Ernst Lange*, Zur Aufgabe christlicher Rede, in: ders., Predigen als Beruf. Aufsätze zu Homiletik, Liturgie und Pfarramt, hg. von Rüdiger Schloz, München 1982, 57f.: »Für den Hörer entscheidet sich die Relevanz der Predigt mit der Klarheit und mit der Stringenz ihres Bezuges auf seine Lebenswirklichkeit, auf seine spezifische Situation. […] Predigen heißt: Ich rede mit dem Hörer über sein Leben. […] Er, der Hörer, ist mein Thema. Nichts anderes, freilich: er, der Hörer vor Gott. Aber das fügt nichts hinzu zur Wirklichkeit seines Lebens, die mein Thema ist, es deckt vielmehr die eigentliche Wahrheit dieser Wirklichkeit auf. […] Es bleibt dabei: mein Thema ist mein Hörer.« Die Antwortvorgabe von Frage 14_5 der Untersuchung stellt eine Kombination dieser Formulierung mit einer anderen klassischen Formel Langes dar: »Der homiletische Akt […] hat eine Funktion. Seine Funktion ist die *Verständigung* mit dem Hörer über die gegenwärtige Relevanz der christlichen Überlieferung.« (*E. Lange*, Zur Theorie und Praxis der Predigtarbeit, in: ders., Predigen als Beruf [s. o.], 9–51: 20, dort kursiv).
15. Schon Manfred Josuttis (s. o. Anm. 9) hatte vermutet, dass die Prinzipien der »Erneuerten Agende« mit den »Nachwirkungen« von Ernst Lange zusammenhingen: »Überspitzt formuliert: Die EA betreibt die Erneuerung der Agende im Rahmen einer Predigttheologie. Die Spannung von Tradition und Situation ist der gemeinsame Nenner, auf den sich verschiedene Schulen im Protestantismus, aber auch weite Kreise der Ökumene, einigen können.« (515) Hier spielt Josuttis offensichtlich an auf E. Lange, Zur Theorie und Praxis der Predigtarbeit (s. letzte Anm.), 30: »Predigtarbeit wird von daher erkennbar als ein Prozessgeschehen zwischen Tradition und Situation.«
16. Ernst Lange hatte den Terminus »Religion« bzw. »religiöse Lebensdeutung« – entsprechend seiner Herkunft aus der Wort-Gottes-Theologie – nicht in seinem Sprachschatz (dies entsprach auch dem Großteil der handlungswissenschaftlich orientierten Praktischen Theologie in der Mitte der sieb-

sich deutlich feststellen: Wer die Predigt für religiöse Lebensdeutung hält, beschreibt sie auch signifikant deutlicher als Verständigung mit den Hörenden. Die Ergebnisse sind bei diesen beiden Fragevorgaben mehr oder weniger identisch.

Was nun halten die mit der starken Zustimmung zu diesen beiden Items abgekürzt als »Ernst-Lange-Homiletiker« Bezeichneten von der Liturgie insgesamt und der Rolle der Predigt darin? Hier ergibt sich aus den Kreuztabellen das Folgende: Auch diese Befragten halten die Predigt nicht für verzichtbar; allenfalls könnte man dies bei denen feststellen, die entschieden zustimmen (Skalenwert 5). Nur wer die Predigt voll und ganz für »Verständigung« hält, hält sie (zu 39 %) etwas eher für verzichtbar als der Durchschnitt von 30 % (F 14_5 gekreuzt mit F 8_14).

F14_2: Die Predigt ist religiöse Lebensdeutung

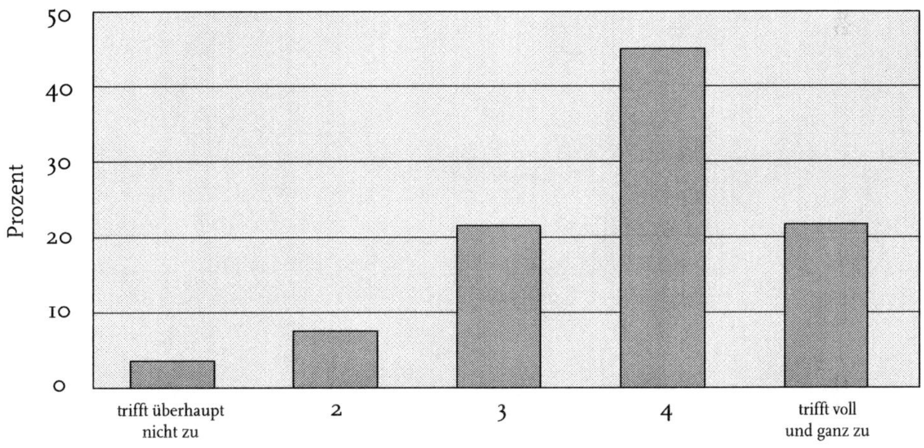

Ähnliches gilt für die gemeinsame Predigtvorbereitung. Für diese sprachen sich nur 13,4 % aller Befragten aus; unter den entschiedenen »Verständigungs-Homiletikern« klettert der Wert auch nur auf 20,1 % (F 14_5 gekreuzt mit F 14_6);

ziger Jahre). Erst die Schleiermacher-Renaissance in der (Praktischen) Theologie hat die Kategorie der »religiösen Lebensdeutung« in den beiden letzten Jahrzehnten zu einer gängigen Predigtcharakterisierung werden lassen. Dazu s. *Wilhelm Gräb*, Gottesdienstliche Predigt als religiöse Lebensdeutung., in: ders., Lebensgeschichten, Lebensentwürfe, Sinndeutungen. Eine praktische Theologie gelebter Religion, Gütersloh 1998, 147–169. Dabei ist von Bedeutung, dass dieses Kapitel in Gräbs Buch auf einen Aufsatz zurückgeht, der ein Jahr vorher über E. Lange erschienen war: *W. Gräb*, »Ich rede mit dem Hörer über sein Leben«. Ernst Langes Anstöße zu einer neuen Homiletik, in: PTh 86 (1997), 498–515. – Das heißt: Die Items unter 14_2 und 14_5 unserer Untersuchung fragen nach der Wirkung des von Ernst Lange ausgehenden (und später terminologisch im Sinne der Schleiermacher-Renaissance modifizierten) homiletischen Konzeptes.

ähnlich ist es auch bei dem Selbstverständnis als »Mahner/in/Prophet/in« (28,7% Zustimmung gegenüber 21,6% im Durchschnitt bei Zustimmung 5; F 14_5 gekreuzt mit F 12_8). Zusammengefasst: Wer die Predigt entschieden für »Verständigung« hält, ist etwas mehr für die gemeinsame Vorbereitung, hält die Predigt etwas mehr für Prophetie. Dennoch kann er kaum mehr als der Durchschnitt auf die Predigt verzichten.

3.2 »Wort-Gottes-Homiletiker«

In Frage 14_3 wurde die Zustimmung zu dem Item »In der Predigt spricht Gott zu seiner Gemeinde« abgefragt. Bei dieser Vorgabe gibt es eine mehrheitliche Zustimmung von 45,5% zu 21,8%; deutlich ist allerdings auch hier wieder der hohe Wert von fast einem Drittel (32,6%) Unentschiedener.

F14_3: Durch die Predigt spricht Gott zu seiner Gemeinde

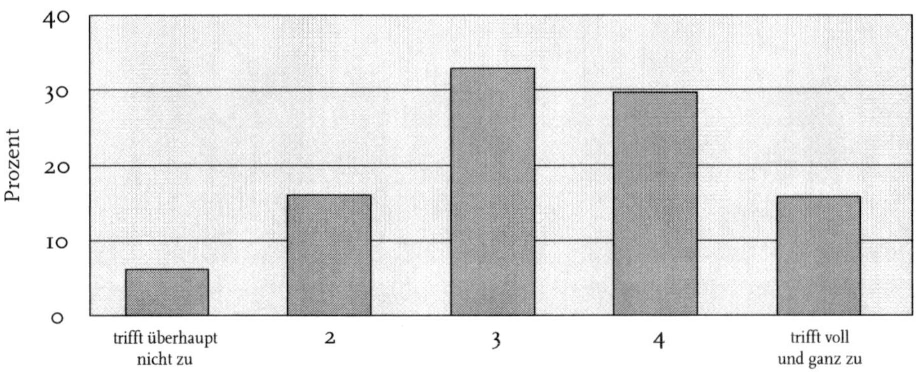

Die damit vorgegebene »steile« theologische Rede von der Predigt polarisiert offensichtlich weniger – aber offensichtlich begegnen die Befragten der Aussage mit Unsicherheit – oder positiver geurteilt: mit Ambivalenzbewusstsein und mit einer vermittlungstheologischen Sichtweise.

Ein Trend bei den Altersgruppen zeichnet sich dabei übrigens nicht ab; auch die Älteren sind zu einem knappen Drittel unsicher (am meisten mit 34,8% die 40-49jährigen). Durch die breite Rezeption, die Martin Luthers »Torgauer Formel«[17] in den letzten Jahren gefunden hat – nicht zuletzt durch das Vorwort

17. In seiner Predigt zur Eröffnung der Schlosskirche in Torgau am 5. 10. 1544 formulierte Martin Luther jenen Satz, der seit der Liturgik des 19. Jahrhunderts die »Torgauer Formel« genannt wird: Die neue Kirche solle so genutzt werden, »dass nichts anderes darin geschehe, als dass unser lieber

des EGb – könnte aber auch die Zustimmung zu Item 14_3 positiv beeinflusst worden sein. Wenn man den Satz »In der Predigt spricht Gott zu seiner Gemeinde« von daher interpretiert, dann ist deutlich, dass es sich um eine Beschreibung handelt, die das gottesdienstliche Geschehen insgesamt umfasst – und dass darin keine Übersteigerung des Predigtaktes zum Ausdruck kommen muss.

Was aber denken diejenigen, die hier besonders zustimmen, die einmal als »Wort-Gottes-Homiletiker« bezeichnet seien, zu anderen Fragen? Wer bei diesem Item sehr stark (Skalenwert 5) zustimmt, versteht sich sehr viel deutlicher als Lehrer und Inhaltsvermittler, nämlich zu 58,8 % statt zu 40,9 % im Durchschnitt (Frage 14_3 gekreuzt mit Frage 12_3). Eine deutliche Wort-Gottes-Theologie der Predigt verbindet sich mit einem lehrenden Verständnis des eigenen liturgischen Handelns. Zwar werden Gebete und Lieder auch von diesen Probanden nicht für zweitrangig gehalten, aber es gibt eine gewisse Tendenz dazu (33,0 % gegenüber 16,9 % beim Durchschnitt; Frage 14_3 gekreuzt mit Frage 14_1).

Dasselbe gilt für das Verständnis der Predigt als »religiöse Lebensdeutung«. Nur die entschiedenen »Wort-Gottes-Homiletiker« (Skalenwert 5) stimmen dem nur noch gut zur Hälfte (54,3 %) zu, gegenüber einem Anteil von 67,5 % im Durchschnitt (Frage 14_3 gekreuzt mit Frage 14_2). Die deutlichen »Wort-Gottes-Homiletiker« haben also eine leichte Tendenz zur lehrhaften, die Liturgie dominierenden Predigt, die nicht als »Lebensdeutung« aufgefasst werden soll. Hier könnte sich ein Nachklang des Verkündigungsparadigmas finden, nach welchem die Verkündigung den Hörer orientierte – und nicht etwa umgekehrt.

Bei Frage 14_2 zeigt sich übrigens ein analoges Phänomen wie bei der Kategorie der »Inszenierung«: Die Ablehnung der »religiösen Lebensdeutung« ist bei älteren Befragten deutlicher ausgeprägt als bei jüngeren. Bei den 30-49jährigen lehnen diese Beschreibung nur gut 9 % ab, bei den 50-59jährigen sind es 12,4 % und bei den über 60jährigen 17,8 %. Die Religionskategorie als etwas Positives wurde etwa in meiner Studienzeit in den siebziger Jahren wiederentdeckt; so hat sie nur für die Älteren etwas überdurchschnittlich Fremdes.

Herr selbst mit uns rede durch sein heiliges Wort und wir wiederum mit ihm reden durch Gebet und Lobgesang« (WA 49,588). Der Rekurs auf diese Formel ist der tragende theologische Gedanke im Vorwort des EGb (5). Vgl. dazu *M. Meyer-Blanck*, »daß unser lieber Herr selbst mit uns rede ...«. Möglichkeiten des neuen »Gottesdienstbuches« für die lutherischen und unierten evangelischen Kirchen, in: ZThK 97 (2000), 488–508 sowie jetzt in aller Ausführlichkeit: *Peter C. Bloth*, »auf das dies newe Haus dahin gericht werde, das nichts anders darin geschehe, denn das ...«. Zur Interpretation, Wirkungsgeschichte und praktisch-theologischen Bedeutung von Martin Luthers Torgauer Einweihungspredigt am 5. Oktober 1544, in: Prädestination und Willensfreiheit. Luther, Erasmus, Calvin und ihre Wirkungsgeschichte (FS Theodor Mahlmann), Leipzig 2009, 35–65.

3.3 Prophetische Homiletiker

Nur eine Minderheit aller Befragten stimmte dem Satz zu »Ich bin Mahner/in/Prophet/in« (Frage 12_8). Das waren 22 %, demgegenüber votierten 43 % für Ablehnung (bei 35 % für die Mittelposition).

Diese nun einmal »prophetische Homiletiker« Genannten sehen die Predigt noch deutlicher im Zentrum des Gottesdienstes als die anderen Befragten. Halten 53,5 % aller Befragten die Predigt für das Zentrum des Gottesdienstes, so sind es bei den prophetischen Homiletikern mit Skalenwert 4 schon 58,7 % und bei denjenigen mit dem Skalenwert 5 sogar 66,2 %. Wer prophezeit und mahnt, sieht die Predigt sehr viel deutlicher im Zentrum als der Durchschnitt aller Befragten (Frage 12_8 gekreuzt mit Frage 7_4).

Allgemein war erfreulicherweise festzustellen, dass nur 16,3 % aller Befragten die Lieder und Gebete für zweitrangig halten (Frage 14_1). Bei den »prophetischen Homiletikern« mit dem Skalenwert 5 trifft dies nun allerdings auf 30,2 % zu, also auf fast doppelt so viele (Frage 12_8 gekreuzt mit Frage 14_1). Von diesen verstehen sich auch 66,2 % (57,8 % bei Skalenwert 4) als lehrend gegenüber nur 40,4 % aller Befragten. Offensichtlich hat die Prophetie als Lehre ihren Ort ebenfalls primär in der Predigt und weniger in den der Gemeinde zukommenden Teilen des Gottesdienstes. Von der Sprecherrolle her ist diese Auffassung konsequent: Der Prophet steht der Versammlung als Einzelner gegenüber.

F12_8: Ich bin Mahner/in / Prophet/in

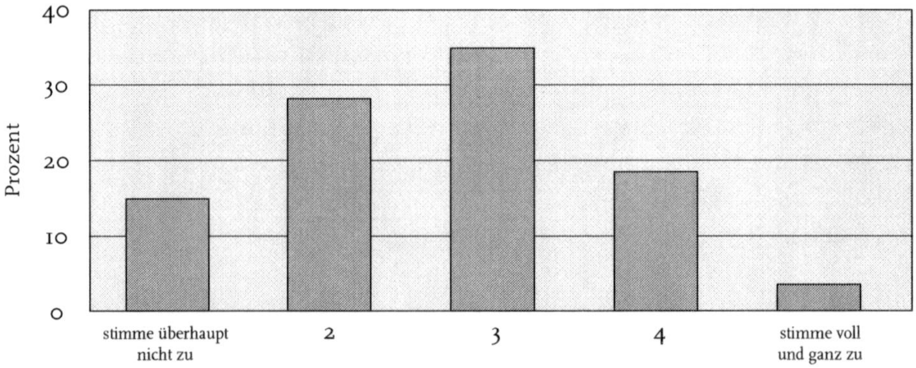

Zu 64,8 % bei Skalenwert 5 und zu 55,9 % bei Skalenwert 4 stimmen die »prophetischen Homiletiker« auch der Deutung der Predigt als Gottes Rede zu seiner Gemeinde zu, während das bei allen Befragten nur bei 45,5 % der Fall ist (Frage 12_8 gekreuzt mit Frage 14_3). Auch das ist ein signifikanter Anstieg. Man kann also sagen: Die »prophetischen Homiletiker« tendieren zum Lehren, zu einer die Liturgie dominierenden Predigt und zu einem »Wort-Gottes«-Predigtverständnis. Hier gibt es also so etwas wie eine Verbindung göttlicher und menschlicher Autorität als Prophet.

4. Zusammenfassung: Zentrum, »roter Faden« und Dramaturgie

Ich habe das Ergebnis meiner Dateninterpretation unter die Überschrift »Zentrum und roter Faden« gebracht und möchte das Wichtigste kurz rekapitulieren. Noch einmal: Nur 16,3 % aller Befragten halten die Lieder und Gebete für zweitrangig (Frage 14_1). Es handelt sich um eine kleine Minderheit. Vergleicht man diese deutliche Zurückweisung noch einmal mit dem anfangs erwähnten Ergebnis von Frage 7_4 (»Die Predigt ist Zentrum«), dann ergibt sich ein nahezu spiegelverkehrtes Bild. Allerdings kann auch bei der Mehrheit, die die Lieder und Gebete für gleichrangig hält, die real aufgewendete Zeit für die Vorbereitung und Kooperation mit den Kirchenmusikern sehr wenig ausgeprägt sein.

4.1 Kurz in einem Satz zusammengefasst: Die Predigt steht im Zentrum, aber sie kann nach Ansicht der Befragten nicht allein stehen, weil sie gerade als Zentrum Teil eines organischen Ganzen ist. Die Predigt ist zentral gerade als dramaturgischer Bestandteil; allerdings kann man in der Beschreibung der Predigt als Zentrum auch so etwas wie eine »gebremste Entschiedenheit« (bzw. Bewusstsein für die Komplexität dieses Zusammenhanges) feststellen.

4.2 Das Anliegen des Strukturpapiers und des EGb ist mit der hohen Zustimmung zu einem »roten Faden« im gesamten Gottesdienst offensichtlich in der Praxis angekommen.

4.3 Das Selbstverständnis der Liturgen ist eher moderatorisch als priesterlich; man kann an dieser Stelle fragen, ob das eine gute oder ob das nicht auch eine problematische Entwicklung ist. Wird ein Moderator seiner religiösen Rolle gerecht?

4.4 Gottesdienst und Predigt können – bei den Jüngeren zunehmend – auch als »Inszenierung« und als »religiöse Lebensdeutung« verstanden werden.

4.5 In drei der fünf errechneten Cluster spielt die Predigt für den Gottesdienst eine zentrale Rolle; dabei stehen sich ein liberaler (Cluster 3), ein bibeltextbezogener (Cluster 2) und ein liturgischer Predigtcluster (Cluster 4) gegenüber.

4.6 Dabei ergibt sich eine deutliche Ost-/Westdeutschland-Tendenz (Cluster 3: Rheinland, Westfalen, Hannover und Cluster 2: Sachsen, EKM und EKBO).

4.7 Sieht man die spezifischen Predigtzustimmungen an, dann kann man »Lebensorientierte Homiletiker« mit einer Tendenz zu gemeinsamer Vorbereitung und Prophetie, »Wort-Gottes-Theologie-orientierte Homiletiker« mit einer Tendenz zur Lehre statt Lebensdeutung und »Prophetische Homiletiker« mit einer Tendenz zum Lehren und zu einer die Liturgie dominierenden Predigt unterscheiden. Dabei ist die deutliche Annäherung im Antwortverhalten auffällig.

»Dass die Menschen sich da wohl fühlen ...«
Die Gestaltung von Gottesdiensten und die Orientierung an der Lebenswelt der Gottesdienstgemeinde

Claudia Schulz

Im aktuellen kirchlichen Leben spielt die Orientierung an der Lebenswelt der Kirchenmitglieder oder der interessierten Menschen vielfach eine große Rolle. In Debatten um Strukturreformen und Strategien steht immer wieder die Frage im Mittelpunkt, wie sich die Kirche – beispielhaft in ihren Gottesdiensten – stärker an ihren »Zielgruppen« ausrichten könne, Angebote auf diese hin zuschneiden und ihre Interessen genauer in den Blick nehmen. Sowohl in der theologischen Argumentation als auch in der strukturell-kirchenreformerischen Logik stehen hier jedoch bei näherem Hinsehen ganz unterschiedliche Konzepte zur Disposition, die unter der Überschrift einer Zielgruppenorientierung durchaus konträre Ziele verfolgen und von gegenläufigen Voraussetzungen ausgehen: Soll eine Orientierung an der Lebenswelt der Menschen bedeuten, das eigene, die christlich-religiöse Botschaft nur noch genauer an den Mann und die Frau zu bringen, eben in der jeweils bevorzugten Sprache und für das jeweilige Verständnis aufbereitet? Oder soll vielmehr im Blick auf unterschiedliche Zielgruppen und deren Interessen das kirchliche Leben und möglicherweise auch die kirchliche Verkündigung verändert werden, der Lebenswelt der Menschen angepasst?

In diesen Diskursen stehen dann nicht nur Details des kirchlichen Lebens zur Disposition, etwa welche Musik in Gottesdiensten gespielt, ob alte oder neue Lieder gesungen oder ein Liedblatt zum besseren Verständnis der Liturgie ausgeteilt werden soll. Vielmehr greifen hier auch konträre Vorstellungen davon, wie die Kirche sich als Begleiterin des Lebens und zugleich als Gegenüber zum Alltagsleben darstellen soll. Soll die Kirche der Lebenswelt der Menschen so nahe wie möglich kommen und so gut wie möglich in ihren Erscheinungsformen den Gewohnheiten und Vorlieben der Menschen entsprechen – oder ist nicht so manches Bedürfnis vermeintlicher Zielgruppen gerade dadurch erfüllt, dass die Kirche – oder eine Gemeinde – eben nicht so ist, wie die Welt sich üblicherweise darstellt?[1] Wie genau erfüllt die Kirche ihre diversen Funktionen in ausreichender Weise?

Festzustellen ist in dieser Diskussion eines sehr deutlich: Das Thema – die Frage nach einer Orientierung kirchlicher Arbeit an der Lebenswelt der Menschen – interessiert und bewegt grundsätzlich eine große Zahl kirchlich aktiver Menschen.[2] Die dahinter liegenden Haltungen und Argumentationen bleiben jedoch häufig unklar. In dieser Studie sind – mit spezieller Aufmerksamkeit für Gottesdienst und Liturgie – zahlreiche Aspekte einer Orientierung an »den Menschen« sichtbar geworden. Zunächst wurden in den Gruppendiskussionen mit Pfarrerinnen und Pfarrern in den Konfliktlinien zwischen den Diskutierenden unterschiedliche Funktionen einer solchen Orientierung sichtbar und einzelne Argumentationen plausibel. Aufgrund dieser Erkenntnisse war es notwendig, an mehreren Stellen auch Bestandteile einer solchen Orientierung in die quantitative Studie aufzunehmen, damit der Zusammenhang zwischen Haltungen gegenüber einzelnen Elementen eines zielgruppen- oder lebensweltorientierten Arbeitens einerseits und komplexen liturgischen Haltungen andererseits hergestellt werden konnte.

Im Rückblick sind nun drei Dinge möglich: Erstens sind anhand der Gruppendiskussionen mit Pfarrerinnen und Pfarrern Grundlinien der Argumentation sichtbar zu machen. Zweitens lassen sich in der Auswertung des Datensatzes Muster zeigen, in denen sich einzelne Argumente zusammen mit Vorlieben und Haltungen in der Gottesdienstgestaltung zu einer komplexen Logik verbinden. Drittens lassen sich im Rückblick auf die Gruppendiskussionen solche komplexen Logiken dort noch einmal aufsuchen und anhand des diskursiven Geschehens auf ihre konkrete Umsetzung in praktische Arbeit an Gottesdiensten befragen. Darin wird deutlich, wie sich einzelne Fragen der Gottesdienstgestaltung und liturgischen Arbeit zu komplexen Deutungsmustern zusammenfügen und was sich daraus für Erkenntnisse über das liturgische Handeln der Verantwortlichen gewinnen lässt.

---

1. Während beim Versuch, »Zielgruppen« der kirchlichen Arbeit erfolgreich anzusprechen, in der Regel ein quasi automatischer Erfolg einer Arbeit vorausgesetzt wird, die speziell auf ihr jeweiliges Gegenüber abgestimmt ist (wie etwa Jugendarbeit oder Frauenarbeit), finden sich die hier genannten kirchentheoretischen Fragen im Diskurs über den angemessenen Umgang mit Menschen aus unterschiedlichen Milieus oder verschiedenen Lebensstilen. Vgl. dazu *Claudia Schulz/Eberhard Hauschildt/Eike Kohler*, Milieus praktisch. Analyse- und Planungshilfen für Kirche und Gemeinde, Göttingen [2]2009, 243–250 und 256–258; *Uta Pohl-Patalong*, Kommentar »Lebensstile« und Kirche. Praktisch-theologische Wahrnehmungen und kirchliche Konsequenzen, in: Wolfgang Huber/Johannes Friedrich/Peter Steinacker, Kirche in der Vielfalt der Lebensbezüge. Die vierte EKD-Erhebung über Kirchenmitgliedschaft, Gütersloh 2006, 273–278.
2. In der Regel geschieht dies, ohne dass die Begriffe »Zielgruppe« oder »Lebenswelt« vorab definiert würden.

Diese drei Schritte möchte ich in diesem Abschnitt in aller gebotenen Kürze und notwendigerweise nur exemplarisch gehen. Die begriffliche Unschärfe zwischen einer »Zielgruppenorientierung« und der Ausrichtung auf die »Lebenswelt« stellt eine eigene Herausforderung dar.[3] Sie ist insofern an dieser Stelle nicht zu lösen, als die Befragten im qualitativen und quantitativen Studienabschnitt jeweils eigene Interpretationen einspielen und ihrerseits die Unschärfe bedienen. So wäre für die Analyse wenig damit gewonnen, im Vorfeld eine begriffliche Schärfung von außerhalb des Befragungsprozesses vorzunehmen. Vielmehr muss es hier darum gehen, Konzepte voneinander zu unterscheiden und (im Sinne der Befragten) die jeweils geeigneten Begriffe zu finden, um die Konzepte exakt beschreiben zu können.

1. Qualitative Annäherung an Diskurse rund um das Konzept einer »Lebensweltorientierung«

In den Gruppendiskussionen mit Pfarrerinnen und Pfarrern über die Gestaltung von Gottesdienst und Liturgie fungiert das Gespräch über eine Lebenswelt- oder Zielgruppenorientierung häufig innerhalb einer begrenzten Zahl von Konfliktlinien. Die wichtigsten Linien möchte ich hier als Teil der Analyse der Gruppendiskussionen vorstellen und zeigen, welche Bedeutung sie in diesen Diskursen bekommen. Die zentrale Diskurslinie hat die »Tradition« im Gegensatz zur »Variation« zum Inhalt,[4] also den Grundbestand der Kirche an biblischer Überlieferung und traditionellen liturgischen Elementen und die Frage, welche Relevanz diese im gottesdienstlichen Handeln haben sollen.[5]

---

3. Es vermischen sich strategische Überlegungen, nach denen »Zielgruppen« – oder im Rahmen der Öffentlichkeitsarbeit: »Dialoggruppen« – vor allem mit dem Ziel des Wachstums oder der Konsolidierung des Mitgliederbestandes vor Augen sind, mit einer Orientierung an der »Lebenswelt«, die vor allem dazu dienen soll, inhaltliche Aussagen mit den Lebens- und Wahrnehmungsgewohnheiten der Menschen kompatibel zu machen. Wo sich diese unterschiedlichen Ziele mischen oder wo sie in einem Arbeitsfeld notwendigerweise beide berücksichtigt werden müssen, ist mit einer begrifflichen Schärfe nicht zu rechnen.
4. Die Begriffe stehen hier als Namen für Konfliktlinien, nicht für die Inhalte der Begriffe im Normalsprachlichen.
5. Diese Frage nach Gegensatz oder auch Zusammenwirken von Tradition und Variation wird an anderer Stelle auch als Frage nach der »Mischung von alt und neu« diskutiert, mit Blick auf die Rezeption liturgischer Elemente durch Besucherinnen und Besucher eines Gottesdienstes und deren Einschätzung von »vertrauten« und »fremden« Elementen; vgl. *Hanns Kerner*, Der Gottesdienst. Wahrnehmungen aus einer empirischen Untersuchung unter evangelisch Getauften in Bayern, Perspektive Gottesdienst, hg. vom Gottesdienst Institut der Evang.-Luth. Kirche in Bayern, o. O., o. J., 38f.

In den Gesprächen mit den Befragten wird die Bedeutung der »Tradition« anhand ihrer Leistungen im Gottesdienst herausgearbeitet: »Tradition« trägt über individuelle Ansichten und Einzelsituationen hinaus, gibt Menschen Heimat, garantiert den vertrauten Rahmen für den Gottesdienst und schafft es, dass der Gottesdienst als gerade nicht lebensweltliches Geschehen die Verkündigung ausgesprochen effektiv leisten kann. Ihr Gegenstück, die »Variation«, steht für eine situative Ausgestaltung der bewährten Inhalte, für die grundsätzliche Freiheit zur Anpassung an lebensweltliche Bedürfnisse der Menschen oder gar die Notwendigkeit einer Rücksichtnahme auf die gesellschaftlichen und individuellen Kontexte von Liturgie und Verkündigung. In dieser zentralen Konfliktlinie stehen sich Befragte mit ihrer Haltung in Bezug auf Gottesdienst und Predigt gegenüber.

Abbildung 1: Zentrale Konfliktlinien in Bezug auf Liturgie und Gottesdienst

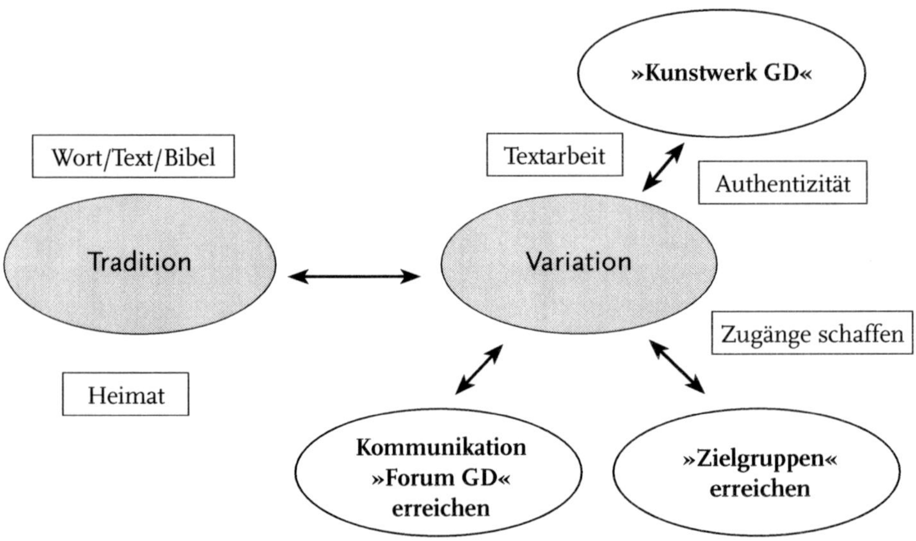

Die Wertschätzung liturgischer Variation im Gottesdienst ist ihrerseits aus unterschiedlichen Motiven gespeist, wie sich in der Analyse der Diskussionen zeigen lässt: Den einen kommt es besonders auf die kommunikativen Effekte der liturgischen Variation im Gottesdienst an: Mit der Freiheit zur Varianz wird die Funktion des Gottesdienstes als »Forum« gestärkt, in dem sich die Vielfalt abbildet und der Austausch der Beteiligten untereinander vertieft wird. Das gottesdienstliche Miteinander der Beteiligten wird in dieser Logik in der Regel unmittelbar als ein solcher Austausch, als echte Kommunikation miteinander bewertet. Andere sehen sich stärker als Liturgie Gestaltende und stellen darin das »Erreichen«

von »Zielgruppen« bzw. die Nähe zur »Lebenswelt« der Teilnehmenden in den Mittelpunkt. Verwandt mit diesem Selbstverständnis der liturgisch Agierenden ist ein drittes Konzept auf der Basis der hohen Wertschätzung für die liturgische Variation: Hier mündet die eigene Gestaltungsfreiheit im besten Fall in ein »Gesamtkunstwerk Gottesdienst«. Es wird erreicht durch eine hohe Authentizität der Liturgin oder des Liturgen, die sich in dieser Perspektive in einer hohen Übereinstimmung der verwendeten Texte mit der eigenen Sprache darstellt: Liturgische Texte sind häufig »selbstgemacht«. Eigene Formulierungen sichern in dieser Logik sowohl die eigene Übereinstimmung mit dem liturgischen Handeln als auch einen leichten Zugang für »Kirchenferne« und »liturgisch Ungeübte« zum liturgischen Geschehen.

Hinter diesen Positionierungen stecken sehr vielfältige Vorstellungen davon, was »die Menschen brauchen«, wenn sie einen Gottesdienst besuchen, was ihnen hilft, etwas vom Evangelium zu hören und zu verstehen, oder auch was für sie insgesamt einen Gottesdienstbesuch attraktiv macht. Verbunden damit steht dann immer wieder zur Debatte, welche Rolle eigentlich die Pfarrerin oder der Pfarrer dabei spielt, wenn es darum geht, in der liturgischen Gestaltung das eine oder andere zu erreichen: Ist sie oder er vor allem dafür zuständig, das Bestehende immer zu neu zu ermöglichen, oder besteht die Notwendigkeit, in eigener, jeweils neuer Gestaltung das Göttliche auch erfahrbar zu machen? Insofern gehört es unmittelbar zu dieser Positionierung, zugleich eine Haltung auf der Diskurslinie von »Tradition« und »Variation« zu entwickeln und in der Ausdeutung des eigenen liturgischen Handelns entsprechend zu begründen.

Ausgehend von dieser Diskurslinie von »Tradition« und »Variation« – letztere nahezu immer als Voraussetzung für eine Orientierung an Zielgruppen gottesdienstlicher Arbeit gedacht – ergeben sich für die Befragten zugleich zahlreiche theoretische Fragen. Dazu zählt zum einen die ekklesiologische Frage, wer denn eigentlich die Gemeinde sei – hier: die Gottesdienstgemeinde –, wer hier also den Gottesdienst eigentlich feiere und dafür die Verantwortung trage und auf wen dabei Rücksicht zu nehmen sei. Sind »Kirchenferne« in diesem Verständnis »Fremde« oder sind sie viel mehr »Einheimische«, Teil der Gemeinde? Gehören sie dazu, auch wenn sie selten kommen, haben sie damit gleiche Rechte, so dass man auch ihre Vorstellungen und Kenntnisse berücksichtigen muss, oder sind sie eigentlich nur Gäste und müssen sich darum anpassen, sich an den liturgischen Bogen eines Gottesdienstes gewöhnen, damit der dann auch auf sie die gewünschte »Wirkung« haben kann?

Damit verbunden die (manchmal implizite) Frage nach der (gottesdienstlichen) Strategie einer Gemeinde nach »außen«, also über die »Kern-« oder Gottesdienstgemeinde hinaus: Welches Vorgehen liegt nahe angesichts von Menschen, denen das gottesdienstliche Geschehen eher fremd ist – in einer Gesellschaft, in der der Kirchgang zur unüblichen, oft fremdartigen Beschäftigung geworden ist? Muss Kirche sich (auch im Gottesdienst) öffnen und »weltförmig« werden, damit Menschen überhaupt einen Zugang bekommen können, wie es die Vertreterinnen und Vertreter der »Variation« annehmen? Oder soll sie gerade – und im liturgischen Handeln besonders spürbar – Gegenwelt zur gewohnten, alltäglichen Lebenswelt sein und dadurch ein Beheimatungspotenzial mit einem unverwechselbaren Charme entwickeln, den auch »Kirchenferne« spüren werden, wenn sie einmal nähertreten, wie es häufig der Position der »Tradition« entspricht?

Und damit ist schließlich für die Mehrzahl der Befragten, die stärker in der Logik der »Variation« argumentieren, der Diskurs um die rechte Pädagogik bzw. die rechte liturgiedidaktische Haltung verbunden: Soll man so viel wie möglich – implizit oder explizit – erklären und Zugänge (vor allem zur Liturgie und den traditionellen Texten und Abläufen) von vornherein erleichtern? Oder soll man eher auf die Eigendynamik setzen, die eine »gute Liturgie« zu entfalten vermag, indem sie Menschen quasi von selbst mit ins Geschehen nimmt, das Wesentliche »in actu« vermittelt und beim wiederholten Besuch ihren Zauber entfaltet?

Im Gegenüber einer vor allem an der Gemeinschaft orientierten Position, die in erster Linie auf Austausch und Verständigung zielt, mit einer vor allem am »Kunstwerk Gottesdienst« orientierten Position, in der die Liturgin für das Gelingen sorgt, indem sie die eigene Person und ihre Möglichkeiten nutzt, wird deutlich: Dies alles sind offensichtlich keine rein kirchentheoretischen oder liturgiedidaktischen Fragen mehr. Hier wird zugleich die Rolle einer Pfarrerin in der Gottesdienstgestaltung diskutiert sowie – und hier wird es in der Diskussion um das Evangelische Gottesdienstbuch besonders interessant – die Bedeutung der Liturgie insgesamt. Wie steht es um eine »Zugänglichkeit« zum liturgischen Geschehen? An welcher Stelle soll die Wirkung auf »liturgisch Ungeübte« überhaupt eine Relevanz für das Handeln bekommen (dürfen)? Und wie viel eigene Gestaltung der Verantwortlichen in Texten und Variation von liturgischen Stücken »braucht« die Liturgie für eine hinreichende Lebensweltnähe – wo ist eine solche eher weniger angebraucht oder »stört« sogar das Geschehen? Diese Fragestellung floss ein in die Entwicklung eines Items, das erheben sollte, ob man einen Gottesdienst auch einmal »ohne eine liturgische Form feiern« könne, wenn es sich um einen »besonderen« Gottesdienst für bestimmte Zielgruppen handelt (F8_13).

Diese, liturgiewissenschaftlich gesehen unsinnige, Fragestellung, über die in der Auswertung des Materials schon gesprochen wurde, half in der Auswertung zu verdeutlichen, wie groß die Unterschiede zwischen den Befragten sind, wenn es um das Verständnis von »Liturgie« geht: Ist sie primär der »Ablauf« bzw. das

»Programm« eines Gottesdienstes – wobei entsprechend nur noch ein Rahmen auszufüllen bzw. eben zugunsten so mancher Zielgruppe Teile wegzulassen wären – oder bedeutet sie stärker einen inneren Zusammenhang, in dem entsprechend ein »Feiern ohne Liturgie« gar nicht denkbar ist?

Die hier zusammengetragenen Diskurslinien und konkreten Bedeutungsgehalte in Bezug auf die liturgische Gestaltung von Gottesdiensten finden sich nun im Fragebogen zur quantitativen Studie wieder. Der folgende Abschnitt soll einen Überblick über die Umsetzung geben und zugleich die wichtigsten Erkenntnisse aus dem zweiten Studienabschnitt bündeln.

2. Die »Lebensweltorientierung« in der Repräsentativerhebung

Im umfassenden Fragebogen bildet die Bedeutung der Orientierung an der Lebenswelt der Befragten lediglich eine Dimension neben anderen. Um eine solche Orientierung in verschiedenen Weisen abfragen zu können, wurden einzelne Frageelemente in umfassende Itembatterien eingebaut, in denen nun in größerem Umfang die Meinungen erhoben wurden. Konkrete Gewohnheiten etwa liturgiedidaktischer Art erfragten wir gemeinsam mit anderen liturgischen Gewohn- und Gegebenheiten. Viele Fragen waren so gestaltet, dass sie für mehrere Auswertungsschwerpunkte interessant sind.

Es war im Bogen die Relevanz einzelner Elemente des Gottesdienstes erfragt, darunter die einer »hohen Besucherzahl« (F7_1), einer »leichten sprachlichen Zugänglichkeit der Texte« (F7_6), einer »Ausrichtung auf die Bedürfnisse der Teilnehmenden« (F7_8) oder einer »leichten Zugänglichkeit für Kirchenferne« (F7_11). Umgekehrt war gefragt, ob es sinnvoll sei, liturgische Elemente »wegzulassen«, die vielen Gottesdienstbesuchenden nicht unmittelbar verständlich sind (F8_7). Es wurde erhoben, wie es bei den Befragten um die konkret organisierte »Zugänglichkeit« steht, ob etwa ein »Informationsblatt mit dem Ablauf« ausgeteilt wird (F6_3). An diesem Beispiel wird deutlich, dass sich auf Grund von Informationen über diesen Sachverhalt zwar etwas aussagen lässt über das Verhalten der Befragten, dass quasi »dahinter« jedoch Konzepte stehen, von denen sich erst in einer Nahaufnahme, unter Berücksichtigung der jeweiligen Perspektiven der Befragten, sagen lässt, wie sie mit liturgischen Konzepten oder auch Konzepten einer »Lebensweltorientierung« in Verbindung stehen. So kann ein Informationsblatt je nach Gestaltung des Gottesdienstes eine Möglichkeit sein, der Gottesdienstgemeinde die innere und äußere Beteiligung zu erleichtern, ebenso kann auch das Gegenteil der Fall sein, wenn Menschen den Eindruck gewinnen, sie seien bei einer Spezialveranstaltung, bei der man ganz genau auf der Höhe des

Ablaufes sein müsse, um sie zu verstehen. In diesem Sinn kann sowohl die Verwendung eines Informationsblattes zu einem expliziten Konzept gehören, das Menschen den Zugang erleichtern soll, als auch der Verzicht auf solch ein Blatt.

Und schließlich fragten wir nach der vermuteten Relevanz der Ausgestaltung des Gottesdienstes durch die Pfarrerin oder den Pfarrer: Ist sie oder er dafür zuständig, »dass sich Menschen im Gottesdienst wohlfühlen« (F12_9), soll berücksichtigt werden, »was die Menschen an Vorstellungen und Kenntnissen mitbringen« (F8_9), und ist es wichtig, dass Texte eine gewisse Alltagsnähe aufweisen – oder ist es umgekehrt eher so, dass Pfarrerinnen und Pfarrer sich gegenüber den »gegebenen«, traditionellen Texten mit ihren »eigenen Vorlieben und Sprachgewohnheiten zurücknehmen« (F8_11) sollen?

In der Auswertung verdeutlichte sich der relativ starke Konsens unter den Befragten, dass die Gottesdienstbesucherinnen und -besucher und ihre Kenntnisse, Vorerfahrungen und Interessen in ihrer Gestaltung von Gottesdienst und Liturgie eine wichtige Rolle spielen sollen. Vor allem ein Bezug zum Alltagsleben der Gottesdienstgemeinde ist den Befragten wichtig, die Berücksichtigung der Bedürfnisse der Menschen und ebenso die Zugänglichkeit der Texte auch für so genannte Kirchenferne.[6] Dabei überraschte, dass für die Befragten offenbar nur in Einzelfällen ein Widerspruch zwischen dem Anspruch des Evangeliums und den Bedürfnissen der Menschen im Gottesdienst bestand. Nach der Analyse der Gruppendiskussionen hätten wir erwartet, dass viele davon ausgehen, dass traditionelle Texte und ungewohnte liturgische Stücke trotz ihrer Sperrigkeit – oder auch gerade deshalb – ihre Wirkung entfalten und somit eine Lebensweltorientierung im Sinne einer gewissen Anpassung an die Gewohnheiten der Menschen nicht nötig – sogar kontraproduktiv – sei. Ein solches Gegenüber der Konzepte war jedoch auf der Basis des Datensatzes auch in Kreuzauswertungen nicht nachzuweisen, etwa im Sinn einer Konfliktlinie zwischen Traditionsorientierung um des Evangeliums willen einerseits und einer Variation um der Menschen willen andererseits. Wer also der Meinung ist, gerade die Zumutung unbekannter liturgischer Stücke berge einen wichtigen Teil ihrer Wirkung, sieht einen bewussten Einsatz solcher traditioneller Stücke nicht im Gegensatz zu einer grundsätzlichen Aufmerksamkeit für die Interessen und Bedürfnisse der Menschen, die an einem Gottesdienst teilnehmen.

Jenseits eines solchen Konsenses in Bezug auf die Lebensweltorientierung der liturgischen Gestaltung des Gottesdienstes finden sich dennoch ganz unterschied-

6. Vgl. *Claudia Schulz*, Die Gestaltung von Gottesdiensten und die Nutzung des Evangelischen Gottesdienstbuchs. Grundlegende Ergebnisse der empirischen Studie, in diesem Band, wie die Grundauszählung im Anhang.

liche Konzepte darüber, wie sich denn eine solche Orientierung an Bedürfnissen, Interessen und Gewohnheiten gegenüber der Wertschätzung für Tradition und unveränderlicher Botschaft verhalten.

3. »Lebensweltorientierung« in gegenläufigen Konzepten – Einsichten aus der Clusteranalyse

Es gehört – so ein relativer Konsens unter den Befragten – zur Professionalität einer Pfarrerin oder eines Pfarrers oder auch nur zum guten Ton, in der Gestaltung der Gottesdienste auch auf die Resonanz zu achten, auf eine Passung von Inhalt, Ort, Kasus und Zielgruppe. Was dieses jedoch im Konkreten bedeutet, ist auf der Ebene der quantitativen Erhebung erst mit einer Clusteranalyse sichtbar zu machen. Die Cluster erfassen jeweils eine größere Zahl von Befragten, die in verschiedenen Items rund um ein Thema ein ähnliches Antwortverhalten zeigen – etwa gemeinsam das eine ablehnen und das andere befürworten und darin eine ähnliche Haltung aufweisen. Die Cluster lassen sich darin als Typen des liturgischen Verständnisses begreifen und nutzen. Im einzelnen sind diese Typen an anderer Stelle ausführlich dargestellt, hier interessieren die beiden Typen von Befragten, in deren Argumentationen die »Orientierung an der Lebenswelt« der Menschen im weitesten Sinn eine große Rolle spielen, die diese jedoch in unterschiedlichen Logiken verstehen und umsetzen möchten.

Es handelt sich bei diesen beiden Typen um den der »Lebensweltorientierten« (Cluster 1) sowie den Typus der »gestaltenden Liturgen« (Cluster 4). Im Vergleich beider Cluster ergeben sich zum einen Erkenntnisse über das konkrete Verständnis der Befragten dieses Typs von Liturgie und Predigt einerseits und lebensweltorientierter Arbeit andererseits. Anhand der Befragungsdaten lassen sich diese beiden Positionen darstellen und aus den damit gewonnenen Profilen Unterschiede im Verständnis einer Lebensweltorientierung skizzieren.

Die »Lebensweltorientierten« zeigen ein Verständnis von Gottesdienst und Liturgie, in dem die Menschen, die an einem Gottesdienst teilnehmen, selbstverständlich den Deutungs- und Gestaltungshorizont für das gottesdienstliche Geschehen bilden: Je besser der Gottesdienst zur Lebenssituation der Menschen passt, je genauer darin ihre Bedürfnisse und Vorverständnisse erahnt und auf diese reagiert wird, desto eher erscheint er gelungen. Der Gottesdienst sollte darum auch in Inhalten und Kommunikationsformen eine große Nähe zum Alltagsleben der Teilnehmenden aufweisen. Eine freie Begrüßung (anstatt oder als Umrahmung eines liturgischen Grußes) und gesondert aufbereitete und möglich wenig »sperrige«, traditionelle Texte sollen etwa eine solche Nähe zum Alltagsleben sichern. In dieser Logik kommt der Aufbereitung und Bearbeitung von Texten durch die Liturgin oder den Liturgen eine große Bedeutung zu, fast möchte man meinen, diese Eigenleistung sei quasi das notwendige Scharnier zwischen Tradition und Alltagsleben, indem der Geschmack der jeweils Verantwortlichen als Indikator dafür fungiert, was nah und was eher fern der Lebenswelt der Menschen ist. Entsprechend wird der »Variation« in der Liturgie ein hoher Stellenwert eingeräumt: Sie sichert die Lebensweltnähe – ohne sie wäre eine solche kaum erreichbar, denn Liturgie erklärt und erschließt sich in dieser Perspektive nicht von selbst. Ohne die beschriebene Aufbereitung der Texte und eine Sicherung des »roten Fadens« im Gottesdienst durch die Verantwortlichen verwirklicht sich ihr Nutzen nicht.

Dieses Bemühen um Nähe zur Lebenswelt der Menschen richtet sich auch auf eine möglichst hohe »Beteiligung« der Teilnehmenden, wobei der Begriff »Beteiligung« wie schon der Begriff »Liturgie« von den Befragten sehr vielfältig verstanden wurde und eine nähere Fassung notwendig ist. Für die »Lebensweltorientierten« bedeutet »Beteiligung« eine hohe aktive Einbindung verschiedener Menschen, z. B. von Ehrenamtlichen und Kirchenmusikerinnen/Kirchenmusikern in die Vorbereitung des Gottesdienstes bis hin zur gemeinsamen Predigtvorbereitung. Aber auch die Teilnehmenden des Gottesdienstes sollen in die konkreten Abläufe stark eingebunden sein mit dem Ziel, etwa ein starkes Gemeinschaftsgefühl als eine Botschaft des Gottesdienstes zu erleben. Entsprechend hängt für die »Lebensweltorientierten« das Gelingen eines Gottesdienstes deutlich weniger stark von der Pfarrerin oder dem Pfarrer ab als bei anderen Typen.

Selbst die Predigt bekommt hier einen weniger hohen Stellenwert – sie kann vielfältige Gestalt annehmen und es könnte sogar auf sie verzichtet werden, wenn denn auch ohne sie die religiöse Erfahrung ermöglicht wird. Die Predigt dient hier in erster Linie der Verständigung der Predigerin/des Predigers mit den Anwesenden über deren Leben – im Sinne der »Lebensweltorientierten« möchte man sagen: deren Alltagsleben. Verkündigung geschieht im Dialog auf Augenhöhe, eher nicht »von oben« oder durch Gott selbst.

Dagegen betrachten die »gestaltenden Liturgen« eine feste liturgische Form und ebenso die Verwendung »gegebener Texte« aus der Tradition als zentral für ihre Gottesdienste, ohne damit auf eine Orientierung an der Lebenswelt der Menschen und auf das Bemühen um eine verständliche Sprache, eine leichte Zugänglichkeit des Gottesdienstes für »Kirchenferne« und ein Wohlgefühl im Gottesdienst verzichten zu wollen. Liturgie »wirkt« aus dieser Perspektive gerade darin, dass die liturgisch Verantwortlichen eigene Vorlieben zurücknehmen. Ein liturgischer Gruß gehört selbstverständlich zum Gottesdienst wie die Predigt, die für diesen Typ zum Kern eines Gottesdienstes gehört.

Für die »gestaltenden Liturgen« zeigt sich gerade am Beispiel der Predigt ein komplexer Sachverhalt: Hier wird Lebensweltnähe erreicht gerade dadurch, dass in der Predigt das Leben der Hörenden im Vordergrund steht. Gleichzeitig spricht Gott in der Predigt zur Gemeinde, was gemeinsam mit einer Ausrichtung der Inhalte am Alltag der Hörenden eine einzigartige Wirkung entfaltet. So ist auch in der Gestaltung der Liturgie eine feste liturgische Form konsequent der jeweiligen Freiheit zur Variation übergeordnet – wobei gerade die feste Form umgekehrt zur Basis für die liturgische Freiheit wird. Von hier aus erfährt nun die Lebensweltorientierung im Gottesdienst eine hohe Aufmerksamkeit, etwa in der Gestaltung von Informationsblättern, die den Zugang erleichtern sollen, oder auch im Einbeziehen von Ehrenamtlichen und Kirchenmusik in die Vorbereitung von Gottesdienst oder Predigt.

»Beteiligung« ist hier in der Folge ebenso als praktische Beteiligung etwa in der Vorbereitung des Gottesdienstes gedacht wie auch als innere Beteiligung der Teilnehmenden. Letzteres wird möglich, indem ihnen der Zugang zur liturgischen Form und zu den Themen der Predigt so weit wie möglich erleichtert wird und sie in Folge Gemeinschaft im Gottesdienst erfahren können.

Im Vergleich der beiden Typen wird deutlich, welche unterschiedlichen Bedeutungsdimensionen ein Bemühen um eine möglichst große Nähe zur Lebenswelt der am Gottesdienst Teilnehmenden bekommen kann. Liturgische Formen, die Predigt und die eigene Arbeit in der liturgischen Ausgestaltung erhalten jeweils hierzu eine eigene Funktion. Zusammenhänge mit allgemeinen theologischen, speziell homiletischen und kybernetischen Ideen werden geknüpft und mit der einen oder anderen Logik verbunden. Im folgenden Schritt möchte ich nun anhand des qualitativen Befragungsmaterials an zwei Beispielen diese Stränge verfolgen und zeigen, wie das Selbstverständnis als Liturg oder Liturgin und das Verständnis der Predigt und ihrer Funktion zu einem komplexen Entwurf von Lebensweltorientierung beitragen und welche weiteren Deutungen damit verbunden werden.

4. Konzepte der Lebensweltorientierung im pastoralen Selbstbild und in der Arbeit an Liturgie und Predigt – Vertiefung mit Hilfe der Gruppendiskussionen

4.1 Strittige Prinzipien einer Orientierung an der Lebenswelt im pastoralen Handeln

Da die Typenbildung in der Clusteranalyse unabhängig von den Befragten der Gruppendiskussionen durchgeführt wurde, die Diskutierenden also nicht zweifelsfrei einem Cluster zugeordnet werden können, dienen an dieser Stelle die Typen aus der Clusteranalyse als Suchkategorie in der Interpretation des Materials. Wo dort (vermeintlich) Befragte im Diskurs die zentralen Logiken eines der ermittelten Cluster bedienen, untersuche ich die betreffende Textstelle näher und erarbeite auf dieser Basis weitere – die bisherige Logik verdichtende – Erkenntnisse über Funktion und Binnenlogik einer gottesdienstlichen Orientierung an der Lebenswelt. In diesem Auswertungsschritt werden zwei Gruppendiskussionen herangezogen, und zwar Pfarrerinnen und Pfarrer in einer Großstadt (GD 1) sowie in einer Kleinstadt in Norddeutschland (GD 3). Beide Landeskirchen, in denen die Diskussionen stattfanden, haben eine lutherische Tradition. Die Pfarrerinnen und Pfarrer differieren in Dienstalter, Arbeitsplatz und Geschlecht. Innerhalb dieser beiden Diskussionen wähle ich für diesen Arbeitsschritt Textausschnitte mit hoher interaktiver Dichte, in denen Positionen kontrastiert und die Deutungshorizonte der Teilnehmenden unterschiedlich – oft gegenläufig – eingebettet werden.

Das erste Textbeispiel stammt aus der Diskussion mit Pfarrerinnen und Pfarrern in einer norddeutschen Kleinstadt (GD 3). Der Eingangsimpuls der Interviewerin führt hier, nach allgemeinen Informationen und einer kurzen Vorstellungsrunde, die Befragten in eine längere Zeit des Nachdenkens und anschließend in eine erste Gesprächsphase, die hilft, dieses umfangreiche Thema zu erschließen. Die ersten beiden Wortbeiträge zeigen, wie vielschichtig der Gottesdienst von den Befragten aufgenommen wird:

I:

> *Wenn Sie an Ihre Gottesdienste denken: Worauf kommt es dabei in Ihren Augen an. (18) Was ist Ihnen wichtig bei Ihren Gottesdiensten. (10)*

Bernhard Wagner:

> *Für mich 'n Stück 'n Gottesdienst, dass die Leute, die kommen, auch Heimat finden, 'n Stück Vertrautheit, und dass das Leben vorkommt, dass das Leben im Gottesdienst mit dem Glauben ins Gespräch kommt. Durch Predigt und mit der Liturgie auch in der Tradition.*

Peter Freund:

> *Ich wills mal, ich bin 'n bisschen computerinteressiert und ich sags mal in der Sprache, Gottesdienst, aber auch andre Gemeindeveranstaltungen, aber vor allem Gottesdienst ist der Chatroom, wo wir uns 'nen Update holen und*

> *uns darüber verständigen, mit was wir uns weiter beschäftigen wollen. Also, es geht um einen kreativen Impuls zum Selber-Glauben. Der soll über die Woche tragen, und das Ganze unter Gottes Segen macht es etwas mit den Menschen, macht auch noch etwas mit mir, meine eigene Predigt, dann ist es gut.*
>
> (GD3 – Pfarrer/innen Kleinstadt Nord)

Der erste Beitrag eröffnet die Palette relevanter Bereiche im Gottesdienst: Die »Leute, die kommen«, sind hierin der Anfangs- und Angelpunkt, ihre Bedürfnisse stehen im Vordergrund und bilden die Interpretationsfolie für das, was die Gruppenmitglieder jetzt formulieren. Diese Sortierung von Vor- und Nachrangigkeit wird in der Gruppe akzeptiert. Strittig ist, worauf es ankommt, aber nicht, dass es die Besucherinnen und Besucher eines Gottesdienstes sind, um derentwillen etwas im jeweiligen Sinne »gut« sein soll. Hier ist nun die Thematik vielschichtig und wird im ersten Beitrag entfaltet (»Heimat« bzw. »Vertrautheit«, Nähe des Gottesdienstes bzw. des Glaubens zum »Leben«, eine Begegnung zwischen beiden in der Form eines »Gesprächs«, einzelne Elemente des Gottesdienstes wie »*Predigt*« und »*Liturgie*« und schließlich die »*Tradition*«, der Liturgie nachgeordnet).

Der erste Protagonist in der Diskussion, Bernhard Wagner[7], erscheint im Sinn der oben erwähnten Clusteranalyse als ein »gestaltender Liturg« (Cluster 4): Zwar liegen ihm die Bedürfnisse der Menschen im Gottesdienst und die Nähe des Gottesdienstes zu ihrer Lebenswelt am Herzen (»*dass das Leben im Gottesdienst mit dem Glauben ins Gespräch kommt*«), dies geschieht aber ausdrücklich nicht in einer Hinwendung zu neuen Texten, zu Überarbeitungen und gesondertem Bemühen um Beheimatung, sondern in dem, was im Gottesdienst bereits stattfindet. »*Vertrautheit*« muss in diesem Sinn nicht erst durch verstärkte Lebensweltnähe des gottesdienstlichen Handelns hergestellt werden, sie wird bereits durch das Gegebene erreicht.

Der zweite Beitrag bildet zunächst von der Wahl der Begrifflichkeiten einen Gegenpart, den vertrauten, zum Gottesdienst passenden Begriffen werden deutlich gottesdienstferne Begriffe entgegengestellt: Gottesdienst nicht »*in der Tradition*«, sondern als »*Chatroom*«, in dem ein »*Update*« möglich wird. Aber auch jenseits der Begriffe wird hier eine zumindest latente Gegenposition sichtbar: Statt »*Vertrautheit*« steht hier die »*Verständigung*« im Mittelpunkt: Gottesdienst

7. Die Namen der Teilnehmenden sind durch Phantasienamen ersetzt.

bietet nicht die altvertraute Heimat, sondern die lebensnotwendige neue Ausrichtung, den »*kreativen Impuls*«. Hier wird, und das ist eine zentrale Antwort auf die Frage nach der pastoralen Rolle, die liturgisch handelnde Person selbst zur Zielgruppe des gottesdienstlichen Geschehens. Im Sinne der Clusteranalyse erscheint der Protagonist dieses Beitrags, Peter Freund, als »Lebensweltorientierter« nach Cluster 1. Nicht nur spielt hier die Kommunikation eine zentrale Rolle, auch lebt der Gottesdienst in seinen Details aus der Verständigung mit den Teilnehmenden, während die gegebenen liturgischen Anteile zurücktreten. Inwiefern sich diese Haltung nun auch auf die konkrete Gestaltung der Liturgie auswirkt, lässt sich aus dieser Passage heraus nicht deuten.

Im Gruppengespräch geht diese Diskurslinie »Rolle der liturgisch handelnden Person« ebenso wie die Frage, wodurch denn eine Nähe zur Lebenswelt und damit ein Nutzen für die Teilnehmenden im Gottesdienst erreicht wird, nun in die zweite Runde. Diese dient der Gruppe dazu, das Thema »Was ist wichtig im Gottesdienst« auf grundlegende Elemente zu reduzieren und einzelne Motive diskursiv einander zuzuordnen. Zunächst erweitert eine Teilnehmerin das Motiv »Gottesdienst als Heimat« um eine Einordnung der eigenen pastoralen Funktion in dieses Beheimatungsgeschehen:

Heike Hoffmann:

Also mir ist in meinen Gottesdiensten wichtig, dass die Menschen sich da wohl fühlen, ein Zuhause, eine Heimat haben, dass sie etwas haben, wo sie sich dran festmachen können. Punkte, an denen sie sich verankern können, und gleichzeitig spüren, neben dem, was mich so alltäglich bewegt, gibt es was Heiliges. Und das Heilige kommt hier in mein Leben mitten hinein. Und das erfahre ich, das erlebe ich, und das ist beim Gestalten der Gottesdienste wichtig, das in Akzenten so rüber zu bringen.

Gisela Meyer:

Ja, das klingt vielleicht etwas altmodisch, wenn ich das jetzt erst mal so sage, Gottesdienst ist für mich einmal Dienst Gottes an uns und mein Dienst an der Gemeinde, aber auch der Dienst der Gemeinde. Und damit wäre ich für mich beim Kernpunkt. Für mich ist es ganz wichtig, wenn viele aus der Gemeinde mit ihrer eigenen Sprache in den Gottesdienst kommen, weil ich gemerkt habe so im Laufe der Zeit, man entwickelt ja so als Pastor, Pastorin doch so'n bisschen eine Hochsprache, die natürlich auch mit der Literatur zusammenhängt, die wir benutzen, wenn da ein Kirchenvorsteher oder ein

Schlosser oder ein Jugendlicher seine eigene Sprache mit einbringt, dann hör ich das Wort Gottes ganz neu. Und also dieser Dienstgedanke Gottes an uns, meiner an der Gemeinde, der Gemeinde aber auch wieder an mir. Das wäre dann so in Richtung Chatroom, ne. Ich würde das nur nicht so nennen.

Peter Freund:

(zustimmend) *hmm.*

Ralf Schneider:

Ich würde zwei Dinge sagen, einmal, dass Gottes Wort ja zu Gehör kommt oder gesprochen wird oder da in den menschlichen Worten zur Sprache kommt, und zum andern die Gottesdienste so zu gestalten, dass viele auch unterschiedliche Leute in der Gemeinde in den Gottesdienst kommen und auch gerne dort sind.

(GD3 – Pfarrer/innen Kleinstadt Nord)

Die Teilnehmerin nimmt zunächst den Faden aus dem ersten Votum zu Beginn der Diskussion auf: Es geht ihr um den Gottesdienst als »*Zuhause*«, als »*Heimat*«. Aber in einem Punkt widerspricht sie ihren Vorrednern: Das Heilige, erfahrbar etwa im Gottesdienst, ist nicht als Teil des Alltagslebens zu sehen oder durch Erfahrungen im Gottesdienst in die Nähe des Alltags zu rücken, sondern es findet sich »*neben dem, was mich so alltäglich bewegt*«. Im Gottesdienst kommt das Heilige »*in mein Leben mitten hinein*«, es nimmt nicht die Formen des Alltagslebens an, sondern erscheint eher als das ganz Andere und gerade darin so effektvoll. Die Aufgabe der Pfarrerin oder des Pfarrers ist es entsprechend, dies zu ermöglichen. In angemessenem Respekt gegenüber dem Heiligen kann sie oder er dies nicht umfassend gestalten, aber mit einer gewissen Demut »*in Ansätzen rüber bringen*«.

Offenbar ist, das zeigt der weitere Gesprächsverlauf, die Frage nach dem Bezug des Gottesdienstes zum Alltagsleben (als Gegenüber zum Alltag, als Übereinstimmung etc.) nur zu beantworten, indem diese immer wieder mit einer Rollenzuschreibung in Bezug gesetzt wird: Wer ist hier – in der Begegnung von Alltag und dem Heiligen – eigentlich in welcher Funktion aktiv, ermöglicht oder begünstig etwas? Im Bild vom »*Dienst*« erhält schließlich die schon von Peter Freund im ersten Beitrag genannte Funktion des Gottesdienstes auch für die dafür Verantwortlichen eine Beschreibung: Auch die Gemeinde arbeitet am Gelingen des Gottesdienstes mit, ja sie muss es sogar, weil sonst gar keine alltagsnahe und für die Vielzahl der Menschen verständliche (religiöse) Sprache erreicht werden kann. Man könnte es so zusammenfassen: Indem viele Menschen mit ihrer Sprache ihre Perspektiven und Lebensweltbezüge beitragen, wird das Evangelium für viele hörbar – und darin kann der Gottesdienst schließlich zum Dienst Gottes an den Menschen werden. Eine Orientierung der Verantwortlichen an der Lebenswelt der Teilnehmenden löst sich in diesem Modell quasi auf in eine gemeinsame Arbeit an einem für alle hörbaren Wort Gottes.

Zu diesem Entwurf erfolgt schließlich eine Zustimmung durch einen Teil der Gruppe – zugleich aber eine korrigierende Stellungnahme eines Gruppenmitglieds, das sich bisher noch nicht eingebraucht hat: Hierin finden sich die beiden Ebenen, die im vorigen Beitrag zusammengebunden wurden, die Verkündigung des Wortes Gottes und eine Orientierung an der Lebenswelt derer, die »*in den Gottesdienst kommen*«, wieder klar getrennt. Eine Art Kompromiss findet sich in einer Neuformulierung, in der aus »*dass Gottes Wort zu Gehör kommt*« jetzt »*in den menschlichen Worten zur Sprache kommt*« wird.

In diesem Abschnitt erweist sich nun ganz speziell der Zusammenhang einer Lebensweltorientierung mit der Beteiligung der Gottesdienstgemeinde als strittig: Ist die Arbeit an der Lebensweltorientierung die Aufgabe der verantwortlichen Pfarrer/innen, so wie zugleich die Verkündigung ihre Aufgabe ist? Sind das hier – vielleicht durch den Unterschied zwischen Gottes Wirklichkeit und menschlichem Alltagsleben notwendigerweise – getrennte Bereiche? Oder gehört das eine mit dem anderen zusammen, trägt die Lebensweltlichkeit der Gemeinde nicht vielmehr selbst zu einer Nähe zwischen Evangelium und Leben bei – und entfaltet darin eine Botschaft für die Verantwortlichen? Anhand des Motivs vom »Gottesdienst als Chatroom« lässt sich im weiteren Gesprächsverlauf zeigen, wie das Verständnis von Lebensweltbezug zugleich mit dem Verständnis des eigenen pastoralen Handelns verknüpft ist:

Peter Freund:

> *Wenn ich dran denke, warum sich Leute in einen Chatroom einloggen, dann, weil sie Hilfe brauchen und weil sie Gleichgesinnte brauchen zum Austausch und (...) da wieder rausgehen und wieder zurück in ihr Leben, also, wenn man nicht Chatroom sagt, dann Tankstelle und das Evangelium holen und arbeiten lassen (...) Aber das, was du sagtest, zur Sprache kommen lassen, das ist mir auch sehr wichtig (...) Ich geh die Woche über hörend durch die Gemeinde. Und wenn mir jemand erzählt, das hat mir bei den russischen Vergewaltigungen im Weltkrieg geholfen, das ist der Bibelspruch, der mich so lange getragen hat, dann kommt der konsequenterweise als etwas, was*

trägt und hilft, was die Hilfe schon erwiesen hat, in diesen Gottesdienst rein. Anonymisiert natürlich. (...) Ich bin also jemand, der diese Kommunikation unter den Gemeindegliedern, die so miteinander nicht reden können, am Laufen hält und deren theologische Lösungen und Lebensansätze anderen wieder zugänglich macht. Und das im Gottesdienst (...)

Ralf Schneider:

Also, mir begegnet das leider sehr selten, dass ich in der Gemeinde, bei Besuchen und so auf Glaubensaussagen stoße, und wenn, dann bewegen die sich eher so in der Richtung, dass mich Gott behütet und so, also so im Bereich des ersten Glaubensartikels, von Jesus kommt da eigentlich nie was. Ja, von daher bin ich eigentlich, wenn es um Glaubenserfahrungen geht, doch wieder mehr auf eigene Erfahrungen angewiesen oder auf Dinge aus meinem persönlichen Umfeld oder so (...)

Bernhard Wagner:

Mir ist auch wichtig, so in Anlehnung an das, was Peter Freund sagte, dass die Kommunikation, und damit haben wir ja vor allem zu tun, aus der Woche auch in den Gottesdienst mit hinein trägt, und wie das dann aussieht, ich denke, das macht sich schon bemerkbar, wenn die gottesdienstliche Gemeinde spürt, da ist einer, der für den Gottesdienst verantwortlich ist, der ist mit uns allen im Gespräch und das trägt dann, glaube ich, auch den Gottesdienst. Bei mir kommt so wie Du das jetzt sagt, Gisela, solche besonderen Gottesdienste, wo jeder, der da ist, zum Zuge kommen könnte und jeder mit seinen Worten seinen Glauben ausdrücken kann, kommt bei vor, mach ich mal, bereiten wir gemeinsam vor und so, ist aber nicht der normale Sonntag, der normale Sonntag lebt auch sehr stark von der gebundenen Sprache, dass ich eben auch als Pastor mal sagen kann, auf die Predigten konzentrier ich mich und geb ich mir Mühe, aber wenn ich denn mal eine Predigt erwischt hab, wo ich am Sonntagnachmittag sag, na Bernhard, würdest du nächsten Sonntag wieder zu dir in die Kirche kommen. Dass ich mir nicht so sicher bin (...) Auch mal Predigten, die nicht so gut sind, aber da ist noch viel viel mehr. Das Bibelwort, die Lieder, die tragen mich, die tragen andre. Wenn ich an Psalm 23 jetzt vom letzten Sonntag her denke, da sind wirklich tolle Versatzstücke, gebundene Sprache, was in der Tradition da ist, wo auch viele drin leben (...)

Heike Hofmann:

Also, das ist für mich, ich erlebe es in den Gottesdiensten auch so, dass die Gemeinde es gern hat, dass da jemand ist, der sagt, wo's lang geht. Dass ja auch häufig gar nicht die Möglichkeit ist, sich auszudrücken und das zu sagen, sondern, dass sie gerne auch sich mitnehmen lassen wollen und dass das sehr hilfreich ist, wenn man sagt, der Gottesdienst läuft so und so ab und ich sage, was nun dran ist, ich bringe irgendwo für viele das Heilige da rein (…)

(GD3 – Pfarrer/innen Kleinstadt Nord)

Der Teilnehmer Peter Freund bedient nun sein Motiv, das zwischenzeitlich von einer anderen Teilnehmerin aufgegriffen worden war, ein weiteres Mal. Er definiert mit ihm den Bedarf, den er bei den Gottesdienst-Teilnehmenden wahrnimmt, als ein kommunikatives Bedürfnis nach »*Austausch*« mit »*Gleichgesinnten*«, der damit zur »*Hilfe*« wird. Gottesdienst ist darin mit seiner kommunikativen Funktion erfasst, die Rolle des Pfarrers als die des religiösen Kommunikators, während viele Gemeindemitglieder »*so miteinander nicht reden können*«. Hier wird beides, die Verkündigung einerseits und die Lebensweltnähe des Gottesdienstes andererseits, als übereinstimmend erlebt. Diese Übereinstimmung erfordert jedoch die Arbeit dessen, der diese Aufgabe, Kommunikation »*am Laufen zu halten*«, übernommen hat. Und diese Übereinstimmung erfordert eine Plattform, auf der Kommunikation stattfinden kann, nämlich den Gottesdienst. Nebenbei bemerkt: Dieser erhält im Deutungsmodell des hier zitierten Teilnehmers nun eine zentrale Rolle im Gemeindeleben, denn er ermöglicht den religiösen Austausch unter den Gemeindemitgliedern. Gottesdienstbesuch ist darin Sache der Gemeindemitglieder selbst, nicht einer willkürlich zustande kommenden Zahl von Menschen mit einer mehr oder weniger großen Nähe zu Kirche oder Gemeinde.

Dieser sehr profilierte Ansatz findet den Widerspruch gerade des Teilnehmers, der zuvor schon für eine Trennung von Verkündigungsarbeit und Lebensweltorientierung plädiert hatte: Für ihn sind solche Gelegenheiten kein Teil seiner pastoralen Arbeitsrealität. Er hat vielmehr den Eindruck, dass er als theologisch Verantwortlicher religiöse Deutungen vornehmen kann, die unter Gemeindemitgliedern üblicherweise eher nicht kommuniziert werden. Die Idee, dass er lediglich Kommunikator einer religiösen Kommunikation sei, die lediglich im Verlauf – nicht im Inhalt – von ihm abhängig ist, erscheint ihm wenig logisch.

Sein Nachredner nimmt den Faden auf, vordergründig, indem er an das Kommunikations-Modell anschließt, aber dann deutlich in Abgrenzung dazu: Kommunikation unter Gemeindemitgliedern ist für die Gemeinde ebenso zentral wie eine gute kommunikative Einbindung des Pfarrers. Dennoch bleibt der Gottesdienst selbst ein geistliches Zentrum, das nicht von seiner Funktion als Plattform für Gemeindekommunikation abhängt, sondern diese Funktion weit übersteigt. Sichtbar wird das erstens in der Rolle des Pfarrers, die auf die Gemeinde positiv wirkt: »*Da ist einer, der für den Gottesdienst verantwortlich ist.*« »*Das trägt dann auch den Gottesdienst.*« Der Anteil an Gemeindekommunikation im Gottesdienst ist jedoch insgesamt – mit Blick auf das sonntägliche Normalprogramm – eher gering. Denn, und darin besteht zweitens die Aufgabe des Pfarrers, der Gottesdienst am »*normalen Sonntag*« ist geprägt von der Aussagekraft der »*gebundenen Sprache*«, an die der Pfarrer anzuknüpfen oder die er zur Verfügung zu stellen hat. Hierzu zählt nur ansatzweise und in ihrer eigenen Begrenztheit auch die Predigt, im Wesentlichen »*tragen*« jedoch nicht die von Anwesenden hergestellten kommunikativen Anteile und Inhalte, sondern die traditionellen Texte, die der Gemeinde zur Verfügung stehen. Sie übersteigen in ihrer Wirkung im Zweifelsfall das, was ein Pfarrer oder eine Gemeinde leisten können.

Hier handelt es sich ebenfalls um einen klassischen Widerspruch des Typus des »gestaltenden Liturgen« (Cluster 4) gegenüber dem Konzept der »Lebensweltorientierten« (Cluster 1): Die Nähe zur Lebenswelt der Menschen wird gerade dadurch erreicht, dass die Pfarrerin oder der Pfarrer an die religiöse Deutungswelt anschließt, »*wo auch viele drin leben*«. Das muss er nicht durch eigene Aufbereitung von Texten erstellen, sondern lediglich bereit halten – mit dem Erfolg, dass dann, als höchster Ausdruck der Wirksamkeit – traditionelle Bestandteile im Gottesdienst sogar mehr vermögen als eine Predigt es im Zweifelsfall kann.

So lassen sich anhand dieser kurzen Gesprächssequenz die Erkenntnisse der Clusterbildung weiter verdichten: Unstrittig ist offenbar unter den Befragten, dass eine Nähe zur Lebenswelt der Menschen durch kommunikative Leistung im Gottesdienst erreicht oder zumindest verstärkt werden kann, vor allem durch Pfarrerinnen und Pfarrer. Es entsteht jedoch kein Konsens darüber, ob die Nähe zur Lebenswelt selbst bereits einen zumindest latent religiösen Gehalt hat – indem Menschen von allein religiöse Fragen bedenken und nur noch eine Art gottesdienstliche Moderation durch eine Pfarrerin oder einen Pfarrer benötigen – oder ob dieser Gehalt vielmehr durch Pfarrerinnen und Pfarrer direkt gestützt und vielleicht sogar erst an die Menschen und ihr Alltagsleben herangetragen werden muss. Im letztgenannten Entwurf ist das Heilige das ganz Andere, das sich den Menschen im Alltag zunächst nicht, nur selten oder nur ansatzweise erschließt. Im erstgenannten ist religiöse Kommunikation zumindest in weiten Teilen auch das Produkt aller am gemeindlichen Kommunikationsprozess Beteiligten.

4.2 Prinzipien und Grenzen einer Orientierung an der Lebenswelt am Beispiel der Liturgie

Um nun zu erschließen, wie sich ein derartiger Dissens auf die konkrete liturgische Gestaltung des Gottesdienstes auswirken kann und wie umgekehrt aus der Sicht der Befragten konkretes liturgisches Gestalten als Ausdruck einer Positionierung in Fragen einer Lebensweltorientierung verstanden wird, greife ich zurück auf die Interpretationsarbeit, die in der ersten, qualitativen Phase dieser Studie von Tabea Spieß anhand der Gruppendiskussionen geleistet wurde.[8] In der ersten Gruppendiskussion, die mit Pfarrerinnen und Pfarrern in einer Großstadt geführt wurde (GD 1), lässt sich ein ähnlicher Diskurs wie der zuvor beschriebene nachzeichnen. Darin sind aber nun sehr viel stärker auch unterschiedliche Modelle von liturgischer Gestaltung im Hinblick auf Zielgruppen und ihre Lebenswelt verknüpft:

Eines dieser Modelle geht etwa davon aus, dass, ganz im Sinn der »Lebensweltorientierten«, die Verwendung liturgischer Elemente ganz auf die Bedürfnisse der Teilnehmenden abgestimmt werden soll. Dies geschieht jedoch nicht direkt, etwa indem die Verantwortlichen nur bei einzelnen liturgischen Elementen prüfen, ob diese auch verständlich sind oder ob sie exklusiv wirken. Vielmehr wird eher indirekt Liturgie als etwas gedeutet, das seine Wirkung gerade dort entfaltet, wo Geborgenheit entsteht, wo Ablauf und Bestandteile vertraut sind und, was noch schwerer wiegt, der gesamte Gottesdienst einen spürbaren »roten Faden« aufweist, der den Beteiligten Sicherheit und das Gefühl eines großen, sinnvollen Gesamtzusammenhangs gibt. Unterordnung unter das Prinzip der Lebensweltnähe heißt dann in diesem Modell: Unterordnung unter einen thematischen roten Faden, wie es im folgenden Textbeispiel sichtbar wird.

Ute Demin:

Also wir haben eigentlich an der B-Kirche eine relativ normale Liturgie nach der Erneuerten Agende, aber es besteht dann große Freiheit, die ich auch nutze und wahrnehme, Texte sozusagen wegzulassen, also zu sagen, die Epistel, die nimmt jetzt nochmal einen neuen Gedanken auf, das wird dann einfach zu voll und viel oder so, und dann nehme ich mir die Freiheit, und die anderen, die mit mir da Gottesdienste gestalten, auch, dann zu sagen, also wir lassen diesen Text mal weg, oder das Evangelium wird so aufgenom-

8. Hier handelt es sich um bislang unveröffentlichte Auswertungstexte zu den Gruppendiskussionen, die für weitere Arbeiten die Grundlage bilden.

men und der Predigttext komplett vorne mit der allgemeinverständlichen Lesung verknüpft. Also im Grunde den Gedanken des roten Fadens oder des Themas, nicht so explizit durch einen Satz, aber im Grunde vom Anfang bis zum Ende ein Gesamtwerk, wenn's ein Kunstwerk wäre.

(GD 1 – Pfarrer/innen Großstadt)

Hier wird deutlich: Das Konzept eines »roten Fadens« ist kein rein didaktisches Konzept, das nur auf Verständnis und Vermittlung ausgerichtet ist. Die Verantwortlichen rechnen hier mit einem Mehrwert des Gottesdienstes, der einen »roten Faden« aufweist: Er verweist zugleich auf etwas Höheres, wird zum *»Kunstwerk« aus Variation und Tradition*, das in seiner Bedeutung über seinen eigentlichen Wert hinausweist. Interessant ist nun die Frage nach den Prinzipien und den Grenzen des liturgischen Variierens mit Blick auf die Zielgruppen des Gottesdienstes. Hier findet sich in der Diskussion ein heftiger Streit um solche Prinzipien und Grenzen und entsprechend Positionen, die eher die Erwartungen der Zielgruppen in den Vordergrund stellen, im Gegensatz zu solchen, die immer wieder auch Unveränderliches betonen. Drei Pfarrerinnen formulieren solche gegenläufigen Perspektiven auf den Umgang mit Texten innerhalb weniger Minuten im gleichen Gesprächsgang, darum möchte ich sie hier in einer längeren Passage einander gegenüberstellen:

Christiane Stein:

Die Gemeinde in der Vorstadt hat sich auf die Menschen eingestellt, die einfach kirchenfremd sind und denen zunächst mal alles fremd ist, wenn sie in die Kirche kommen, und hat die Liturgie sehr reduziert, und das Glaubensbekenntnis wurde nur als exklusiv erlebt, weil von den Leuten, die kamen, konnte einfach niemand sagen, ich glaube an... so, also die fühlten sich dann fremd (...) Es gibt immer noch viele Leute, die sagen, sie fühlen sich dann fremd, wenn wir das Apostolikum sprechen. Und von daher einerseits Treue zur Tradition, aber andererseits soll niemand etwas sprechen, was nicht mit dem Glauben übereinstimmt und was vielleicht auch jetzt nichts ist, wo die Leute unbedingt reinwachsen wollen. Und von daher, wenn wir das Apostolikum sprechen, dann kündige ich es oft so an: Wir setzen unser Glauben, Hoffen und Lieben in Beziehung zu dem Glauben, Hoffen und Lieben unserer Mütter und Väter im Glauben. Da hat es dann eher so was Offenes, wir setzen in Beziehung, also wir sind nun ganz stark in der Tradition, das ist unseres damit, aber das ist noch nicht der Schlusspunkt, das wird auch weitergehen, das ist ein Weg, zwischen Tradition und neuen Formen sich immer wieder zu finden.

Ute Demin:

Also ich kündige das Glaubensbekenntnis sehr straight an, ich sage: Wir stehen zu unserem Glauben mit den Worten unserer Mütter und Väter. Und finde dann das gemeinsame Sprechen, das mir vielleicht dann an der einen oder anderer Stelle auch schwer fällt, trotzdem so was wie ein Einbetten in die Tradition (...) Es hat sich bei mir noch mal verstärkt die Wichtigkeit des Glaubensbekenntnisses, nachdem ich ein Taufseminar gemacht habe, und am Anfang hatte ich das an die Wand gepinnt und hatte die Leute gebeten, zu sagen, welchem Aushang können sie zustimmen und welchem nicht. Rote Punkte sollten sie daran, grüne daran kleben, da blieb übrig: Ich glaube an Gott, Amen. So ungefähr, ist jetzt ein bisschen übertrieben, alles andere, also wie Jesus hatte da 'nen Punkt gemacht oder alles rote Punkte, und da dachte ich: Da geht uns was verloren. Also dieses ich glaube an Gott, das ist so diffus, und in der Innenstadt und Oststadt ist die Situation schon ziemlich diffus, man glaubt an alles Mögliche, so dass ich dachte: Leute, wir haben da auch was zu erklären, wir haben da auch eine Aufgabe, die uns mitgegeben ist.

Birgit Schröder:

Mir sind wichtig, auch grade das Glaubensbekenntnis oder alle liturgischen Teile, die sich wiederholen. Also mir ist wichtig, dass grade aus diesem Pädagogischen oder aus diesem, ach was hat sich denn der Pfarrer heute ausgedacht, nimmt er dies oder nimmt er das, oder dass ich selber das Thema des Gottesdienstes bestimme. Der Gottesdienst hat überhaupt kein Thema, der hat Texte, also da würde ich eher widersprechen, der hat kein Thema, sondern der hat eine Ausrichtung. Und deswegen ist mir auch wichtig, neben dem Glaubensbekenntnis, auch die Liturgie, das Kyrie, das Gloria entsprechend wenn die Passionszeit ist, das wegzulassen, also diese ganzen Wiederholungen, in die sich alle die, die Gottesdienst feiern wollen, auch reinfallen lassen können. Manch einer steht vielleicht etwas ferner, aber beim nächsten Mal nimmt er das als etwas Vertrautes wahr (...) Für mich ist wichtig, dass die Worte, dass die Texte gelesen werden. Ich sollte mir keine Gedanken machen, ob Herr XY hinten in der letzten Reihe jetzt grade diesen Text wahrnimmt, sondern er wird gelesen. Und was ein Mensch davon mitnimmt, das ist nicht bei mir. Ich möchte gern ein bisschen weg von diesem verkrampften »Es ist abhängig davon, wie du die Worte gebrauchst«, sondern eigentlich eher sagen:

> *»Die Worte werden gelesen. Sonntag für Sonntag. Du bist gar nicht so wahnsinnig wichtig, die werden gelesen. Und die Liturgie wird gefeiert« (...) und sie steht nicht wie Teile aus einem Baukasten zur Disposition.*
>
> (GD 1 – Pfarrer/innen Großstadt)

In diesem stark diskursiven Abschnitt zeigt sich nun, wie die im ersten Stück beschriebene Position eines Gottesdienstes als »Kunstwerk« kein Extrem in der Diskussion darstellt, sondern eher einen Angelpunkt zwischen zwei weiteren Ansätzen. So stellt die zweite Position zu dieser Frage, nun ein tatsächliches Extrem, eine Position der unbedingten Variation um der Menschen und ihrer Bedürfnisse willen dar, wie dies durch Christiane Stein zum Ausdruck gebracht wird: Weil manche Menschen »kirchenfremd« sind und, was noch wichtiger ist, auch gar kein Bedürfnis haben oder nicht bereit sind, in die christlich-liturgische Tradition »hineinzuwachsen«, muss letztere in der Darbietung relativiert werden, nicht angeboten als ein Muss, sondern als ein offenes Angebot konzipiert. Hier wird das Credo zur Momentaufnahme des Christentums, zum Meilenstein in der Glaubensentwicklung, die als prinzipiell unabgeschlossen verstanden – und vor allem: damit als integratives Angebot an Menschen außerhalb der liturgischen Traditionsgemeinschaft dargeboten – wird.

Aus dieser zweiten Position wird nun die von Ute Demin erstgenannte Position noch einmal profiliert: Das liturgische Variieren um des »roten Fadens« oder des liturgischen »Kunstwerks« willen eröffnet viele Möglichkeiten zum Ordnen oder auch zum »Weglassen« einzelner Elemente, aber grundsätzlich meint die Funktion der Liturgie ein *»Einbetten in die Tradition«*. Wo die Tradition in der Variation nicht mehr erkennbar und verfügbar ist, wird der christliche Glaube dahinter »diffus«, lassen die vielen verschiedenen Geschmäcker der Teilnehmenden aus der Überzeugung einen »Glauben an alles Mögliche« werden. Das Evangelium bleibt dann nicht nur unsichtbar, sondern im schlimmsten Fall irrelevant. So fungiert das »Kunstwerk-Konzept« ausdrücklich als ein Konzept, das gerade durch die Sensibilität für die Bedürfnisse der Teilnehmenden die Tradition bewusst einbezieht, auch wenn dies dann selbst der Pfarrerin zuweilen »schwer fällt«.[9]

---

9. Hier eröffnet sich immer wieder auch das Themenfeld der Verbindung von beruflicher und privater (religiöser) Identität. Es mischen sich fortwährend eigene Bedürfnisse der Diskutierenden in Bezug auf den Gottesdienst mit den Vorstellungen einer »guten« Gestaltung des Gottesdienstes für andere. Dieser Aspekt ist beispielhaft thematisiert in: *Jeannett Martin*, Mensch – Alltag – Gottesdienst. Bedürfnisse, Rituale und Bedeutungszuschreibungen evangelisch Getaufter in Bayern, Berlin 2007.

Mit Blick auf die Clusteranalyse lässt sich vermuten, dass gerade der Cluster der »Lebensweltorientierten« hier einen recht großen Spielraum ermöglicht, was – über die enorme Bereitschaft zur Abstimmung liturgischen Handelns auf die Teilnehmenden im Gottesdienst hinaus – die Feinjustierung von Tradition und Variation anbelangt. Und dies zeigt ein weiteres Mal, was sich auch aus der Analyse von Fachdiskussionen zur Orientierung an Zielgruppen, Lebenswelten oder auch Milieus zeigt, dass nämlich sehr genau definiert werden muss, was genau eine Orientierung an der Lebenswelt meinen soll und mit welchen theologischen, didaktischen und dann auch liturgischen Implikationen – und innerhalb welcher Grenzen – dies geschehen soll.

Aus diesem Angelpunkt entwickelt sich in der Gruppendiskussion schließlich eine dritte Position, die im Sinne der Clusteranalyse als Konzept einer »gestaltenden Liturgin« verstanden werden kann. Es handelt sich dabei ganz offensichtlich um ein Konzept, in dem das Wohlergehen der Gottesdienstgemeinde durchaus berücksichtigt wird, ein allzu variationsfreudiges liturgisches Handeln aber nicht als förderlich für dieses Wohlergehen angesehen wird. Wo Pfarrerinnen und Pfarrer ihre Orientierung an der Lebenswelt der Beteiligten zu sehr in den Mittelpunkt stellen, leidet das Eigentliche des Gottesdienstes, wird der Gottesdienst zum Spielball und werden liturgische Elemente zu Bestandteilen eines »Baukastens«. Wo das »Thema« des Gottesdienstes von der Pfarrerin im schlimmsten Fall gewählt, im besten Fall nur mit viel Elan ausgestaltet wird, gerät dabei in den Hintergrund, was der Gottesdienst eigentlich zu bieten hat, nämlich eine *»Ausrichtung« auf das Wort Gottes*, auf biblische »Texte«, deren Lesung über die Gestaltungsfähigkeit des Menschen hinaus wirken.

Eine Annäherung der Zielgruppe an diesen Kern des Gottesdienstes erfolgt nach diesem Konzept nicht durch eine Anpassung des Gottesdienstes und seiner Bestandteile an deren kommunikative Gewohnheiten, sondern durch Wiederholung des Gegebenen und Gewöhnung daran. Der Gottesdienst erscheint hier stärker selbst als Subjekt: Er »hat Texte« und verfügt damit über eine eigene Intention – die durch allzu viel »Pädagogik« der Pfarrerin und allzu viel Nachsinnen über das Vorverständnis einzelner Teilnehmender eher verschleiert wird. Von dieser, in diesem Konzept theologisch gebotenen Zurückhaltung der Pfarrerinnen und Pfarrer in Bezug auf die Lebensweltorientierung in der liturgischen Gestaltung, weil ja die Wirkung des Wortes nicht vom Geschick der Pfarrer/innen abhängt, ist dann in Folge deren Funktion (oder: Rolle) im Kern betroffen: »Du bist gar nicht so wahnsinnig wichtig«.

So wie diese dritte Konzeption letztlich für sich in Anspruch nimmt, eine Orientierung an den Teilnehmenden zu leisten, nimmt ebenso die erste Konzeption für sich in Anspruch, mitten in der Orientierung an Lebenswelten zugleich

Geborgenheit zu bieten wie auch die zweite und dritte Konzeption. Die Differenzen entstehen aber dort, wo die Rolle der Pfarrerin oder des Pfarrers in der liturgischen Gestaltung zur Disposition steht, und diese Differenzen werden in der Gruppendiskussion akut ausgelöst vom Begriff des »Pädagogischen«: Ist denn, wenn tatsächlich eine wie auch immer geartete Passung mit der Lebenswelt der Teilnehmenden erreicht ist, dies nun ein Resultat der »guten« liturgischen Gestaltung durch die Pfarrerin im Sinn einer gelungenen Didaktik oder ist das vielmehr ein Resultat des Gottesdienstes und seiner Wirkung selbst – von der Pfarrerin unabhängig? In der weiteren Diskussion entwickelt sich aus dem Begriff der »Pädagogik« oder des »Pädagogisierens« eine weitere Schleife im Disput, die eben diese Frage zu klären versucht und darin die Positionen weiter schärft:

Christiane Stein:

(lacht) ich kann anknüpfen, und doch ist manches bei mir oder bei uns anders. (lacht) Also anknüpfen gerne, Liturgie etwas sich Wiederholendes, Hineinfallenlassendes oder wo wir uns hineingeben können. Das empfinde ich auch ganz stark so. Und bei uns, wie gesagt, manche Elemente kommen weniger vor, andere sind neu entstanden, zum Beispiel dass wir vor dem Predigttext einen zweistimmigen Taizegesang einüben, also am Anfang kommt Choral, dann kommt Taizegesang und dann kommt Predigttext, Musik, Predigt, und dann wieder Taizegesang. Da entsteht eine sehr konzentrierende Mitte, und durch dieses Zweistimmige und sich oft Wiederholende entsteht auch ein liturgisches Element eigener Art (...) Und die Leute, die zu uns regelmäßig kommen, die empfinden das, und auch ich selber, ich lass mich jedes Mal reinfallen. Und es hat nichts Verkrampftes (...) Also, es hat nichts Pädagogisches für mich, sondern es ist immer wieder auch ein Abspüren, worin kann ich und können wir uns reinfallen lassen. Und darüber sind wir im Gespräch und das entwickeln wir dann weiter und an manchen Stellen differiert es eben zum klassischen Gottesdienst. Wie es ja wahrscheinlich allgemein bekannt ist, eröffnen wir auch nicht im Namen des Vaters und des Sohnes und des heiligen Geistes und beschließen mit dem dreimaligen Herrn, sondern zu uns kommen halt viele Leute, die auch ne große Sensibilität für gendergerechte Sprache haben, und uns ist es ein großes Anliegen, dass das Gottesbild weitergedacht, gefühlt und angebetet wird und dann ist eben die Eröffnung im Namen Gottes, Mutter, Vater allen Lebens, im Namen Jesu Christi, Bruder und Erlöser, im Namen der Kraft der Weisheit, die alles Leben umfängt und durchströmt, beispielsweise. Und das ist etwas, wo Men-

> *schen einfach von Herzen mitgehen können (...) Deshalb kommen sie zu uns und gehen nicht woanders hin, es ist ja auch ein Schatz in dieser Stadt, dass es unterschiedliche Ausrichtungen gibt und dass Menschen gucken können, wo kann sich ihr Herz öffnen und wo können sie mitfeiern.*
>
> (GD 1 – Pfarrer/innen Großstadt)

Hier wird nun deutlich: Auch die »Lebensweltorientierte« beansprucht die Beheimatungsfunktion der Liturgie, füllt diese jedoch inhaltlich anders als die »Gestaltende Liturgin«. Den Vorwurf, hier würde versucht, gewissermaßen mit Gestaltungsmacht oder auch struktureller Gewalt eine Wirkung herbeizuführen – während andere diese Wirkung dem Gottesdienst selbst und dahinter Gott selbst zutrauen – möchte die »Lebensweltorientierte« nicht auf sich sitzen lassen. »Pädagogik« im Sinne eines Herrichtens von Bedeutung für die teilnehmenden Menschen findet in dieser Deutung nicht statt. Zugleich wird sichtbar, welche Spannung im Diskurs an dieser Stelle entsteht. Häufiges Lachen und auch gegenseitiges Unterstützen oder Infragestellen der Gesprächspartner/innen durch kleine Zwischenbemerkungen (hier zugunsten der Lesbarkeit nicht im Detail aufgeführt), markieren diese Momente als besonders dichte Stellen im Gespräch. Und ebenso spürbar ist auch der gegenteilige Vorwurf etwa an die Vertreterin der dritten Position einer Ausrichtung auf das Wort Gottes: Wo Menschen sensibel sind, mit Traditionen aus unterschiedlichen Gründen ihre Schwierigkeiten haben, muss im Sinne der hier Sprechenden das Gegebene im Gottesdienst für sie aufbereitet werden.

Entschärfend wirkt hier der Rückgriff auf die Großstadtsituation: Mit Blick auf die Kirche als Ganzes sollte diese liturgische Position nicht bedrohlich sein, denn die Menschen haben die Freiheit, aus unterschiedlichen liturgischen Angeboten auszuwählen. Und hierin, so fordert die Haltung der »Lebensweltorientierung«, ist das Subjekt der einzelne Mensch: Nur er kann entscheiden, wo sich das »*Herz öffnen kann*« und entsprechend die Botschaft auch ankommen kann. Hierin, das wird nun deutlich, geht es nicht nur um die Rolle der Pfarrerin oder des Pfarrers als Gestaltende im Gottesdienst, sondern durchaus auch um die Rolle der Menschen, die teilnehmen: Inwieweit müssen diese Menschen selbst etwas leisten, eine Wahl treffen, selbst spüren, worin für sie ein religiöser Gewinn steckt oder womit sie etwas anfangen können? Und inwieweit sind sie hierin auf die Arbeit der liturgisch Verantwortlichen angewiesen? Im weiteren Verlauf meldet sich die Teilnehmerin, die hier das dritte Konzept eingeführt hatte, nochmals zu Wort, wiederum thematisch geleitet durch den Diskurs um das »Pädagogische im Gottesdienst«:

Birgit Schröder:

Ich will da gar nicht drauf bestehen, aber mir ist dieses Wort trotzdem wichtig, für mich drückt es etwas Wichtiges aus. Also ich mach mir diese Arbeit nicht, dass ich jeden Sonntag, ich polarisiere jetzt mal ein bisschen, wie eine Religionslehrerin mir überlege, wie bringe ich das denn jetzt dieser Gruppe bei. Ich mache ein Bild, ich mache einen Text, ich biete was an. Vielleicht liege ich auch falsch. Also ich denke, dass der Gottesdienst eine Sache ist für einen mündigen Menschen. Ich akzentuiere, das ist richtig, aber das was es zu beten gibt, das ist da. Und das kann ich sprechen, und das kann ich auslegen oder das kann ich auch feiern, aber ich bediene mich nicht sehr vieler Hilfsmittel (...) Wir haben eine Orgel, wir haben Musik, also unterschiedliches Liedgut, und wir haben die Texte. Und wir haben uns selber. Und ich denke, dass dieser Purismus auch etwas Inneres freisetzt, was zuviel Hinführung, zuviel Hilfe eher zudecken könnte. Also das ist einfach ein anderer Ansatz, und deswegen bleibe ich bei dem Wort pädagogisieren.

(GD 1 – Pfarrer/innen Großstadt)

In diesem Abschnitt bringen es die Diskutierenden auf den Punkt: Es geht in der Orientierung an der Lebenswelt der Teilnehmenden ganz zentral um die Zuweisung unterschiedlicher Rollen und nur im Hintergrund um tatsächliche Verständlichkeit liturgischer Stücke oder um einen erkennbaren inneren Zusammenhang der Elemente des Gottesdienstes. Betroffen sind jetzt Fragen, die ebenso als kirchentheoretische Fragen fungieren: Welche Funktion haben Pfarrerinnen und Pfarrer, welche Bedeutung hat die theologische und liturgische Kenntnis und die professionelle Rolle der Geistlichen? Was ist den Besucherinnen und Besuchern eines Gottesdienstes abzuverlangen, nicht nur an hermeneutischen und kommunikativen Leistungen, sondern an Ansprüchen wie dem, sich im System Kirche oder Gemeinde eine Position und einen (vor allem stilistisch, aber möglicherweise auch theologisch) angemessenen Ort zur Feier des Gottesdienstes zu suchen? Sicher ist, dass es in der Vielzahl der Gemeinden sowie in der Vielfalt der liturgisch Handelnden in Pfarramt, Kirchenmusik und Ehrenamt bereits jetzt ein weites Spektrum von Angeboten und Ansprüchen ermöglicht, hier Positionen zu entwickeln, zu profilieren und – auch als kirchentheoretische Fragen – weiter zu diskutieren.

5. Ausblick

Als ein Ergebnis empirischer Forschung ergeben sich regelmäßige weitere Forschungen, und dies ist auch im Ergebnis dieser Studie der Fall. Nicht nur, weil hier noch einiges Material aus Gruppendiskussionen und standardisierter Befragung nicht oder nicht in vollem Umfang ausgewertet ist und ein Mehr an Erkenntnissen verspricht, sondern auch indem aus der vorliegenden Analyse weitere Fragen auftauchen, die eine neue Schleife der Auswertung – oder neuer Erhebungen – eröffnen sollten. Hierzu zählen in erster Linie kirchentheoretische Fragen, die neben einer empirischen Sichtung auch eine theoretische und in jedem Fall eine liturgiewissenschaftliche Diskussion verlangen. Des Weiteren zeigen sich Desiderate in der begrifflichen Erfassung der hier untersuchten Bereiche. Konzepte von »Lebenswelt« oder »Zielgruppen« wären in den Bereichen der Sozialwissenschaften, in denen sie fachlich entwickelt wurden und noch weiterhin entwickelt werden, zu erfassen und in die Debatte um Gottesdienst und Liturgie sowie in die Debatte um berufliche und liturgische Rollen einzubeziehen.

Darüber hinaus wäre von Seiten der Liturgiewissenschaft eine »Antwort« auf die in dieser Ausarbeitung entwickelten Fragen nach der Rolle von Liturgie Gestaltenden und den weiteren, am Gottesdienst beteiligten Menschen zu geben. In diesen Kontext gehörte auch eine Diskussion der Zusammenhänge von theologischen und anthropologischen Aspekten des Gottesdienstes. Zunächst theoretisch klar voneinander unterschieden, geraten die beiden Seiten der gottesdienstlichen Medaille nun in eine Art Wechselbeziehung, in der die menschliche Hörfähigkeit – oder auch Hörgewohnheit – als Zugang zum Evangelium oder umgekehrt die (z. B. bei »Kirchenfernen« vermutete) Hörunfähigkeit als Hindernis im Zugang eine quasi theologische Rolle zu spielen scheinen. Hier ist auch eine funktionale Positionierung pädagogischer Prozesse zu überlegen, gerade auch in Spannung oder im Zusammenwirken mit religiösen Vorgängen.[10]

10. Als Thema zukünftiger Debatten bereits mehrfach angeregt; vgl. *Michael Meyer-Blanck*, Liturgie und Liturgik. Der Evangelische Gottesdienst aus Quellentexten erklärt. 2, aktualisierte Auflage, Göttingen 2009, 325.

Die Ergebnisse der Studie unter geschlechtsspezifischen Aspekten

Leonie Grüning

Obwohl der Fokus der Rezeptionsstudie zum Evangelischen Gottesdienstbuch nicht auf geschlechtsspezifischen Besonderheiten der Nutzung lag, lassen sich aus den vorliegenden Ergebnissen Rückschlüsse auf eine geschlechtsspezifische Liturgie von Pfarrerinnen und Pfarrern ziehen. Um mögliche Tendenzen in den Ergebnissen aufzuzeigen, werde ich von der Frage ausgehen, inwieweit sich die Verwendung des EGb durch die befragten Pfarrerinnen von der durch die befragten Pfarrer unterscheidet. Da zusätzliche Fragen in Bezug auf das Verständnis des Gottesdienstes im Allgemeinen und auf die Rolle der Pfarrerin und des Pfarrers im Gottesdienst gestellt wurden, sind Rückschlüsse auf geschlechtsspezifische Gestaltungskriterien von Gottesdiensten möglich. Auch eine wünschenswerte Weiterentwicklung des EGb unter Berücksichtigung geschlechtsspezifischer Unterschiede ist in diesem Sinn konkretisierbar.

Generell gibt es bereits Untersuchungen zu geschlechtsspezifischen Unterschieden in Bezug auf die Gottesdienstgestaltung und das Rollenverständnis von Pfarrerinnen und Pfarrern. Diese konzentrieren sich auf die Abgrenzung der Position von Pfarrerinnen zum traditionell männlich geprägten Pfarrerbild. Ich werde drei Arbeiten hinzuziehen, eine zur Spiritualität und Liturgie von Frauen[1], eine weitere, die die Entwicklung existierender Frauenliturgien aufzeigt[2], und eine, die die Rolle der Frau im Pfarramt untersucht[3]. Insbesondere in den Arbeiten von Brigitte Enzner-Probst findet eine Konzentration auf Liturgien von Frauen am Rande oder außerhalb der kerngemeindlichen Gottesdienste statt.[4] Brigitte Enzner-

1. *Brigitte Enzner-Probst*, Spiritualität und Liturgie von Frauen, in: Hans-Christoph Schmidt-Lauber (Hg.), Handbuch der Liturgik, Göttingen 2003³, 622–633.
2. *Brigitte Enzner-Probst*, Frauenliturgien als Performance. Die Bedeutung von Corporalität in der liturgischen Praxis von Frauen, Göttingen 2008.
3. *Kornelia Sammet*, Frauen im Pfarramt. Berufliche Praxis und Geschlechterkonstruktion, Religion in der Gesellschaft, Bd. 18, Würzburg 2005.
4. Vgl. Brigitte Enzner-Probst (Anm. 2), 52.

Probst benennt verschiedene Charakteristika, die Frauenliturgien in diesen Kontexten prägen. Da sich die Rezeptionsstudie auf das Evangelische Gottesdienstbuch beschränkt und den Ergänzungsband nur am Rande erwähnt, beziehen sich die Fragen der Studie auf kerngemeindliche Zusammenhänge, in denen Pfarrerinnen und Pfarrer gleichermaßen agieren. Ich werde erst im zweiten Abschnitt die Frage klären, ob Unterschiede im Nutzungsverhalten des Evangelischen Gottesdienstbuches durch die befragten Pfarrerinnen und Pfarrer in Zusammenhang gebracht werden können mit den von Brigitte Enzner-Probst und Cornelia Sammet qualifiziert geschlechtsspezifischen Besonderheiten im Rollen- und Gottesdienstverständnis. Dazu werde ich zu Beginn Aspekte wie Alterszusammensetzung, überwiegendes Arbeitsfeld der befragten Pfarrerinnen und Pfarrer sowie Anzahl der vorbereiteten Gottesdienste pro Woche darstellen, um zu fragen, inwiefern die Studie repräsentativ ist; in diesem Zusammenhang werde ich dann weitere Einflussfaktoren auf die Nutzung des EGb aufzeigen. In einem letzten Abschnitt werde ich abschließend benennen, welche Konsequenzen aus den Erkenntnissen der geschlechtsspezifischen Nutzungsunterschiede für eine Revision des Evangelischen Gottesdienstbuches zu ziehen sind.

1. Die Gruppe der Befragten und ihre Arbeitsumstände

Das Verhältnis von Männern und Frauen in der Gruppe der Befragten entspricht dem Verhältnis von Pfarrerinnen und Pfarrern in der EKD: An der quantitativen Studie der Liturgischen Konferenz zur Rezeption des EGb nahmen insgesamt 2.137 Personen teil. Davon waren 69,7 % männlich und 30,3 % weiblich. Dies entspricht der Verteilung von Männern und Frauen auf die Pfarrstellen (ohne Sonderdienst) in der EKD, dort sind 29,2 % aller Planstellen mit Frauen besetzt, 70,8 % mit Männern.

Die *Alterszusammensetzung* der Befragten gestaltet sich folgendermaßen:
Bei den Pfarrern ist die Gruppe der 40-49-Jährigen mit 41,7 % die zahlenmäßig stärkste, gefolgt von der Gruppe der 50-59-Jährigen mit 39,2 %, die Gruppe der über 60-Jähigen Pfarrer nimmt 8,9 % ein, während die Gruppe der 30-39-Jährigen mit 9,8 % vertreten ist. Beachtet man die Gruppe der befragten Pfarrerinnen, ist bei Ihnen die Gruppe der 50-59-Jährigen nur mit 28,1 % vertreten, die Gruppe der 30-39-Jährigen mit 17 %; am stärksten ist auch hier die Gruppe der 40-49-Jährigen mit 51,6 %.[5] Bedingt ist diese unterschiedliche Verteilung durch die fort-

5. Der Altersverteilung der Befragten entsprechen auch die Angaben zu Frage 13: »*Wie viele Jahre seit Ihrem 2. theologischen Examen gestalten Sie schon Gottesdienste?*« In Bezug auf die Pfarrer gibt es einen

schreitende Erschließung der Profession des Pfarrers durch Frauen, die sich im Verlauf des 20. Jahrhunderts vollzog.[6] Entsprechend dieser Alterszusammensetzung wird sich in den kommenden 15 Jahren das Verhältnis von Pfarrerinnen und Pfarrern stark zugunsten der Pfarrerinnen verändern. Daher ist in dieser Ausarbeitung zu fragen, inwiefern diese Tendenzen für die zukünftige Einschätzung des Evangelischen Gottesdienstbuches und eine mögliche Neukonzeption desselben Beachtung finden müssen.

Die größten Unterschiede in der Verteilung auf die verschiedenen *Arbeitsbereiche* im Pfarramt stellen sich nach Geschlecht folgendermaßen dar:

Arbeitsbereiche im Pfarramt

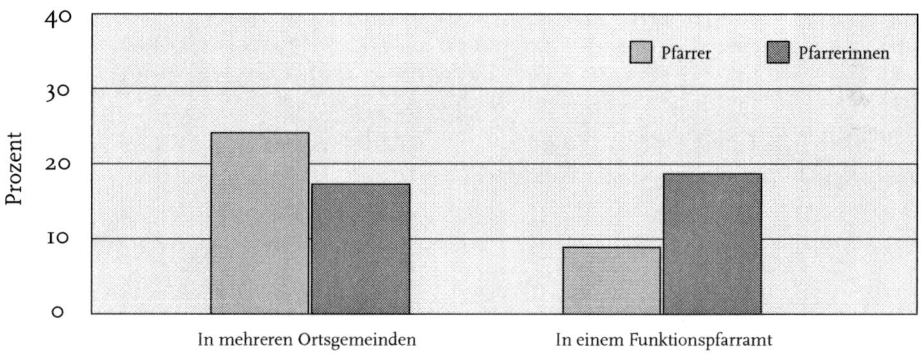

In der Gruppe der Befragten arbeiten prozentual deutlich mehr Frauen in Funktionspfarrämtern als Männer und prozentual deutlich mehr Männer in einem Gemeindeverbund oder in mehreren Ortsgemeinden.

Welche Auswirkungen der primäre Arbeitsbereich auf die Anzahl der vorzubereitenden Gottesdienste pro Woche/Monat hat (Frage 3), wird in folgendem Schaubild deutlich.

klaren Überhang derjenigen, die bereits mehr als 21 Jahre seit ihrem 2. theologischen Examen Gottesdienst gestalten. Bei den Frauen findet sich dieser Überhang bei der Gruppe derjenigen, die seit 16–20 Jahren Gottesdienst gestalten.

6. Vgl. Kornelia Sammet (Anm. 3), 15ff.

Vorzubereitende Gottesdienste

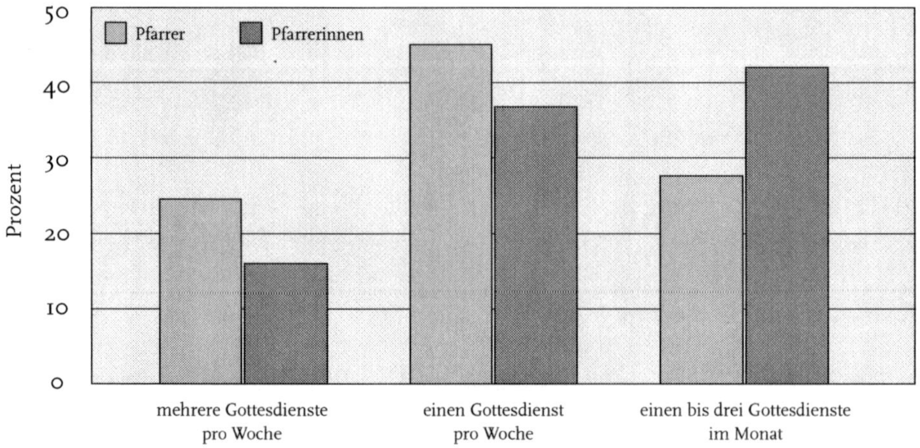

Die Anzahl der vorzubereitenden Gottesdienste bei den befragten Pfarrern ist in der Regel höher als bei den befragten Pfarrerinnen.

2. In Bezug auf die Fragestellung relevante Ergebnisse der Studie

Zum Vergleich des Antwortverhaltens unter geschlechtsspezifischen Gesichtspunkten werde ich einzelne Fragestellungen folgender Fragenkomplexe beachten:

- Fragen zum Gottesdienst (Frage 5, Frage 7, Frage 8)
- Fragen zur Rolle im Gottesdienst (Frage 12)
- Fragen zum Evangelischen Gottesdienstbuch (Frage 15, Frage 16, Frage 17)
- Wünsche für eine Überarbeitung (Frage 22)

In der Beantwortung der **Frage 5**, *Nach welcher liturgischen Form feiern sie in Ihrer Gemeinde im Regelfall Gottesdienst?*, zeigt sich, dass der Anteil der Pfarrerinnen, die den Gottesdienst nach Grundform II feiern, um 4,5 Prozentpunkte höher liegt als der Anteil der Pfarrer. Die Grundform II wird in den reformierten Gemeinden verwendet, ist aber zugleich Grundlage alternativer Gottesdienstformen. Auch der Anteil der Pfarrerinnen, die Gottesdienste ohne feste Form feiern, ist höher als der der Pfarrer. Hier könnte sich ein geschlechtsspezifisches Gestaltungsmerkmal für Gottesdienste andeuten. Zum Teil lässt sich dieses Phänomen durch den höheren Anteil von Pfarrerinnen in Funktionspfarrämtern, z. B. in Hospizen oder Krankenhäusern, erklären, da besondere Arbeitsbereiche

z. T. besondere Gottesdienstformen verlangen. Es lassen sich aber weitere Beweggründe erkennen.

Aufschluss über diese Frage bietet die Prioritätensetzung der befragten Pfarrerinnen und Pfarrer unter der Fragestellung *Worauf kommt es für ganz persönlich im Gottesdienst an?* (Frage 7). Auffällig bei dieser Frage ist, dass die größten Unterschiede zwischen den befragten Pfarrerinnen und Pfarrern in folgenden Bereichen liegen: bei der Wichtigkeit der Besucherzahl (Pfarrer + 14,9 Prozentpunkte), dem Stellenwert der Predigt (Pfarrer + 15,7 Prozentpunkte), bei der Ausrichtung auf die Bedürfnisse der Teilnehmenden (Pfarrerinnen + 13,3 Prozentpunkte, jeweils der Unterschied der tendenziellen Zustimmung, also den addierten Werten 4 und 5), dem Stellenwert der Gemeinschaft (Pfarrerinnen + 6,8 Prozentpunkte), bei der Nutzung der Spielräume in der Ausgestaltung der liturgischen Elemente (Pfarrerinnen + 6,5 Prozentpunkte) und bei der Zugänglichkeit der Texte (Pfarrerinnen + 6,2 Prozentpunkte). Pfarrerinnen orientieren sich folglich mehr daran, die Bedürfnisse der Gottesdienstbesuchenden wahrzunehmen und ihnen in der Liturgie Ausdruck zu verleihen. Diese Prioritätensetzung wird durch die Untersuchung von Brigitte Enzner-Probst bestätigt, die in der Untersuchung von Frauenliturgien in unterschiedlichen Kontexten feststellt, dass die Bedürfnisse der Feiernden und ihre Beteiligung im Gottesdienst durch inklusive Sprache im Vordergrund stehen.[7] Dem entspricht auch die tendenzielle Betonung der Beteiligung der Feiernden am Gottesdienst (Pfarrerinnen + 4,6 Prozentpunkte), der Gebete in »eigenen Worten« (Pfarrerinnen + 5,1 Prozentpunkte) und des Alltagsbezuges des Gottesdienstes (Pfarrerinnen + 3,3 Prozentpunkte).

Die Bedürfnisse der Feiernden, ihr individueller Zugang zum Gottesdienst, stehen im Vordergrund. Dies zeigen auch die Antworten zur **Frage 8**, die folgende Grafik darstellt[8]:

7. B. Enzner-Probst macht dies fest an der Untersuchung der Liturgiesammlungen, die im Rahmen der ökumensichen Dekade »Kirche in Solidarität mit den Frauen« in den 90er Jahren entstanden sind (vgl. B. Enzner-Probst [Anm. 2], 55). M. E. Hat sich diese Idee weiter getragen und hat als Gestaltungsmerkmal Einzug in die liturgische Praxis von Pfarrerinnnen in kerngemeindlichen Zusammenhängen gehalten.
8. Die Formulierungen der Studie sind hier der Praktikabilität halber leicht gekürzt und nur einige der Fragen wiedergegeben. Ausführlich kann dies im letzten Beitrag des Bandes nachgelesen werden. Als Zustimmung wurde gewertet, wenn die Befragten den Wert 4 »stimme zu« und 5 »stimme voll und ganz zu« angegeben haben.

Zustimmung zu folgenden Aussagen zum Gottesdienst in % (Frage 8)

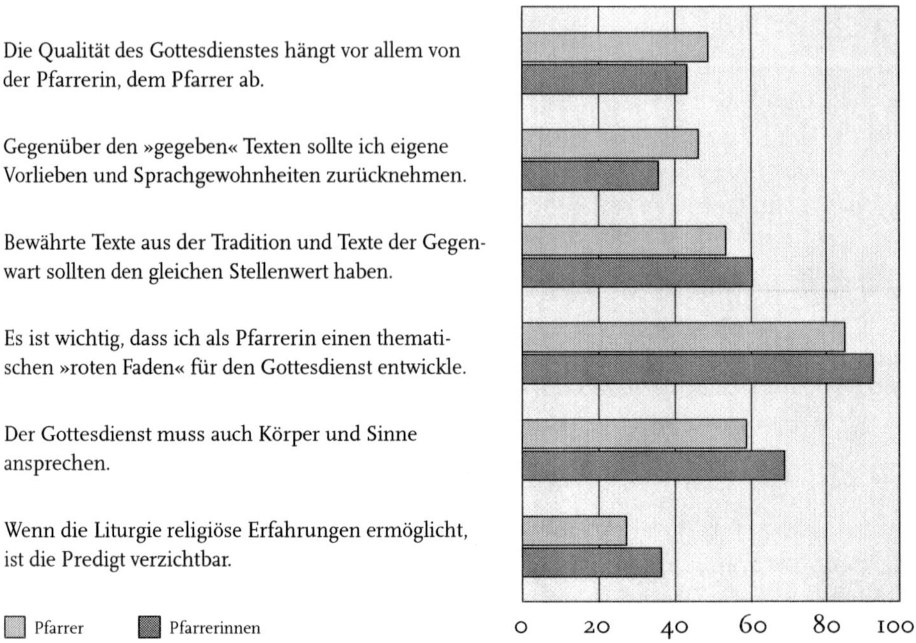

Die befragten Pfarrerinnen legen Wert auf ein Eingehen der Liturgie auf die Gottesdienstfeiernden, sie betonen die notwendige Ganzheitlichkeit und Aktualität der Texte, während die befragten Pfarrer konservative Tendenzen in Bezug auf Wort und Form erkennen lassen. Dem entsprechen auch die Antworten auf die Frage zur Rolle im Gottesdienst (Frage 12): Prozentual mehr befragte Pfarrer als befragte Pfarrerinnen verstehen sich als Lehrende (+ 9,8 Prozentpunkte), sie sind »primus inter pares« (+5 Prozentpunkte). Es gibt ein hierarchisches Gefälle unter den Feiernden. Pfarrerinnen sehen sich zwar auch als Leitende (+ 5,3 Prozentpunkte), sie gewährleisten den liturgischen Rahmen (+5,3 Prozentpunkte). Das ist ihre Aufgabe in der Gemeinschaft, die sie aber nicht aus der Gemeinschaft heraushebt.[9] Sie inszenieren Gemeinschaft (Pfarrerinnen + 2,9 Prozentpunkte) und

9. Brigitte Enzner-Probst schreibt zu den Frauenliturgien im Kontext der Kerngemeinde, dass die Pfarrerinnen in diesen Frauenliturgien »als Expertinnen im Blick auf kirchliche Tradition verstanden« (Brigitte Enzner-Probst [Anm. 2], 123) werden. Es wird dabei jedoch hervorgehoben, dass dies nicht der Idee einer *nicht-hierarchischen* Leitung des Gottesdienstes entgegensteht. Auch Kornelia Sammet erkennt diese Tendenz. Die von ihr befragten Pfarrerinnen führen die Aufhebung der Hierarchie auf ihr Bestreben zurück, die Gottesdienstbesuchenden z. B. bei der Predigtvorbereitung mitzudenken (vgl. Kornelia Sammet [Anm. 3], 219). Ihr Ziel ist »Partizipation statt Hierarchie« (ebd., 461).

sorgen für das Wohlgefühl[10] der Gemeinde (Pfarrerinnen +2,5 Prozentpunkte), indem sie den Bedürfnissen der Gemeinschaft dienen.

Dem unterschiedlichen Verständnis des Gottesdienstes und der Rolle der befragten Pfarrerinnen und Pfarrer entspricht auch ihre Nutzung des EGb (Frage 16), wie folgende Abbildung zeigt[11].

Wofür nutzen sie das Evangelische Gesangbuch?

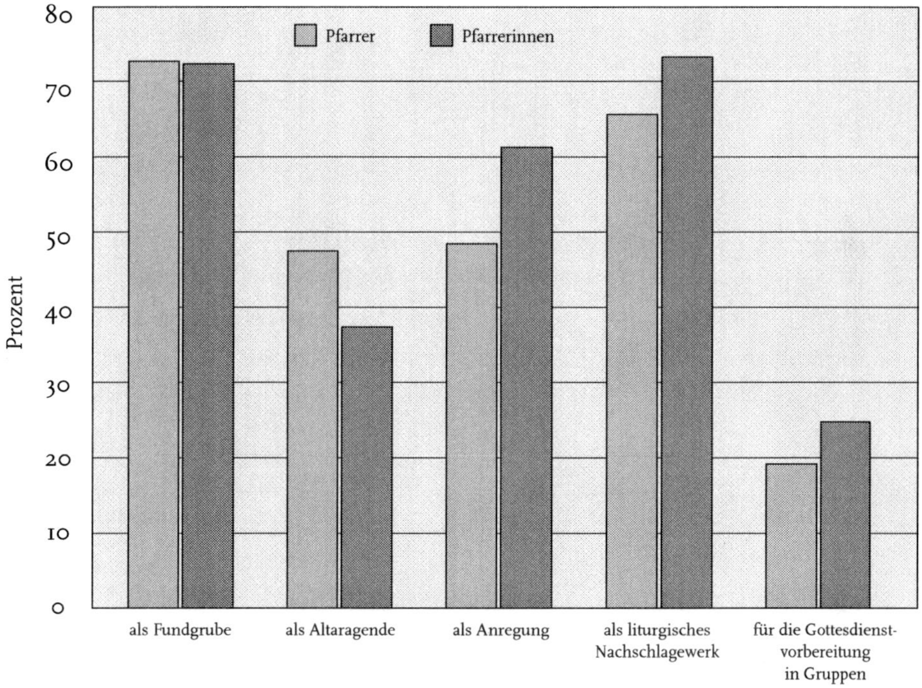

Während eine hohe Zahl aller befragten Pfarrerinnen und Pfarrer das EGb als Fundgrube schätzen (~ 72,5 %), nutzen prozentual mehr der befragten Pfarrer als befragten Pfarrerinnen das EGb als Altaragende (Pfarrer + 10,2 Prozentpunkte). Sie verwenden vorgegebene Texte. Dies kann dadurch begründet werden, dass prozentual mehr der befragten Pfarrer in einer oder mehreren Ortsgemeinden arbeiten als der befragten Pfarrerinnen und die Anzahl der vorzubereitenden

10. Dies entspricht der von Kornelia Sammet beschriebenen Kommunikationsfähigkeit von Frauen, die sich in ihrem eigenen Rollenverständnis niederschlägt: Frauen verfügen über »stärkere Emotionalität und Sensibilität, ein größeres Einfühlungsvermögen und Empathie« (ebd., 461).
11. Auch hier sind nur einige der Möglichkeiten in der Graphik wiedergegeben, eine Mehrfachwahl war möglich.

Gottesdienste entsprechend höher liegt. Zusammen mit der Konzentration auf die Predigtarbeit erscheint die Verwendung von vorgegeben Texten dann arbeitsökonomisch.

Davon unterscheidet sich die Nutzung des EGb durch die Pfarrerinnen, sie nutzen das EGb als Anregung (Pfarrerinnen + 13 Prozentpunkte) und als liturgisches Nachschlagewerk (Pfarrerinnen + 7,8 Prozentpunkte), als Basis für Gottesdienstvorbereitung mit Gruppen (Pfarrerinnen + 6 Prozentpunkte). Das entspricht dem Verständnis ihrer Rolle im Gottesdienst und seiner Vorbereitung. Ein Großteil der befragten Pfarrerinnen gewährleistet als Liturgin den Rahmen, in dem sich möglichst viele Gottesdienstbesucher angesprochen fühlen sollen. Die Anpassung von Texten an die Situation der Feiernden ist ihre Aufgabe. Für die eigene Gestaltung der Liturgie brauchen sie Anregungen.

Die befragten Pfarrerinnen bewerten, entsprechend ihres Nutzungsverhaltens, auch die Leistung des EGb (Frage 17) als Anregung zur liturgischen Variation weniger gut als die befragten Pfarrer. (Pfarrer 78,5 Prozentpunkte – Pfarrerinnen 71,6 Prozentpunkte) Die Leistung in dieser Hinsicht ist gut, könnte aber noch besser sein. Da sich die Frage 22 dezidiert der Zukunft des EGb widmet, lassen sich an ihr weitere »Optimierungsvorschläge« ablesen. Prozentual mehr befragte Pfarrer als Pfarrerinnen wünschen sich fertige Gottesdienstabläufe (Pfarrer + 10,7 Prozentpunkte) und Texte, die sofort übernommen werden können (Pfarrer + 5 Prozentpunkte). Von den befragten Pfarrerinnen wünschen sich prozentual mehr Impulse für die eigene kreative liturgische Gestaltung (Pfarrerinnen + 10,4 Prozentpunkte), eine Anleitung für den Gottesdienst mit verschiedenen Zielgruppen (Pfarrerinnen + 9,2 Prozentpunkte) und eine Sammlung von verschiedenen Texten aus verschiedenen Zeiten/mit verschiedenen Stilen.

Ein Großteil der befragten Pfarrerinnen wünscht sich – wie in den Ergebnissen anderer Fragekomplexe bereits abgedeutet – Anregungen, die ihnen ermöglichen, Ihren Gottesdienst den Besuchenden und der Situation anzupassen. Sie wollen kreativ sein, Zeit und Energie in die Liturgie und die Sprache des Gottesdienstes investieren.

Bei den befragten Pfarrern ist der Wunsch nach fertigen Texten und Abläufen größer.

3. Geschlechtsspezifische Gestaltungskriterien und Nutzungsverhalten des Evangelischen Gottesdienstbuches als Anregungen für eine Revision

Da der Fokus der Rezeptionsstudie nicht auf der Erkundung geschlechtsspezifischer Besonderheiten im Gottesdienst lag, können die Ergebnisse nur Tendenzen geschlechtsspezifischer Gestaltungskriterien aufzeigen. Diese entsprechen zu einem Großteil den Untersuchungsergebnissen der zu Beginn genannten Beiträge, die sich auf Frauenliturgien und die weibliche Rolle im Pfarramt konzentrieren: Prozentual mehr befragte Pfarrerinnen als Pfarrer streben einen unhierarchischen Gottesdienst an, der sich eher an den Bedürfnissen der Feiernden als an der Tradition orientiert. Um die Liturgie unter Gesichtspunkten wie Ganzheitlichkeit und inklusive Sprache anpassen zu können, bedürfen sie einer Unterstützung durch das Evangelische Gottesdienstbuch. Dieses unterscheidet sich nach *eigenen* Angaben von den herkömmlichen Agenden, indem es nicht anordnet, was zu tun ist, sondern »Anregungen, Hilfen und einen Rahmen«[12] bietet, um Beteiligung aller Gottesdienstbesucher zu ermöglichen. Aber offensichtlich wünschen sich Pfarrerinnen in Bezug auf dieses Angebot mehr. Prozentual mehr befragte Pfarrer als Pfarrerinnen wünschen sich Texte, die sie übernehmen können, sie geben der Predigt als eigener Arbeit mehr Gewicht. Das Evangelische Gottesdienstbuch kommt diesem Wunsch ebenfalls nur unzureichend nach: Es bietet nur wenige ausgeführte Liturgien.

Ich bezweifle, dass es möglich ist, in einem Buch ausreichend den geschlechtsspezifischen Wünschen gerecht zu werden. Aber gleichwohl würde das Gottesdienstbuch in Kombination mit dem Ergänzungsband mit seinen alternativen Gottesdienstvorschlägen und der Aufnahme verschiedener vollständiger Liturgien dem unbefriedigten Ansinnen beider Geschlechter nachkommen. Der Ergänzungsband ist aber offensichtlich nicht ausreichend bekannt.

Zu beachten ist für eine Revision des Evangelischen Gottesdienstbuches, dass durch die absehbar sich verändernde geschlechtsspezifische Zusammensetzung der im Pfarramt Tätigen in der EKD eine Veränderung des allgemeinen Nutzungsverhaltens zugunsten der Bearbeitung durch Pfarrerinnen erfolgen wird. Es ist demnach zu erwarten, dass die Verwendung des EGb als Anregung für die eigene Textarbeit, als Impuls für die eigene kreative liturgische Gestaltung in dem Maße zunehmen wird, in dem die Nachfrage nach fertigen Gottesdienstabläufen abnehmen wird. Diesem Wunsch, Texte als Anregungen für die Orientierung der Liturgie an den Bedürfnissen der Gottesdienstfeiernden zur Verfügung zu haben, gilt es in der Zukunft vermehrt zu entsprechen. Um ein geschlechtsspezifisches Gottesdienstbuch entwickeln zu können, bedarf es sicherlich noch weiterer Studien, die die Bedürfnisse der Pfarrer ebenso wie diejenigen der Pfarrerinnen beachten, ohne die generative Veränderung im Gottesdienstverständnis beider Geschlechter auszublenden.

12. Vgl. Evangelisches Gottesdienstbuch, 14.

Das Evangelische Gottesdienstbuch und der Pfarrberuf

Klaus Raschzok

Sowohl anhand der Grundauszählung der empirischen Erhebung, der mittels der Clusteranalyse gebildeten fünf Idealtypen der Gottesdienstgestaltung, der Gruppengespräche wie einzelner näher untersuchter Fragestellungen wird ersichtlich, wie sich Pfarrerinnen und Pfarrerin in ihrer Berufsrolle bezüglich Gottesdienst und Predigt darstellen. Dieser praktisch-theologisch zu interpretierende Befund kann einem bestimmten aktuellen Selbstbild des evangelischen Pfarrberufes zugeordnet werden. Schließlich ist zu beschreiben, wie sich dieses zu den ursprünglichen Intentionen des Evangelischen Gottesdienstbuches verhält.

Bereits an der Grundauszählung fällt ein hoher Vorbereitungsaufwand für einen »normalen« Sonntagsgottesdienst einschließlich der Arbeit an der Predigt (F 1) auf: 40 % der befragten Pfarrerinnen und Pfarrer arbeiten 4–6 Stunden, 42 % 7–9 Stunden und 10 % geben an, 10–12 Stunden zu arbeiten, d.h. rund 90 % der Befragten arbeiten mindestens 4 Stunden an einem Gottesdienst. Der Aufgabe, den thematischen »roten Faden« für den Gottesdienst zu entwickeln (F 8_6), stimmen immerhin 48 % der Befragten voll und ganz sowie 40 % demgegenüber etwas abgeschwächt zu. Die Aussage »Ich sorge für eine gelungene Inszenierung« (F 12_1) verzeichnet hohe Werte bei der mittleren Antwortmöglichkeit und der leichten Zustimmung, der Stufe 4 der fünfstufigen Skala. Eine relativ hohe Zustimmung erhält auch die Aussage »Ich leite die Gemeinde durch den Gottesdienst, gehe ihr voran« (F 12_4). Voll und ganz stimmen hier 18 % der Befragten zu, 44 % vergeben den Wert 4. Ebenso von den Befragten deutlich befürwortet wird die Aussage »Ich stelle den liturgischen Rahmen sicher« (F 12_7). Hier stimmen 32,4 % der Befragten voll und ganz zu, und 40,6 % vergeben immerhin den Wert 4 auf der Skala. Unterstützt wird diese Einschätzung der eigenen Berufsrolle im Gottesdienst noch durch die Zustimmung zum Item »Ich sorge dafür, dass sich die Menschen im Gottesdienst wohlfühlen« (F 12_9). 52,7 % der Befragten stimmen voll und ganz oder eher zu, 31,7 % vergeben den Wert 3.

Auffällig demgegenüber ist, dass die Bedeutung des Evangelischen Gottesdienstbuches selbst als Impulsgeber zur eigenen kreativen liturgischen Gestaltung (F 22_3) von 69,1 % der Befragten lediglich als nur eher wichtig beschrieben wird und ihm damit als Instrument der liturgischen Gestaltung eine eher zurückhaltende Rolle zukommt, während sein Anliegen des Gottesdienstes als Gestaltungsaufgabe von den Pfarrerinnen und Pfarrern zumindest partiell gerne aufgenommen und als wichtiges berufliches Selbstverständnis rezipiert wird.

Pfarrerinnen und Pfarrer sehen gegenwärtig einen gewichtigen (zeitlichen) Anteil ihrer Berufsrolle in der Gestaltung des Gottesdienstes und anscheinend nicht mehr allein nur der Predigt. Da in F1 jedoch darauf verzichtet wurde, eine genauere zeitliche Differenzierung zwischen dem Vorbereitungsaufwand für den Gottesdienst und für die Predigt abzufragen, kann diese Verschiebung innerhalb des Zeitaufwandes nur, die Gesamtergebnisse der empirischen Erhebung interpretierend, vermutet werden. Pfarrerinnen und Pfarrer übernehmen jedoch auf alle Fälle im Gottesdienst eine mit einem erheblichen Vorbereitungsaufwand verbundene höchst aktive Gestaltungsrolle, welche sie mit hoher professioneller Souveränität ausüben. Dabei handelt es sich jedoch durchgängig um eine eher solistische Rolle mit begleitenden Assistenz-Partnern, aber nur sehr bedingt um eine gemeinsame Gestaltungsaufgabe der gesamten Gemeinde einschließlich der Kirchenmusikerinnen und Kirchenmusiker. Pfarrerinnen und Pfarrer setzen sich mit deutlich erkennbarem Selbstbewusstsein für andere ein, damit diese im Gottesdienst sich wohlfühlen und eine religiöse Lebensdeutung erhalten. Auffällig ist die mit dieser Position unbewusst verbundene Nähe zum Anliegen der sogenannten Älteren Liturgischen Bewegung, welche in der harmonischen Zusammenstellung der einzelnen auszuwählenden Gottesdienstelemente durch den Liturgen dessen entscheidende Gestaltungsaufgabe sah.[1]

Man könnte damit von einer im Pfarrberuf sich in den letzten Jahren vollzogenen Schwerpunktverlagerung im beruflichen Selbstverständnis von der Seelsorge als bestimmendem Element der 1980er und 1990er Jahre hin zur Gottesdienstgestaltung sprechen.[2] Der sonntägliche Gottesdienst lässt sich als ein für

1. Vgl. *Konrad Klek*, Erlebnis Gottesdienst. Die liturgischen Reformbestrebungen um die Jahrhundertwende unter Führung von Friedrich Spitta und Julius Smend (VLH 32), Göttingen 1996.
2. Vgl. den Überblick bei *Birgit Weyel*, Art. Pfarrberuf, in: Wilhelm Gräb/Birgit Weyel (Hg.), Handbuch Praktische Theologie, Gütersloh 2007, 639–649 sowie *Volker Drehsen*, Vom Amt zur Person. Wandlungen in der Amtsstruktur der protestantischen Volkskirche. Eine Standortbestimmung des Pfarrberufs aus praktisch-theologischer Sicht, in: International Journal of Practical Theologie 2. 1998, 263–280, *Michael Klessmann*, Pfarrbilder im Wandel. Ein Beruf im Umbruch, Neukirchen-Vluyn [2]2004, sowie *Stefan Bölts/Wolfgang Nethöfel* (Hg.), Pfarrberuf heute. Befragungen und Studien zum Pfarrberuf (Netzwerk Kirche 3), Berlin 2010 (mit aktueller Literatur zum Pfarrberuf).

diese kirchliche Berufsgruppe entscheidender ritualisierter und in der Regel wöchentlich wiederkehrender Identifikationsort verstehen. Pfarrerinnen und Pfarrer gewinnen aus ihrer gottesdienstlichen Gestaltungsrolle berufliche Identität und Stabilität. Sie haben Lust daran, den Gottesdienst für andere zu gestalten. Damit ist der Gottesdienst zwar zu einer zentralen Gestaltungsaufgabe des Pfarrberufes, aber nicht wie vom Evangelischen Gottesdienstbuch ursprünglich intendiert, der ganzen Gemeinde geworden.[3]

Dabei vollzieht sich die gottesdienstliche Vorbereitung im Pfarrberuf – so ist zu vermuten – wohl immer noch weitgehend als eher »einsame« Schreibtisch-Arbeit und gleicht sich damit dem aufgrund neuerer homiletischer Einsichten seit Ernst Lange obsolet gewordenen klassischen Ideal der »einsamen« Predigt-Arbeit von Emanuel Hirsch in dessen »Predigerfibel« an.[4] Dies würde zugleich einer impliziten und nicht unproblematischen Intention des Evangelischen Gottesdienstbuches entsprechen, welche den Benutzerinnen und Benutzern nahezulegen scheint, die gottesdienstlichen Gestaltungsschwerpunkte und Ausformungsvariationen nicht im Vollzug, sondern in der Schreibtischvorbereitung und einer ihr entsprechenden Ablaufplanung stärker inhaltlich und weniger vom imaginierten Erlebnisvollzug her zu bestimmen.

Ebenso zeichnet sich bei den im Rahmen der Clusteranalyse gebildeten fünf Idealtypen des gottesdienstlichen Gestaltens hindurch eine unhinterfragte Schlüsselstellung des evangelischen Pfarrberufes ab, welche sich dadurch auszeichnet, dass dessen Mitglieder sich in durchaus unterschiedlicher Weise um eine gelungene gottesdienstliche Inszenierung bemühen und daraus berufliche Identität wie persönliche Erfüllung gewinnen. Überspitzt könnte davon gesprochen werden, dass die gottesdienstliche Gestaltungsrolle die Angehörigen des evangelischen Pfarrberufes wie kaum ein anderes Arbeitsfeld erfüllt und »glücklich« macht. Der Gottesdienst wird damit als eine vorrangig pastorale Aufgabe verstanden. Zum Rollenverständnis des Pfarrberufes gehören die Gottesdienst- und Predigtgestaltung konstitutiv hinzu.

---

3. Vgl. dazu das 1. Kriterium des Evangelischen Gottesdienstbuches: »Der Gottesdienst wird unter der Verantwortung und Beteiligung der ganzen Gemeinde gefeiert.« (Evangelisches Gottesdienstbuch. Taschenausgabe, 15) Die »konkrete Gottesdienstgestaltung« soll mit Hilfe des Evangelischen Gottesdienstbuches als einer Agende neuen Typs »in der Gemeinde und gemeinsam mit ihr angemessen erfüllt werden« (ebd., 17). Vgl. zu dieser Konzeption auch *Herwarth von Schade/Frieder Schulz* (Hg.), Gottesdienst als Gestaltungsaufgabe. Praktische Anregungen zur Gestaltung des Gottesdienstes aufgrund der Denkschrift »Versammelte Gemeinde« (Strukturpapier) (reihe gottesdienst 10), Hamburg 1979 oder *Werner Reich/Joachim Stalmann* (Hg.), Gemeinde hält Gottesdienst. Anmerkungen zur Erneuerten Agende (Leiturgia N.F. 1), Hannover 1991.
4. Vgl. *Emanuel Hirsch*, Predigerfibel, Berlin 1964, der im unpag. Vorwort von dem »einsam seine Predigt vorbereitenden Prediger« spricht.

Zwei exemplarisch herangezogene Äußerungen von Pfarrerinnen bzw. Pfarrern aus den Gruppengesprächen Kleinstadt Nord weisen ebenfalls in diese Richtung:

> *Und ich bin also jemand auch, der diese Kommunikation unter den Gemeindegliedern, die so miteinander nicht reden können, am Laufen hält und deren theologische Lösungen und Lebensansätze anderen wieder zugänglich macht.*
>
> *Die Gemeinde legt Wert dadrauf zu wissen, da is einer, der weiß, wo's lang geht. Ich danke äh, das is wichtig und dass es was einheitliches Ganzes is, und da is für mich das Grundgerüst erstmal der agendarische Gottesdienst und ich bin erstaunt, wie Leute dann aber auch bereit sind und Gemeinde .. äh Neues auszuprobieren, andre Lieder und wenn die mit Gitarre begleitet werden, freun sie sich über Veränderungen, aber es muss äh muss irgendwo in sich stimmig sein und auch äh .. ohne Regieanweisung zwischendurch ...*
>
> (GD 3 – Pfarrer/innen Kleinstadt Nord)

Praktisch-theologisch ist dieser Befund dahingehend zu interpretieren, dass Pfarrerrinnen und Pfarrer berufliche Solisten mit enormer Macht darstellen, denen es zunehmend schwer zu fallen scheint, auf diese Macht im öffentlichen Gottesdienst durch einen »Rückzug« in die traditionelle Liturgen-Rolle zu verzichten. Sie übernehmen daher gerne die ihnen in ihrer Interpretation vom Evangelischen Gottesdienstbuch zugedachte Rolle des liturgischen Arrangeurs und nehmen die damit verbundene Engführung von Kriterium 1 des Evangelischen Gottesdienstbuches als letztlich einer Konsequenz des propagierten Ansatzes einer »schmiegsamen« Liturgie ungewollt mit in Kauf. Damit wird zugleich bestätigt, dass das Evangelische Gottesdienstbuch ein ideales gottesdienstliches Konzept und Handwerkszeug für den Theologen-Schreibtisch und wohl gerade nicht für den gottesdienstlichen Vollzug selbst darstellt, das deshalb in der Aus- und Weiterbildung zum Pfarrberuf hohe Wertschätzung genießt.

Es ist hier ein Zusammenhang zwischen der Idee der ausgeformten, thematisch variierenden Liturgien des Evangelischen Gottesdienstbuches und einem Wandel im Pfarrberufsbild zu vermuten, der sich in der Schwerpunktverlagerung hin zum Gestalter und zur Gestalterin des Gottesdienstes und nicht mehr allein der Predigt abbildet. Die bereits zum Vorentwurf der Erneuerten Agende vorgetragene Kritik am konstitutiv zugrunde gelegten Strukturmodell, wie sie vor allem

Karl-Heinrich Bieritz vertrat, würde damit im Nachhinein ihre Berechtigung bestätigt erhalten. Es spricht einiges für das Argument von Bieritz, dass die »Struktur« gerade nicht das gottesdienstliche Erleben abbildet, sondern ausschließlich eine vorbereitungsbezogene Ablauflogik des Gottesdienstes darstellt.[5]

Überspitzt formuliert heißt dies: Im sogenannten traditionskontinuierlichen Gottesdienst dürfen Pfarrerinnen und Pfarrer endlich das wieder uneingeschränkt und alleine tun, was Mitglieder aus den Teams des »ganz anderen« Gottesdienstes so gerne als ihre Rolle ausüben, nämlich zielgerecht für andere Gottesdienst zu gestalten.[6] Der von Frieder Schulz im Zusammenhang der Arbeit am Evangelischen Gottesdienstbuch in genialer Weise eingeführte liturgiepolitische Kunstgriff der »schmiegsamen Liturgie« erweist sich in der gottesdienstlichen Praxis als zentrales Gestaltungsinstrument der Pfarrerschaft und sichert zugleich deren professionelle Identität. Die für die gottesdienstliche Gestaltungsaufgabe konstitutiv erforderliche liturgische Sachkenntnis wird unter der Hand zum neuen maßgeblichen Ort »theologischer Existenz«. Auf diese Weise gerät die Identität der Inhaberinnen und Inhaber des Pfarrberufes als Theologinnen und Theologen gottesdienstlich zur Darstellung.[7] Sie hat sich von der Predigt hin zur liturgischen Gestaltungsrolle verschoben und damit zugleich ungewollt an Totalität gewonnen. Repräsentierte nach traditioneller Vorstellung die Liturgen-Rolle das Handeln der Kirche und lediglich die Predigt die persongebundene Auslegung der Heiligen Schrift, so wird nun der gesamte Gottesdienst zur persönlich verantworteten Gestaltung von Pfarrerinnen und Pfarrern. Mit dem Pfarrberuf als Liturgiegestaltende sind die Ziele des Evangelischen Gottesdienstbuches jedoch nur bedingt erfüllt, da die gottesdienstliche Gestaltungshoheit bei der Kirchengemeinde liegen sollte. Unter der Hand vollzieht sich mit diesem Rollenverständnis zugleich auch eine vom Evangelischen Gottesdienstbuch gerade nicht beabsichtigte Thematisierung des Gottesdienstes und damit eine Annäherung an einen vom Evangelischen Gottesdienstbuch und seiner Grundkonzeption her im Grunde als überwunden gedachten gottesdienstlichen Typus.

Meine These lautet daher: Der weite Mantel der gottesdienstlichen Gestaltungsaufgabe wird von den befragten Pfarrerinnen und Pfarrern über eine Fülle an zu

5. Vgl. *Karl-Heinrich Bieritz*, Struktur. Überlegungen zu den Implikationen eines Begriffes im Blick auf künftige Funktionen liturgischer Bücher (1979), in: ders., Zeichen setzen. Beiträge zu Gottesdienst und Predigt (PTHe 22), Stuttgart u. a. 1995, 61–81.

6. Vgl. *Klaus Raschzok*, Die Gemeinde im evangelischen Gottesdienst, in: Irene Mildenberger/Wolfgang Ratzmann (Hg.), Beteiligung? Der Gottesdienst als Sache der Gemeinde (Beiträge zu Liturgie und Spiritualität 15), Leipzig 2006, 51–75.

7. Vgl. *Christian Grethlein*, Pfarrer – ein theologischer Beruf! (edition chrismon), Frankfurt am Main 2009.

konstatierender Diversität des Gottesdienstverständnisses gebreitet. Unter dem Mantel kommen jedoch vom Protestantismus als überwunden gedachte, im Grunde aber nur verdrängte archaische Motive zum Vorschein. Dazu gehört die Rolle des einen Liturgen, der für alle gottesdienstlich gestaltet, die aus der Priester-Rolle transformiert ist und in enger Nähe zur gottesdienstlichen Vorsteher-Rolle der Liturgiekonstitution des II. Vatikanischen Konzils steht. Durch die protestantische »Angst« vor einer Überformung durch die gottesdienstliche Tradition hindurch meldet sich unversehens die verdrängte Priesterrolle wie »durch die Hintertüre« zu Wort und beginnen Pfarrerinnen und Pfarrer ihrem beruflichen Selbstverständnis nach gerade dadurch quasi heilsrelevant für ihre Gemeinde zu handeln, dass sie den roten Faden und den gottesdienstlichen Rahmen für die anderen Feiernden stellvertretend sicherstellen zu meinen müssen.

Der evangelische Gottesdienst wird zur öffentlichen Projektionsfläche des Pfarrberufes als des zentralen Schlüsselberufes der Volkskirche. Zugleich können auf diese Weise die im Pfarrberuf nach Volker Drehsen konstitutiv erforderlichen und für die Beteiligten mühsam immer wieder neu zu erbringenden beruflichen Respezifikationsleistungen[8] endlich einmal auch wieder verlassen werden. Der Gottesdienst wird zum Ort der Selbstdarstellung des Pfarrberufes, der dies zwar im Sinne protestantischer Zurückhaltung selbstverständlich nur für andere tut, dadurch aber zugleich zum öffentlich agierenden Gestalter und Solisten mutiert. Der Gottesdienst stellt sich damit als öffentliche Gestaltungsleistung des pastoralen Berufes dar. Die anscheinend nur schwer zu vereinbarenden Berufsrollen Liturg und Prediger auf der einen und der Pfarrberuf als Schlüssel-Profession der Volkskirche als eine im Grunde stille und zurückhaltende Rolle mit permanentem Macht-Verzicht auf der anderen Seite geraten dabei im Gottesdienst in eine nicht unproblematische Spannung zueinander. Herkömmlicherweise wurde diese beschriebene Spannung bislang dadurch aufgelöst, dass sich Liturginnen und Liturgen in der jedoch inzwischen marginal gewordenen gottesdienstlichen Tradition bergen und damit auch ein Stück aus der Totalität ihrer Berufsrollen zurücknehmen und zurückziehen konnten.

---

8. Vgl. *Volker Drehsen*, Art. Praktische Theologie, in: Wilhelm Gräb/Birgit Weyel (Hg.), Handbuch Praktische Theologie, Gütersloh 2007, 174–187, 185: Diese argumentationsfähige Respezifikationspraxis nimmt ernst, dass nach protestantischem Verständnis dem pastoralen Berufssubjekt keine den Religionssubjekten hierarchisch übergeordnete, sondern nur sachlich begründete, funktionale Autorität zukommt und von ihm ein permanenter Transformationsprozess der Auffassungen und Aussagen der Religionssubjekte in die theologische Theorie »auf Augenhöhe« zu vollziehen ist.

Das Handlungsfeld Kirchenmusik in der Rezeptionsstudie des Evangelischen Gottesdienstbuches

Gerd Kerl

Alle Aussagen zum Handlungsfeld Kirchenmusik geben nur einen Ausschnitt aus der Problematik wieder. Der Grund liegt darin, dass in der vorliegenden Studie im großen Bereich der standardisierten Befragung Pfarrerinnen und Pfarrer befragt wurden, während Kirchenmusikerinnen und Kirchenmusiker in den Gruppendiskussionen der explorativen Phase zu Wort kamen. Die Zusammenarbeit zwischen Pfarrerinnen und Pfarrern und den Kirchenmusikerinnen und Kirchenmusikern bleibt eine Herausforderung. Theologisch geht es um die Frage einer speziellen Ausformung des Priestertums aller Glaubenden. In diesem Begriff liegt eine große Chance, das Miteinander der Ämter im Leib Christi zu bestimmen. So kann die Aufgabe des ordinierten Amtes darin bestehen, die verschiedenen Dienste in der Gemeinde, auch im gottesdienstlichen Vollzug, einander zuzuordnen, sie vor Verkürzungen zu bewahren und in der durch das biblische Zeugnis beschriebenen Fülle zur Entfaltung zu bringen. Die Gemeinschaft der Heiligen kann so dem Grundgedanken Luthers aus der Torgauer Kirchweihpredigt für einen lebendigen Gottesdienst Ausdruck verleihen: Im Gottesdienst soll nichts anderes geschehen, als dass unser lieber Herr mit uns redet durch sein heiliges Wort und wir wiederum mit ihm reden durch Gebet und Lobgesang.

Wort und Antwort, Gebet und Gesang als Grundbestimmungen des evangelischen Gottesdienstes verlangen nach einer qualitativ anspruchsvollen und zielorientierten Zusammenarbeit zwischen Theologie und Kirchenmusik. Alle kirchenmusikalischen Ausbildungsgänge legen großen Wert auf die liturgische Bildung. Häufig sind Kirchenmusikerinnen oder Kirchenmusiker darin den Pfarrerinnen oder Pfarrern überlegen. Hier liegt eine Chance für die Zusammenarbeit in Vorbereitung und Feier des Gottesdienstes.

Die Gruppendiskussionen mit Kirchenmusikerinnen und Kirchenmusikern, die Stephan A. Reinke in seinem Beitrag berücksichtigt,[1] zeigen, dass diese Zusammenarbeit noch nicht überall auf einem zufriedenstellenden Niveau geschieht. Hier muss an der Rollenklärung weiter gearbeitet werden. Es war auch deutlich, dass das Gottesdienstbuch es bei aller Offenheit zur dramaturgischen Gestaltung des Gottesdienstes nicht geschafft hat, die alternativen Gottesdienste zu integrieren, wie es ursprünglich einmal gedacht war. Das hat auch Konsequenzen für die Mitarbeit der Kirchenmusikerinnen und Kirchenmusiker.

1. Die Situation von Gemeinden und ihren Kirchenmusikerinnen und Kirchenmusikern

Im Bereich der Kirchenmusik ist die Lage in den Gemeinden der Befragten heterogen. Dies zeigt die Befragung unter Pfarrerinnen und Pfarrern, aus der die folgenden Daten stammen.[2] Hier wurde erhoben (Frage 6), ob die Befragten mit einem oder einer Hauptamtlichen mit kirchenmusikalischer Ausbildung zusammenarbeiten.

Offenbar müssen momentan viele Gemeinden jetzt schon ohne Hauptamtliche/n mit kirchenmusikalischer Ausbildung auskommen: 30 % der Befragten geben an, in ihren Gottesdiensten arbeite »selten oder nie« eine hauptamtliche Kraft mit, 58 % geben an, dies sei »meistens oder immer« der Fall, 12 % wählen die Antwortmöglichkeit »manchmal«. So scheint die kirchenmusikalische Arbeit in der Mehrzahl der Gemeinden zumindest zufriedenstellend zu sein, während sie in anderen Gemeinden bereits so weit reduziert ist, dass man nur noch von einer Grundversorgung sprechen kann – möglicherweise nicht einmal das.

Aus den Befragungsdaten lässt sich hierin keine Ost-West-Differenz ausmachen: In Sachsen ist der Anteil der Befragten, die in ihren Gemeinden keine hauptamtliche Kraft für Kirchenmusik mehr haben, durchschnittlich; in Mecklenburg, der EKM und in Pommern sind diese Werte höher, jedoch sind auf der Basis der geringen Befragtenzahlen in diesen Landeskrichen diese Zahlen wenig aussagekräftig. Ein im Vergleich zum Durchschnitt der Befragten deutlich erhöhter Anteil an Befragten, die angeben, ohne hauptamtliche Kraft arbeiten zu müssen, finden sich in der Ev.-Luth. Landeskirche Hannovers, was darauf hindeutet, dass hier möglicherweise (wie allgemein eher in Landeskirchen mit großem An-

1. Vgl. den Artikel von *Stephan A. Reinke*, Der Gottesdienst zwischen Pfarramt und Kirchenmusik, in diesem Band.
2. Vgl. den Beitrag von *Claudia Schulz*, Die Gestaltung von Gottesdiensten und die Nutzung des Evangelischen Gottesdienstbuches, in diesem Band.

teil ländlicher Gemeinden) ein System verbreitet ist, nach dem Teilbeauftragungen von C- und D-Musikerinnen und -Musikern in den Gemeinden der Normalfall geworden sind. So erscheint eine Mitarbeit von kirchenmusikalischen Hauptamtlichen vor allem im städtischen Kontext eher noch gesichert zu sein.

Eine grundlegende Anfrage ist jedoch an diese Ergebnisse zu richten: Auch wenn hier sichtbar wird, dass bereits viele Gemeinden im Bereich der Kirchenmusik ohne eine hauptamtliche Kraft auskommen müssen, erscheinen die Zahlen der vorhandenen Hauptamtlichen dennoch viel zu hoch. So liegt, völlig im Gesamtdurchschnitt aller Befragten, der Anteil der Befragten, die angeben, dass bei ihnen »meistens« oder »immer« eine hauptamtliche Kraft mitarbeitet, in Westfalen bei 58,7 %. Da es aber, nun auf der Basis der kirchlichen Angestellten- und Gemeindedaten, in Westfalen bei 1500 Gemeindepfarrstellen nur ca. 115 hauptamtliche Kirchenmusikstellen gibt, kann diese Antwort nicht zutreffen. Hier ist zu überlegen, warum die Befragten dennoch diese Antwort geben. Eine mögliche Erklärung könnte sein, dass die befragten Pfarrerinnen und Pfarrer beispielsweise auch C-Musiker/innen als Hauptamtliche verstehen, wenn diese regelmäßig im Gottesdienst tätig sind. Diese relativ dünne Decke der Hauptamtlichkeit bedingt zum Teil erhebliche Qualitätsunterschiede in der kirchenmusikalischen Arbeit. Um die Qualität der musikalischen Gestaltung der Gottesdienste zu sichern und die Fortbildung der neben- und ehrenamtlichen Kirchenmusikerinnen und Kirchenmusiker aufrechtzuerhalten, ist ein Netz von hauptamtlichen Kirchenmusikerinnen und Kirchenmusikern nötig. In landeskirchlichen oder kreiskirchlichen Konzeptionen sollten entsprechende Stellenpläne entwickelt werden.

Im Folgenden werden die aus der Rezeptionsstudie für das Handlungsfeld Kirchenmusik belangvollen Fragen und deren Beantwortung kurz eingeordnet. Am Ende jedes Abschnitts wird eine These formuliert, die liturgiedidaktische Anregungen und Fortbildungsperspektiven eröffnet. Am Ende des Beitrags werden diese Thesen noch einmal in einen grundsätzlichen Rahmen gestellt, der den Verantwortlichen in der Aus- und Fortbildung und den Kirchenleitungen Hinweise auf mögliche Konsequenzen aus der Rezeptionsstudie für das Handlungsfeld Theologie und Kirchenmusik gibt.

2. Einzelne Ergebnisse, ihre Bedeutung und mögliche Folgen

2.1 Die Zusammenarbeit von Pfarrer/in und Kirchenmusiker/in

Die Frage 4 erhebt diese Zusammenarbeit in Bezug auf unterschiedliche Gruppen und Gottesdienstformen: »Über das reine Weitergeben von Informationen hinaus:

Wenn Sie einen der genannten Gottesdienste feiern, wie oft bereiten Sie einen Gottesdienst zusammen mit Ehrenamtlichen und/oder Kirchenmusikerinnen vor?« Diese Zusammenarbeit ist wie erwartet vielschichtig. Für einen *Familiengottesdienst* geben 51 % der Befragten an, ihn »häufig oder immer« gemeinsam mit Ehrenamtlichen vorzubereiten. Nur 8 % tun dies selten oder nie. Die Zusammenarbeit mit dem Kirchenmusiker oder der Kirchenmusikerin fällt noch etwas geringer aus, nur 37 % der Befragten bereiten »häufig oder immer« und sogar 20 % »selten oder nie« den Gottesdienst gemeinsam vor.

These: Der erfreulichen Mitwirkung von Ehrenamtlichen bei der Vorbereitung und Durchführung von Familiengottesdiensten sollte eine qualifizierte Mitarbeit von Kirchenmusikerinnen und Kirchenmusikern entsprechen. Dafür sind in der kirchenmusikalischen Fortbildung vor allem das Gemeindesingen und das elementarpädagogische Singen mit (kleinen) Kindern zu verstärken.

Anders stellt sich die Situation dar, wenn man die Ergebnisse in Bezug auf den *sonntäglichen Hauptgottesdienst* betrachtet: Hier geben nur 13 % der Befragten an, »häufig oder immer« mit Ehrenamtlichen zu arbeiten, 29 % tun dies »selten oder nie«. Mit der Kirchenmusikerin oder dem Kirchenmusiker bereiten jedoch 29 % der Befragten den Gottesdienst »häufig oder immer« vor, jedoch geben immer noch 24 % der Befragten an, dies »selten oder nie« zu tun. Hier zeigt sich ein Defizit in der Gottesdienstpraxis in der wechselseitigen Nichtkooperation. Diese ist nicht mit der Häufigkeit der Gottesdienste zu erklären, die zu feiern sind[3]; so geht es vermutlich eher um Unterschiede in der »Kultur der Zusammenarbeit« zwischen den Hauptamtlichen der verschiedenen Berufsgruppen.

These: Um dem Leitkriterium des Evangelischen Gottesdienstbuches (Feier des Gottesdienstes unter Verantwortung und Beteiligung der Gemeinde) mehr Raum bei der Vorbereitung und Feier des Sonntagsgottesdienstes zu verschaffen, sind Standards für eine verbindliche Zusammenarbeit zwischen Pfarrerinnen und Pfarrern sowie Kirchenmusikerinnen und Kirchenmusikern zu vereinbaren. Dazu können folgende Bausteine hilfreich sein: Entwicklung eines Liedplans für das Kirchenjahr (unter Berücksichtigung der Kernliederliste), musikalische Akzentuierung der Liturgie im Kirchenjahr, Wiedergewinnung der Rolle des Kantors/der Kantorin vor der Gemeinde, regelmäßige Beteiligung von Musikgruppen und Chören in gemeinsam vorbereiteten Gottesdiensten (kein Auftritt). Im Sinne partnerschaftlicher Kommunikation ist eine vorausschauende Planung von Gottesdiensten für Chorleiterinnen und Chorleiter unerlässlich.

3. Vgl. den Beitrag von Claudia Schulz in diesem Band.

Betrachtet man die *alternativen Formen des Gottesdienstes* (z. B. Feierabend-, Gospel-, Samstagsgottesdienste), scheinen in 46 % der Fälle die Kirchenmusikerinnen und Kirchenmusiker selten oder nur gelegentlich beteiligt zu sein. Hier wird deutlich, dass diese Gottesdienste oft von Bands und anderen Musikgruppen oder durch CD-Einspielung gestaltet werden.

These: In der Aus- und Fortbildung von Kirchenmusikerinnen und Kirchenmusikern sollten die popularmusikalischen Stile verstärkt unterrichtet werden. Zielgruppengottesdienste, die milieuorientiert vorbereitet werden, brauchen auch eine qualifizierte musikalische Gestaltung.

2.2 Das Wochenlied und seine liturgische Einbindung

Nach den Angaben der Befragten wird das vorgeschlagene *Wochenlied* von 56 % der Befragten »meistens oder immer« gesungen, 33 % singen es »manchmal«, 11 % singen es »nie«. Hier finden sich erhebliche Unterschiede zwischen den Landeskirchen: Im Rheinland liegt der Anteil derer, die das Wochenlied »selten oder nie« singen, bei 19 %, in Sachsen bei 1 % (93 % singen das Wochenlied hier »meistens oder immer«). Die Tatsache, dass ein liturgisch verbindendes Element bei der Feier des Gottesdienstes wie das Wochenlied nur von etwa der Hälfte der Befragten regelmäßig und von vielen nur gelegentlich zur Gottesdienstgestaltung herangezogen wird, ist nicht zufriedenstellend.

These: Im Rahmen der anstehenden Perikopenrevision ist die Wochenliedliste zu überarbeiten. Dabei sollten die Überlegungen, die sich im Umfeld der Diskussion um die Kernliederliste ergeben haben, Berücksichtigung finden. Die Möglichkeiten des Internets bei der Verbreitung des Wochenliedes sollten stärker genutzt werden.

2.3 Der ganzheitlich gestaltete Gottesdienst

In Frage 8_12 war das EGb-Kriterium berücksichtigt, der Gottesdienst müsse auch Körper und Sinne ansprechen. Die an der Befragung Teilnehmenden wurden nach ihrer Haltung zu diesem Postulat gefragt. Insgesamt ergab sich eine große Zustimmung: 60 % stimmen diesem Satz zu, nur 12 % lehnen ihn ab. Möglicherweise steht hier das theoretische »Für-richtig-Halten« im Vordergrund. Ob die Befragten dies inhaltlich füllen können und mögen, ob sie genaue Vorstellungen darüber haben, was damit gemeint sein könne bzw. wie dies konkret umzusetzen sei, lässt sich hier nicht in Erfahrung bringen. Es ist denkbar, dass hier insgesamt die Musik gemeint ist und auch der Gesang. Jedenfalls ist diese Dimension im protestantischen Gottesdienst immer eher durch die Musik vertreten. Das Gesangbuch war für viele Generationen ein der Heiligen Schrift beinahe ebenbürtiger Glaubensvermittler. Die Bemühungen um das Wiedergewinnen des Gemeindegesangs gehören hier her. Dabei wird das neue geistliche Lied (Rhythmus, Groove) eine wichtige Rolle neben den traditionellen Chorälen (Tradition, Beheimatung) spielen.

These: Das Jahr der Kirchenmusik 2012 bietet eine große Chance, ähnlich den Erfahrungen des Day of Song bei der Kulturhauptstadt 2010 im Ruhrgebiet, das Gemeindesingen in den Mittelpunkt der Aktivitäten zu stellen. Dabei könnten wir gut an die historische Tatsache anknüpfen, dass die Reformation im lutherischen Bereich eine Singbewegung war.

2.4 Wünsche an ein erneuertes Gottesdienstbuch

In Frage 22 waren Wünsche an ein (potenziell) erneuertes Gottesdienstbuch und damit insgesamt das Interesse an einzelnen Dimensionen seiner Leistung erfragt worden: »Stellen Sie sich vor, es gibt in einigen Jahren eine erneuerte Form des Gottesdienstbuches: Was ist dafür wichtig?« 73 % der Befragten wünschen sich bei einer Neuauflage des Gottesdienstbuches mehr oder bessere »Hinweise auf Lieder und andere musikalische Gestaltungsmöglichkeiten« (22_6). Unklar bleibt, ob dies als ein Interesse an mehr nützlichen Tipps zur konkreten Vorbereitungsarbeit zu werten ist oder als Bedürfnis nach einer stärkeren Gewichtung von kirchenmusikalischen Fragen im Gottesdienstbuch gesehen werden kann. Insgesamt ist dieses große allgemeine Interesse ein wichtiger Hinweis für die Gestaltung eines »neuen Gottesdienstbuches«. Es zeigt auch noch einmal, dass viele Pfarrerinnen und Pfarrer der Musik im Gottesdienst zwar eine große Bedeutung beimessen, aber durch die Stellensituation hier oft keinen Ansprechpartner haben. Inzwischen gibt es dazu natürlich auf dem freien Markt recht zahlreiche Veröffentlichungen, auch von der liturgischen Konferenz.

These: Die Möglichkeit, mit musikalischen Akzenten (auch im Sinne der Varianten des Evangelischen Gottesdienstbuches) zur Feier einer lebendigen Liturgie beizutragen, ist durch gemeinsame Fortbildungen von Pfarrerinnen und Pfarrern sowie Kirchenmusikerinnen und Kirchenmusikern zu stärken.

2.5 Der Gebrauch des Evangelischen Gesangbuches

Im Rahmen der Studie über den Gebrauch des Gottesdienstbuches war auch nach dem Gebrauch des Gesangbuches gefragt worden: »Welche dieser genannten Hilfsmittel nutzen Sie normalerweise zur Gottesdienstvorbereitung?« (Frage 24). 84 % der Befragten geben an, bei der Gottesdienstvorbereitung mit dem Gesangbuch zu arbeiten (24_8). Das ist ein erfreulicher Wert. Die Zusammenarbeit von Pfarrerinnen und Pfarrern und Kirchmusikerinnen und Kirchenmusikern kann im Blick auf die Gottesdienstvorbereitung mit dem Gesangbuch besonders fruchtbar sein.

These: Das Evangelische Gesangbuch und die (z.T. als Ergänzungshefte zum EG gebrauchten) Kirchentagsliederbücher sind Fundgruben für die Gestaltung einer lebendigen Liturgie. Zwischentexte, Singsprüche, Psalmgebete, Liedkombinationen und der Gebetsteil des EG sind immer noch teilweise unentdeckt. Die Arbeitsstellen für Gottesdienst und Kirchenmusik bzw. die Gottesdienstinstitute haben hier eine wichtige Fortbildungs- und Kommunikationsaufgabe.

3. Folgerungen aus der Studie für das Handlungsfeld Kirchenmusik und die Zusammenarbeit von Pfarrerinnen und Pfarrern sowie Kirchenmusikerinnen und Kirchenmusikern

Neben den in den Thesen oben genannten Anregungen sehe ich folgende Herausforderungen und Perspektiven:

1. Personalplanung
In vielen Landeskirchen wird in den Kirchenleitungen im Augenblick die Personalplanung für Theologinnen und Theologen bis zum Jahr 2030 diskutiert. Bei einem EKD-weit prognostizierten Mitgliederschwund um ein Drittel und der zu erwartenden Halbierung der Finanzkraft sind alle nichttheologischen Berufe gefährdet, wenn nicht rechtzeitig gegengesteuert wird. Deshalb müssen jetzt die anderen Berufsgruppen in die Überlegungen einbezogen werden. Dies gilt gerade auch für die Kirchenmusik. Personalplanung in diesem Sinne kann über zu verabredende Aufgabenbeschreibungen für Gemeinden, Kirchenkreise und Landeskirchen geschehen. Entsprechende Stellenschlüssel sind zu entwickeln und in die mittelfristige Finanzplanung einzubeziehen. Die Achillesferse liegt bei den netzwerkartig organisierten Landeskirchen darin, dass die Theologinnen und Theologen zentral bei den Landeskirchen angestellt sind, aber die anderen Mitarbeitenden regional beschäftigt werden (in der EKvW z. B. bei über 900 Anstellungsträgern). Eine Kirchbilddiskussion ist hier erforderlich, die vom Auftrag der Kommunikation des Evangeliums zu Ergebnissen kommt, die u. a. die Haupt- und Nebenamtlichkeit in der Kirchenmusik sichert.

2. Aus- und Fortbildung
Häufig begegnen sich Pfarrerinnen oder Pfarrer und Kirchenmusikerinnen oder Kirchenmusiker erst in der Gemeindepraxis. Das ist zu spät. Dann sind die Hier-

archien ein Hindernis für eine Kommunikation auf Augenhöhe. Begegnungen im Studium oder im Vikariat sind die Ausnahme. Sie sollten regelmäßiger Bestandteil der Ausbildung werden. Noch entscheidender ist aber die Einbeziehung einer Kantorin oder eines Kantors in die Vikariatsausbildung in den Predigerseminaren. Die liturgischen Möglichkeiten, die das Evangelische Gottesdienstbuch im Zusammenspiel mit dem Gesangbuch und anderen Liederbüchern bietet, können so zwei Jahre lang erlebt und erprobt werden. Der Gewinn ist eine bessere Kommunikationskultur zwischen den Berufsgruppen und eine vertiefte musikalische Erfahrung, die die spirituelle Dimension der Kirchenmusik deutlich macht.

Fortbildungsangebote für beide Berufsgruppen scheitern oft an der Nichtteilnahme von Kirchenmusikerinnen und Kirchenmusikern. Die Ursachen sind vielschichtig. Die Formate müssen unter Einbeziehung der Beteiligten neu bedacht werden. Im Zusammenhang des neuen EKD-Pfarrdienstrechts wird neu über verpflichtende Fortbildungen gesprochen. Hier sollte auf jeden Fall auch die Fortbildung in den ersten Amtsjahren für Kirchenmusikerinnen und Kirchenmusiker EKD-weit eingeführt werden.

3. Leitung als Regie

Die nach der Kirchenordnung beschriebene Leitungsrolle des ordinierten Amtes bei der Feier des Gottesdienstes bedeutet nicht notwendigerweise die alleinige Fachkompetenz auch in kirchenmusikalischen Fragen. Es ist die Leitungskompetenz von Theologinnen und Theologen dahingehend fortzubilden, dass sie ihre Leitungsrolle immer mehr im Sinne von Regie wahrnehmen lernen. Dann ist die Entstehung des Gottesdienstes als Gesamtkunstwerk ohne die verschiedenen Ämter und Gaben nicht möglich, schon gar nicht ohne die verantwortliche Beteiligung von Kirchenmusikerinnen und Kirchenmusikern.

4. Ritual und Inszenierung als Chance für das Kirchenjahr

Das Evangelische Gottesdienstbuch hat eine Gottesdienstruktur präsentiert, in welcher die beiden großen protestantischen Traditionen, die Messform in Grundform I und der oberdeutsche Predigtgottesdienst in Grundform II, jeweils den gleichen dramaturgischen vier Grundschritten folgen. Innerhalb dieser Grundform ist es die Aufgabe der für den Gottesdienst Verantwortlichen, eine Regelliturgie zu entwickeln und diese wiederum aktuell auszugestalten. Der Nestor der evangelischen Liturgik Frieder Schulz sprach in diesem Zusammenhang gerne von einer »schmiegsamen Ordnung«. Nun zeigt die Studie, dass diese Gestaltungsaufgabe entweder so nicht überall verstanden wurde oder aber als Überforderung im Alltagsgeschäft bei der Vorbereitung vieler Gottesdienste erlebt wird.

Auf Seiten der Gemeinde wird bei einem Zuviel an Ausgestaltung häufig die Beheimatung im wiederkehrenden Ritual vermisst. Um die Spannung zwischen Ritual und Inszenierung fruchtbar zu machen, sollten in den Gemeinden Liturgien entwickelt werden, die im Kirchenjahr Akzente setzen. So kann der Reichtum der lebendigen Liturgie entfaltet werden, ohne dass die sonntägliche Gemeinde sich ständig auf Überraschungen gefasst machen muss. Dass bei der Entwicklung solcher Liturgien die Zusammenarbeit zwischen Theologie, Kirchenmusik und Gemeindeleitung unverzichtbar ist, sollte deutlich sein. Aus vielen Beratungen in solchen Gestaltungsprozessen weiß ich auch, dass sich für alle Beteiligten die Mühe lohnt, weil sie selber die Gottesdienststationen in ihrer tiefen spirituellen Gründung neu erleben.

5. Qualität als Prozessbegleitung

Neben der Aufgabe, die Liturgie lebendig zu gestalten, wird es in der Leitungsverantwortung in den Gemeinden auch darum gehen, die Frage nach den Zielgruppen bei der Feier des Gottesdienstes zu stellen. Neben der Analyse unter der Fragestellung »Welche Zielgruppen und Milieus erreichen wir?« geht es auch um die Entwicklung einer guten Rückmeldekultur in der Gemeinde auf das gesamte Gottesdienstangebot. Dies ist eine Frage des kollegialen Feedbacks unter den haupt-, neben- und ehrenamtlichen Mitarbeitenden sowie eine Frage, in welcher Weise die Gottesdienstgemeinde in solch einen Prozess einbezogen werden kann. Hier kommt der Zusammenarbeit zwischen Pfarrerinnen und Pfarrern sowie Kirchenmusikerinnen und Kirchenmusikern besondere Bedeutung zu. Gerade die verschiedenen Musikstile der Milieus sind oft ein eher trennendes Moment und führen nicht Menschen über Milieugrenzen hinweg zusammen. Es ist eine dauernde Gestaltungsaufgabe im Rahmen der Qualitätssicherung von Gottesdiensten, das milieuspezifische und das integrative Moment zu bedenken und in Gestaltungen von Gottesdiensten umzusetzen. Hier können die neuen Weiterbildungen unter dem Titel Gottesdienstcoaching oder Gottesdienstberatung, die in verschiedenen Landeskirchen jetzt angeboten werden, weiterhelfen.

Gemeinsam ans Ziel – Der Gottesdienst zwischen Pfarramt und Kirchenmusik

Stephan A. Reinke

»Es sind verschiedene Gaben, aber es ist ein Geist.
Und es sind verschiedene Ämter; aber es ist ein Herr.
Und es sind verschiedene Kräfte aber es ist ein Gott,
der da wirkt alles in allen.«
(1. Kor. 12, 4)

Nicht selten gelten Kirchenmusikerinnen und Kirchenmusiker innerhalb einer Kirchengemeinde als die eigentlichen Experten auf liturgischem Gebiet, als diejenigen, die – obwohl damit im Grunde eher bedingt betraut – über die wahre Kompetenz in Fragen der Gottesdienstgestaltung verfügen. Ob dies zutrifft oder nicht, soll an dieser Stelle nicht entschieden werden. Ein Blick in die Ausbildungsordnungen von Kirchenmusiker/innen auf der einen und Pfarrer/innen auf der anderen Seite lässt jedoch zumindest den Schluss zu, dass dieser Eindruck nicht im luftleeren Raum der bloßen Behauptung steht (zumal dann nicht, wenn man bedenkt, dass Kirchenmusiker/innen für gewöhnlich – zumindest am Beginn ihres professionell-hauptamtlichen Gemeindelebens – über vielfältigere und vermutlich auch längere Gottesdiensterfahrungen verfügen als die meisten Einsteigerinnen und Einsteiger ins Pfarramt). In jedem Fall haben sie erheblichen Anteil an der Planung oder (zumindest) der Durchführung eines Gottesdienstes, und so liegt es nahe, in einer Studie über die Verbreitung und Anwendung des Evangelischen Gottesdienstbuches auch die berufsständige Sicht der Kirchenmusik mit in den Blick zu nehmen.

Im Rahmen der vorliegenden Untersuchung geschah dies nicht als Teil der quantitativen Erhebung, statistische Befunde über die Verbreitung des Evangelischen Gottesdienstbuches in der Kirchenmusikerschaft lassen sich also nicht ableiten. Stattdessen wurden im Vorfeld der standardisierten Befragung drei Gruppendiskussionen mit Kirchenmusikerinnen und Kirchenmusikern aus verschiedenen Regionen durchgeführt.[1] Im Allgemeinen werden unter diesen Gesprächen »mehrerer Teilnehmer zu einem Thema, das der Diskussionsleiter benennt«[2], verstanden. Sie dienen dazu, »Meinungen und Einstellungen unter Gruppenkontrolle«[3] zu gewinnen, und haben den Vorteil, relativ schnell und relativ kostengünstig empirische Befunde zu generieren, auf deren Basis dann etwa eine empirisch gestützte Weiterdiskussion der hinterfragten Problemstellungen erfolgen kann.[4]

Es liegt durchaus nahe, in der vorliegenden Untersuchung Kirchenmusikerinnen und Kirchenmusiker nicht auch per Fragebogen zu ihren Einstellungen gegenüber dem Evangelischen Gottesdienstbuch ausführlich zu befragen, ist dies doch im Gegensatz zu den Pfarrerinnen und Pfarrern für sie lediglich ein zwar wichtiges, aber nicht das wesentliche Hilfsmittel ihrer gottesdienstlichen Arbeit – anders als etwa das Gesangbuch.[5]

Wenn nun im Folgenden Aspekte der Rezeption des Evangelischen Gottesdienstbuches auf Seiten der Kirchenmusikerschaft sowie vor allem auch deren Haltung zum Gottesdienst und dessen gegenwärtigen Ausprägungen dargestellt und in Bezug zu den Ergebnissen der Befragung unter Pfarrerinnen und Pfarrern gesetzt werden sollen, ist es wichtig, sich vorab der unterschiedlichen Art der Ergebnisse zu vergewissern. Auf qualitative oder quantitative Weise erhobene empirische Befunde unterscheiden sich im Grad ihrer Verallgemeinerbarkeit und ihrer Aussagekraft erheblich voneinander. Dies bezieht sich weniger auf ihre Wertigkeit oder wissenschaftliche Güte – nicht die quantitativen Befunde sind die wirklichen Erkenntnisse, während die qualitativen Ergebnisse bloße Eindrücke widerspiegeln –, sondern macht viel eher eine unterschiedliche Vorgehensweise in ihrer Deutung nötig. Es gilt, sich vor Augen zu führen, dass, auch wenn die

1. Vgl. zur Methode *Ralf Bohnsack/Aglaja Przyborski/Burkhard Schäffer* (Hg.), Das Gruppendiskussionsverfahren in der Forschungspraxis, Opladen ²2010.
2. *Siegfried Lamnek*, Qualitative Sozialforschung, Band 2: Methoden und Techniken, Weinheim 1995, 125.
3. *Wilfried Laatz*, Empirische Methoden, Thun/Frankfurt am Main 1993, 115.
4. Vgl. hierzu etwa: *Udo Kelle*, Empirisch begründete Theoriebildung. Zur Logik und Methodologie interpretativer Sozialforschung, Weinheim 1994.
5. Es sei an dieser Stelle ausdrücklich der Wunsch geäußert, auch das Evangelische Gesangbuch, seine Verbreitung und Nutzung einer umfänglichen empirischen Untersuchung zu unterziehen. Hierfür wäre gerade auch die Gemeindeperspektive bzw. die Perspektive des Gemeindemitgliedes einzubeziehen, entstand doch das Evangelische Gesangbuch in Abgrenzung zu seinem Vorgänger, dem Evangelischen *Kirchen*gesangbuch (EKG), ausdrücklich als ein Projekt, das über den Gottesdienst hinaus die individuelle Frömmigkeitspraxis befördern sollte. Spätestens im Vorfeld der Konzeption eines neuen Gesangbuches ist eine solche Untersuchung wohl unerlässlich – nicht zuletzt um den sich wandelnden Ansprüchen und Erwartungshaltungen gegenüber einem solchen Gesangbuch gerecht werden zu können und nicht am Bedarf der Gläubigen vorbei zu planen.

Interviewbefragung der Kirchenmusikerinnen und Kirchenmusiker im Setting der vorliegenden Untersuchung in einer der Fragebogenerhebung vorgeschalteten Phase erfolgte, die gewonnenen Ergebnisse mitnichten bloß vorläufig oder gar vorwissenschaftlich sind. Nur weil – wie etwa Jürgen Friedrichs stellvertretend für eine generell den quantitativen Methoden den Vorrang einräumende Fraktion der Sozialforschung schreibt – es mit der Methode der Gruppendiskussion »nicht möglich [ist], quantitativ repräsentative Ergebnisse zu gewinnen«[6], ist diese nicht per se gering zu schätzen. Es ist eine Verkürzung (wenngleich eine durchaus legitime Strategie), wenn man sie (ausschließlich) einsetzt, um »Untersuchungen mit besser standardisierten Methoden vorzubereiten oder zu ergänzen«[7].

Qualitative Forschung ist mehr als die bloße Vorbereitung quantitativer Untersuchungen, die letztlich die »eigentlichen«, wissenschaftlich zuverlässigen und nachprüfbaren Ergebnisse mit sich bringen. Es ist Barney Glaser und Anselm Strauss, den Begründern der »Grounded Theory«, zuzustimmen, wenn sie schreiben, dass »qualitative Forschung [...] sehr oft die ›angemessenste‹ und ›wirksamste‹ Methode [ist], die notwendigen Informationen zu erhalten und mit den Schwierigkeiten einer empirischen Forschungssituation zurechtzukommen«[8]. Zumal wenn man den Umgang einer betroffenen Personengruppe mit einem Phänomen ergründen möchte, ist – so etwa Udo Kelle – die Anerkennung einer zentralen Prämisse der »Analytischen Handlungstheorie [nötig], wonach die Formulierung soziologischer Handlungserklärungen nicht ›hinter dem Rücken‹ der Akteure, d. h. ohne die Berücksichtigung von deren Interpretationsmustern und Sichtweisen erfolgen kann.« Und daher ist »die Verwendung offener und qualitativer Verfahren [...] in vielen Fällen eine notwendige Voraussetzung zur Formulierung sinnvoller und brauchbarer Theorien«[9]. Auch Friedrichs' Einwand, dass die Ergebnisse qualitativer Erhebungsmethoden »mit Vorsicht interpretiert werden«[10] sollten, gilt nicht allein für sie, sondern selbstredend auch für den Umgang mit Ergebnissen quantitativer Erhebungsverfahren.

Die Diskussion der wissenschaftlichen Relevanz qualitativer Erhebungsmethoden soll an dieser Stelle nicht fortgeführt werden.[11] Für die nachfolgende Darstellung sei jedoch festgehgalten: Die Ergebnisse der Gruppendiskussionen stellen einwand-

6. *Jürgen Friedrichs*, Methoden der empirischen Sozialforschung, Opladen [14]1990, 247.
7. Ebd., 248.
8. *Barney G. Glaser/Anselm L. Strauss*, Die Entdeckung gegenstandsbezogener Theorie. Eine Grundstrategie qualitativer Sozialforschung, in: Qualitative Sozialforschung, hg. von Christel Hopf und Elmar Weingarten, Stuttgart [2]1984, 91–111, 92.
9. Udo Kelle (Anm. 4), 354.
10. Jürgen Friedrichs (Anm. 6), 247.
11. Einen Überblick gerade auch im Hinblick auf die im Rahmen dieser Studie gewählten Ansatzes bietet: *Siegfried Lamnek*, Gruppendiskussion. Theorie und Praxis, Weinheim/Basel [2]2005.

freie empirische Befunde dar, sie legen Argumentationen offen und verdeutlichen Problemstellungen, laden zur Reflexion ein, rufen zum Weiterdenken auf. Sie unmittelbar auf die Ergebnisse der quantitativen Rezeptionsstudie zu beziehen, macht aufgrund ihrer unterschiedlichen Kategorien aber eine gewisse Vorsicht nötig.

Die nachfolgende Darstellung ist nicht das Ergebnis eines umfänglichen inhaltlichen Analyseverfahrens, das schon allein aufgrund des Umfangs des Materials in diesem Kontext nicht zu leisten ist, sondern soll lediglich einige Schlaglichte werfen, Themenfelder aufschließen und Argumentationen stützen. Gruppendynamische Prozesse bleiben dabei unberücksichtigt (auch wenn diese im Einzelnen sicherlich spannende Erkenntnisse erbrächten).

1. Themenfelder

Bei der Auswertung des vorliegenden empirischen Materials lassen sich vier zentrale Themenfelder als in der Diskussion besonders präsent erkennen:[12]

1.1 Zwischen Rivalität und Kollegialität

Immer wieder kommen die Diskussionsteilnehmenden auf das – nicht selten schwierige – Verhältnis zwischen Kirchenmusiker/innen und Pfarrer/innen zu sprechen. Ausgesprochen stark wird der Wunsch artikuliert, über Fragen der Gottesdienstgestaltung ins Gespräch zu kommen. Zuweilen wird dies gar als eine Grundvoraussetzung eines (auch und gerade für die Gemeinde) gelungenen Gottesdienstes beschrieben:

> *Also ich glaube, ein abgestimmtes Handeln der Beteiligten nimmt die Gemeinde mit und lässt sie sicher werden im liturgischen Ablauf.*
>
> (GD 6 – Kirchenmusiker/innen Großstadt)
>
> *Und ich meine zu spüren, dass die Gemeinde in den Gottesdiensten, wo gemeinsam vorbereitet und gedacht wird und auch etwas eingebracht wird, spürt, was hier passiert.*
>
> (GD 6 – Kirchenmusiker/innen Großstadt)

12. Die nachfolgenden Zitate geben zwar pointierte Aussagen wieder, stellen jedoch keine Einzelmeinungen dar, sondern repräsentieren den aus den Gesprächen abgeleiteten (vermeintlichen) Konsens der Befragten.

Ausdrücklich werden Beispiele positiver Zusammenarbeit auch als persönliche Bereicherung empfunden:

> *Das sind für mich immer die befriedigendsten Gottesdienste gewesen, wo ich gemerkt habe, das geht ganz eng Hand in Hand, und man hat es auch vorher abgesprochen und vorher gemeinsam entwickelt.*
>
> (GD 2 – Kirchenmusiker/innen Kleinstadt West)
>
> *Also ich kenne in der Vorbereitung auch die eine sehr große Bandbreite von sonntagsmorgens zwei Minuten vorher: ach ja, das sind die Lieder! bis zu – was ich an meiner ersten Stelle hatte – das war wunderbar. Da hatte ich einen Pastor, mit dem hab ich mich jeden Mittwochnachmittags hingesetzt und wir haben gemeinsam die Texte gelesen und diskutiert und haben uns jedes Mal wirklich fünf Stunden dafür Zeit genommen. Das war wunderbar, also ich [...] bin selten jeden Sonntag so mit einem, mit einem so guten Gefühl in den Gottesdienst gegangen. Und wir haben gemeinsam die Texte diskutiert, dann sind wir langsam übergegangen, uns Lieder zu überlegen [...] Das ist natürlich der Idealfall, den kann man von beiden Seiten nicht immer mehr erwarten.*
>
> (GD 6 – Kirchenmusiker/innen Großstadt)

Im Gegenteil: Der Dialog zwischen Kantor/innen und Pfarrer/innen ist in den Augen der Befragten *eher eine Seltenheit* geworden, was allerdings *völlig unverständlich* sei, weil man nicht alles daran setze, einen qualitativ hochwertigen Gottesdienst *für die Gemeinde zusammenzubauen (GD 2 – Kirchenmusiker/innen Kleinstadt West).*

Das Gespräch über den Gottesdienst wird in diesem Sinne von den Kirchenmusikerinnen und Kirchenmusikern als eine unbedingte Voraussetzung des Dienstes für die Gemeinde verstanden. Dass dieser oft nicht vernünftig vollzogen werde, ist ihrer Auffassung nach jedoch sehr eindeutig auf eine Verweigerungshaltung oder zumindest auf Desinteresse bei Pfarrerinnen und Pfarrer zurückzuführen:

> *Bestimmte Pastöre wollen einfach nicht, dass man ihnen ihren Gottesdienst, ich sags auch in Anführungszeichen, wegnimmt. Die sagen: das ist ganz allein meine Sache, wie der Gottesdienst gestaltet ist und Musik ist nur ein Dienstleister. Und das ist für mich kein stimmiger Gottesdienst.*
>
> (GD 2 – Kirchenmusiker/innen Kleinstadt West)

Was ich glaube, es gibt eine ganz merkwürdige Erwartungshaltung. Und zwar im umgekehrten Sinne: [...] dass wir uns als Kirchenmusiker aus den inhaltlichen Sachen möglichst raushalten. Denn den Eindruck gibt es einfach immer wieder. Wir haben unsere Kenntnisse und unsere Erfahrungen, unsere Geschichte ja natürlich auch, aber mein Eindruck ist immer: so gern wird das gar nicht gesehen, vor allem, wenn man von sich aus aktiv wird.

(GD 2 – Kirchenmusiker/innen Kleinstadt West)

Die Folge hieraus ist durchaus eine empfundene Krise des Gottesdienstes – verbunden mit der schlichten Erkenntnis, *dass an dem Sonntagmorgen nicht immer alles so stimmt.*

(GD 2 – Kirchenmusiker/innen Kleinstadt West)

1.2 Zwischen Unverständnis und Unzufriedenheit

Ausgesprochen stark wird in den Diskussionen eine Unzufriedenheit der Teilnehmerinnen und Teilnehmer mit der liturgischen Praxis in ihren Gemeinden im Speziellen und mit der gottesdienstlichen Kultur im Allgemeinen deutlich. Das bezieht sich zum einen auf inhaltliche Aspekte im Ganzen (*keine große Hirnanstrengung mehr für die Leute [GD 7 – Kirchenmusiker/innen Stadt]*), zum anderen aber auch auf als besonders skurril empfundene Einzelereignisse (*als Gloria von der CD ein Ave Maria [GD 6 – Kirchenmusiker/innen Großstadt]*). Vor allem wird das Fehlen einer *eindeutigen konsequenten liturgischen Struktur (GD 6 – Kirchenmusiker/innen Großstadt)* beklagt, die als *roter Faden (GD 6 – Kirchenmusiker/innen Großstadt)* Verlässlichkeit und Orientierung für die liturgisch und kirchenmusikalisch Handelnden auf der einen Seite und vor allem auch für die Gemeindemitglieder auf der anderen Seite biete. Es besteht ein breiter Konsens dahingehend, dass sich im Gottesdienst eine ganze Reihe traditioneller, wiederkehrender Elemente finden müsse, dass der Gottesdienst in seiner liturgischen Gestaltung ein hohes Maß an Verbindlichkeit und Verlässlichkeit bieten solle:

Also ich leide momentan total unter diesem Phänomen [...] Wir haben Gottesdienste, die werden jeden Sonntag neu erfunden.

(GD 6 – Kirchenmusiker/innen Großstadt)

Ja, genau oder überhaupt die Pfarrer untereinander [...] Wir haben ja immer solche Kirchentheologen, das ist ja immer in der evangelischen Kirche möglich,

> *die Freiheit ist ja groß: [...] [da] kann dann jeder sozusagen seine eigene Theologie etablieren unter seinem Kirchturm. Und wenn da mehrere Pfarrer da sind, hat man es eben mit verschiedenen Theologien und auch mit verschiedenen Liturgien zu tun [...] Das finde ich manchmal sehr störend, um wirklich den Gottesdienst mitzufeiern.*
>
> (GD 7 – Kirchenmusiker/innen Stadt)

Vor allem dann, wenn regelmäßig unterschiedliche Pfarrerinnen und Pfarrer in einer Gemeinde tätig sind, sehen sich die Kirchenmusiker als diejenigen, die – wie auch die Gemeinde – allerlei schwankenden gestalterischen Wünschen der Liturgen ausgesetzt sind (*Ich finde es vor allem für die Gemeinde problematisch, wenn es jedes Mal anders ist [...] Immer, wenn ich mir vorstelle, unten in der Gemeinde zu sitzen und jedes Mal nicht zu wissen, was ist jetzt eigentlich. Das finde ich eigentlich das größte Problem. Also, dass die Gemeinde da eigentlich verunsichert wird. [GD 6 – Kirchenmusiker/innen Großstadt]*). In diesem Zusammenhang deutet sich ein Selbstverständnis der Kirchenmusikerinnen und Kirchenmusiker an, sich gegenüber einem als allzu weitreichend empfundenen Innovations- und Variationsbedürfnis auf Seiten der Pfarrerinnen und Pfarrer (*purer Aktionismus [GD 2 – Kirchenmusiker/innen Kleinstadt West]*) gewissermaßen als *Museumswärter des Gottesdienstes (GD 6 – Kirchenmusiker/innen Großstadt)* zu installieren:

> *Bei meiner langen Zugehörigkeit oder Dienstzeit habe ich doch immer wieder erlebt, dass Pastorenwechsel stattfanden, Vikare kamen, Menschen zur Aushilfe, und jeder wollte immer etwas unbedingt Neues auf den Weg bringen, etwas verändern, wo ich mich fragte, warum ist die Notwendigkeit da, dass das verändert wird, wenn die Gemeinde es noch gar nicht verstehen kann, und habe also gesagt: wir haben doch eine Gottesdienstordnung, die wir formen können.*
>
> (GD 6 – Kirchenmusiker/innen Großstadt)

Das in diesem Ausspruch deutlich werdende Traditionsverständnis erscheint insgesamt als typisch für die Befragten. Neuerungen sollten nur dann in den Gottesdienst Einzug halten, wenn sie gut vermittelt und vor allem nachvollziehbar sind, in jedem Fall wohldosiert. Sie sind nicht grundsätzlich abzulehnen, sollten aber stets gut reflektiert werden (*dass man versucht, einen ganz klaren traditionellen Ablauf auch mit Leben zu füllen, aber dafür muss [...] man an der Liturgie an sich ja nichts verändern [GD 6 – Kirchenmusiker/innen Großstadt]*). Rituale leben aus der Wiederholung, dürften jedoch nicht lieblos abgespult und so zu einer bloßen Gewohnheit werden.

> *Aber da ist ja die Trennung. Tradition ist ja das Kyrie und wenn Du immer dasselbe Kyrie singst, ist es Gewohnheit. Also, da finde ich, sind ja die klare Trennung und die Tradition, die würde ich auch nicht missen wollen. Ich will in jedem Gottesdienst eine Fürbitte halten, ich will in jedem Gottesdienst auch das Vater unser sprechen, das ist das einzige Textstück, was mir nie langweilig wird, ne und das ist auch geführt und auch gut so.*
>
> (GD 2 – Kirchenmusiker/innen Kleinstadt West)

Tradition ist wünschenswert, Gewohnheit als die bloße Übernahme alter Modelle aufgrund ihrer jahrzehntelangen Verwendung sollte kritisch betrachtet werden (*Das Schlimmste ist ein ungefülltes Ritual, wenn man nur noch das singt, aber nicht weiß, warum man es singt, und auch eigentlich nicht im entsprechenden Charakter singt [GD 2 – Kirchenmusiker/innen Kleinstadt West]*). Es gilt daher, den *traditionellen Ablauf auch mit Leben zu füllen (GD 6 – Kirchenmusiker/innen Großstadt)*. Eine solche Verhaftung in der Tradition schließt eine gewisse Nähe zur katholischen Messliturgie keinesfalls aus (*weil Katholiken und Lutheraner einiges gemeinsam haben [GD 6 – Kirchenmusiker/innen Großstadt]*). Etwaige Vorwürfe des Katholisierens seien von denjenigen, die mit derlei rituellen Vollzügen nicht vertraut sind, zwar immer wieder zu hören, letztlich seien diese jedoch der Sache und den Wünschen der Menschen, die im Gottesdienst Vertrautheit und Heimat suchten, nicht angemessen.

> *Die Theologie hat irgendwann kapiert vor zwanzig Jahren, dass Jesus Jude war, und jetzt müssen sie noch kapieren, dass Luther Katholik war.*
>
> (GD 6 – Kirchenmusiker/innen Großstadt)

1.3 Zwischen Qualität und Quantität

Vor allem um eine hohe Qualität des Gottesdienstes zu erreichen, ist in den Augen der befragten Kirchenmusikerinnen und Kirchenmusiker – gleichsam im Sinne einer *Qualitätssicherung (GD 2 – Kirchenmusiker/innen Kleinstadt West)* – ein intensiver Austausch über dessen Gestaltung anzustreben. Als Merkmale eines guten Gottesdienstes gelten Stimmigkeit, Klarheit, eine konsequente liturgische Struktur, die Bezugnahme der einzelnen Teile aufeinander, die gelungene Integration der Musik in das Geschehen, damit diese nicht *wie ein Palmtopf in einer Ecke (GD 2 – Kirchenmusiker/innen Kleinstadt West)* wirke. Auch die Vielzahl der Gottesdienste dürfe dieses Qualitätsbewusstsein nicht schmälern, wenngleich die Gemeindepraxis freilich einer allzu intensiven gemeinsamen Vorbereitung oft im Wege stünde.

> *Diese ultra gut vorbereiteten Gottesdienste haben ja zur Folge, dass man die auch nur einmal im Jahr machen kann.*
>
> (GD 7 – Kirchenmusiker/innen Stadt)

Dennoch sei ein Austausch über den Gottesdienst wünschenswert. Nur ein Umstand rechtfertige das Ausbleiben dieser Verständigung – das Wissen einer überdurchschnittlich ausgeprägten improvisatorischen Kompetenz bei Pfarrer/in und Kirchenmusiker/in, die sich im Vollzug des Gottesdienstes gegenseitig inspirieren und im Moment der gemeinsamen Feier ein stimmiges Produkt zu kreieren in der Lage sind:

> *Was ich wohl ganz interessant fand im Lauf der Jahre, es gab sowohl dieses als auch jenes, das heißt also: Gottesdienste, die gut vorbereitet waren, wo alles abgesprochen war, und das ist auch in sich stimmig und schlüssig und hat ja auch seinen Effekt, aber interessanterweise Gottesdienste, die überhaupt gar nicht abgesprochen waren und trotzdem ist eine Atmosphäre entstanden, die eigentlich noch besser war. Weil man aufeinander eingegangen ist und sich die Dinge so ein bisschen zugespielt hat. Das bedeutet aber, dass ein Pfarrer auch, wie ein Musiker dann eben auch, improvisiert. Aber jetzt nicht einfach so mal eben aus dem Ärmel, sondern schon ein bisschen genauer sich Gedanken gemacht hat, aber dann etwas variabel ist. So oder so eben auch fortzufahren im Geschehen. Und das sind eigentlich auch ganz spannende Elemente gewesen [...] Aber garantieren kann man das nicht.*
>
> (GD 2 – Kirchenmusiker/innen Kleinstadt West)

1.4 Zwischen Gottesdienstbuch und Gesangbuch

Eine im Moment noch zu kleine (GD 7 – Kirchenmusiker/innen Stadt) Rolle spiele das Evangelische Gottesdienstbuch im Handeln und Denken der Kirchenmusikerinnen und Kirchenmusiker. Vielen scheint es selbst, oder eher seine Möglichkeiten, kaum bekannt (*Das ist doch im Prinzip das frühere Lektionar [GD 2 – Kirchenmusiker/innen Kleinstadt West]; Das ist ja eine ausgeweitete Form des liturgischen Kalenders [GD 2 – Kirchenmusiker/innen Kleinstadt West]*). Den Grund hierfür sehen viele Kirchenmusikerinnen und Kirchenmusiker in ihrer Nichtberücksichtigung bei der Gottesdienstplanung.

> *Man ist zu wenig wirklich gefragt, als dass man es wirklich benutzen könnte. Man kann sich vielleicht mal informativ, sicherlich würd ich da auch äh äh,*

wenn ich das in der Gemeinde verlange, auch mal drankommen, aber ich habs jetzt heute auch zum ersten Mal gesehen, das hat keinen praktischen Nutzen, weil es von uns gar nicht abgefragt wird in irgendeiner Form. Warum soll ich das durchgucken, wenn ich sowieso meistens immer einen fertigen Gottesdienst ähm präsentiert bekomme.

(GD 2 – Kirchenmusiker/innen Kleinstadt West)

Und ich denke, die Frage ist dadurch schon beantwortet: [...] wir werden uns kaum mit dem Gottesdienstbuch beschäftigen, wenn wir nicht aktiv in dem Wortteil und in dem [...] Teil, wo sich liturgische Gesänge verändern lassen, mitsprechen können.

(GD Kirchenmusiker/innen Kleinstadt West)

Im Gegensatz dazu werden die Möglichkeiten der liturgischen Abwechslung, die das Gesangbuch bietet, relativ breit ausgeschöpft.

Wenn die Liturgie bei uns ein bisschen freier gestaltet wird und dann meistens auch in Absprache mit mir, dann bietet eigentlich für mich auch das Gesangbuch eine ziemlich umfassende Grundlage. Wenn man allein davon nur ein paar Möglichkeiten ausschöpft, nur vom Gesangbuch, dann ist schon eine viel größere Vielfalt da, als jemals vorher in der Gemeinde gewesen ist. Also, allein die Möglichkeiten, die das Gesangbuch bietet, reichen mir für die freiere Gestaltung der Liturgie sehr gut aus [...], um eine Liturgie überhaupt ein bisschen freier und lebendiger und abwechslungsreicher zu gestalten.

(GD 2 – Kirchenmusiker/innen Kleinstadt West)

Diejenigen aber, die sich näher mit ihm befasst haben, schätzen das Gottesdienstbuch – trotz zuweilen kritisierter Unübersichtlichkeit – hingegen als eine Möglichkeit, ihr Verständnis eines zwischen Tradition und Innovation changierenden Gottesdienstes zu verwirklichen:

Meines Erachtens ist die Qualität dieses Buches, dass es genau diesen Weg sucht: [...] dem Gottesdienst Rückgrat zu geben, [...] eine konstante Form, auch konstante Elemente und alles Mögliche, alles, was wir grade auch besprochen haben, und dabei einen Weg zu suchen, wie es gelingen kann, möglichst viele anzusprechen.

(GD 7 – Kirchenmusiker/innen Stadt)

Es ist eine Art Richtschnur, die einen gewissen Grundkonsens enthält und verbindlich festschreibt. Und so kann es letztlich sogar als Argumentationshilfe im Streitgespräch mit allzu innovativen Pfarrerinnen und Pfarrern herangezogen werden:

> *Es ist mir auch gerade in diesen Diskussionen noch häufig eine gute Argumentationshilfe, wenn man, gerade wenn man so eine gewisse Uneinsichtigkeit seitens des Pfarramtes manchmal dann doch zu beklagen hat. Nein, nein, nein, kann man doch sagen: jetzt lass uns das doch mal zusammen anschauen, was da drin steht. Das ist irgendwie schon ..., und dann überzeugt es manchmal doch auch eher, als wenn man selber mit seinem [...] Gewissen daher kommt.*
>
> (GD 6 – Kirchenmusiker/innen Großstadt)

2. Perspektiven

Ein ausgesprochen positives Image haben der Gottesdienst und die mit ihm verbundenen Verpflichtungen für die Diskussionteilnehmer/innen. Immer wieder kommen sie schnell auf seine besonderen Chancen und Möglichkeiten zu sprechen, auf seine Potenziale im Hinblick auf das Gemeindeleben im Ganzen und nicht zuletzt auch auf die eigene Persönlichkeit. Ebenso schnell wird jedoch auch deutlich: Der Gottesdienst ist ein *kommunikativer Vorgang* und erschließt sein volles Potenzial erst, wenn man sich dieses Umstandes bewusst wird. Zum einen bedeutet dies zu akzeptieren, dass der Gottesdienst gemeinsam vorbereitet und gefeiert wird. Absprachen vor allem zwischen Pfarrer/innen und Kirchenmusiker/innen, aber auch eine einheitliche liturgische Linie innerhalb einer Kirchengemeinde (und idealerweise auch über diese hinaus) sind notwendige Grundpfeiler einer gelingenden gottesdienstlichen Arbeit. Machtfragen und Kompetenzstreitigkeit sollten nicht auf Kosten des Gottesdienstes ausgetragen werden, vielmehr geht es darum *mit besten Kräften, mit bestem Wissen und Gewissen das Beste für den Moment und auf Dauer (GD 2 – Kirchenmusiker/innen Kleinstadt West)* zu erreichen.

Gleichzeitig ist der Gottesdienst ein *ganzheitliches System*. Verschiedenste Elemente wirken in ihm zusammen, befruchten sich gegenseitig und dienen der gemeinsamen Sache. Die Kirchenmusik erfüllt dabei eine doppelte Funktion: Zum einen ist sie in der Lage, eigenständig liturgische Aufgaben zu übernehmen, zum anderen aber ist sie es, die im wesentlich für einen stimmigen Gesamtablauf sorgen kann. Diesen (durch eine gemeinsame Vorbereitung) zu erreichen, ist ein Beitrag zur Qualitätssicherung, vor allem aber – und das schwingt immer wieder mit – eine Quelle der Inspiration. Kooperativ vorbereitete Gottesdienste auf Augenhöhe aller Beteiligten führen zu beruflichen Erfolgserlebnissen und können auf diese Weise positiv wirken.

Immer wieder lassen die Diskussionteilnehmer/innen ihre Freude über gelingende Gottesdienste erkennen, ihre Lust, kreativ an Gottesdienst und Liturgie zu arbeiten, sich mit ihren Fähigkeiten einzubringen. Nur selten und in ganz wenigen Zusammenhängen sind die Diskussionen genutzt worden, um Verärgerung oder gar Resignation zu artikulieren. Ein enormes Interesse an guten Gottesdiensten schwingt nicht nur zwischen den Zeilen.

Insgesamt kann ein Blick auf das Material nur positiv in die Zukunft blicken lassen. Die Bereitschaft, Kraft und Mühe in den Gottesdienst und die liturgische Arbeit zu stecken, ist groß, der Wunsch nach Weiterbildung, nach Diskussionen ist vorhanden. Die in den Gesprächen deutlich werdende Stimmung ist – trotz immer wieder beschriebener Erfahrungen von misslungener Kommunikation, von fehlender Kooperationsbereitschaft in Vorbereitungsfragen etc. – nicht resignativ, sondern optimistisch. Immer wieder wird von gelungenen (Einzel-)Beispielen berichtet, in denen Wort und Musik zusammenwirken, sich gegenseitig verstärken und einen qualitativ hochwertigen Gottesdienst erlauben. Immer wieder wird der Gottesdienst zum Zentrum der eigenen Arbeit erklärt. Gleichzeitig kann in ihm ein Ausgleich hergestellt werden aus Traditionsbewusstsein und Innovation, aus Beständigkeit und Neuem. Das Evangelische Gottesdienstbuch wird in seiner Offenheit (bei zugleich klar umrissenen Grenzen) als eine gelungene Arbeitshilfe und Grundlage verstanden. Es dient als Vorbild für Flexibilität und Variantenreichtum ebenso wie als ein Modell für die dem Gottesdienst eigene Lebendigkeit.

Der rege Austausch im Vorfeld eines Gottesdienstes sollte sich in ihm widerspiegeln. Nur dann wird es – so scheint Konsens zu herrschen – gelingen, ihn authentisch wirken zu lassen, über einzelne Zielgruppen hinaus Menschen anzusprechen und eine stimmige Feier zu gestalten.

3. Auswirkungen

Wie dieses durchaus positive Zwischenfazit deutlich macht, liegen die Potenziale offen, bedarf der Gottesdienst keiner grundlegenden Änderung. Die Praxis hingegen sieht zuweilen anders aus.

Im Abgleich mit den quantitativen Daten der Untersuchung ergibt sich gerade aus den dargestellten Themenkomplexen eine durchaus massive Problemlage. Unbestreitbar sind die Kompetenzen, die sich Kirchenmusikerinnen und Kirchenmusiker im Laufe ihrer Ausbildung, ihren oft schon zu deren Beginn andauernden langjährigen Praxis als Organist/in (und/oder Kantor/in) und im Laufe ihres Berufslebens im Hinblick auf liturgische Fragen erwerben. Diese nun scheinen im Berufsalltag – so der Eindruck aus den Interviews – nicht oder kaum abgefragt zu werden. Die Frage 4 des Fragebogens (»Über das reine Weitergeben von Informationen hinaus: Wenn Sie einen der genannten Gottesdienste feiern, wie oft bereiten Sie einen Gottesdienst zusammen mit Ehrenamtlichen und/oder Kirchenmusiker/innen vor?«) bestätigt diesen Eindruck:

	Familiengottesdienste	Sonntagsgottesdienste	Alternative Formen
selten/nie	17,9 %	22,0 %	16,5 %
manchmal	31,4 %	43,5 %	24,7 %
häufig/immer	32,1 %	27,0 %	34,7 %

Zwar geben 27 % der Befragten an, den Sonntagsgottesdienst »häufig/immer« mit mindestens einer weiteren Person zu vorzubereiten (wobei sich freilich fragen ließe, wieweit diese gemeinsame Vorbereitung reicht), immerhin 22 % tun dies »selten/nie« – scheinen also nicht einmal in Bezug auf die Liedauswahl den Kontakt zu ihrem Kirchenmusiker zu suchen (wobei an dieser Stelle darauf hinzuweisen ist, dass sicherlich nicht jede/r der Befragten überhaupt auf die Kompetenz einer oder eines professionellen hauptamtlichen Kirchenmusikerin eines Kirchenmusikers zugrückgreifen kann und daher zuweilen wohl auch zu dieser Art der Vorbereitung gezwungen sein dürfte).[13]

Wie dem auch sei: Eine gemeinsame Vorbereitung des Gottesdienstes von Pfarrer/in und Kirchenmusiker/in ist durchaus **nicht** der Normalfall. Da Kirchenmusikerinnen und Kirchenmusiker sich aber nicht selten subjektiv als kompetenter in Fragen der Gottesdienstgestaltung sehen (und dies nicht selten zumindest in manchen Bereichen wohl objektiv auch sind), ist die Unzufriedenheit auf ihrer Seite nachvollziehbar:

> *Das ist schon ein relativ unbefriedigendes Gefühl, was auf Dauer bleibt, eigentlich ziemlich viele Dinge zu wissen, aber [...] die Kunst, die man beherrscht, nicht abgefordert zu bekommen. So für sich weiß man dann ganz gut Bescheid, aber wehe, man lässt das auch noch mal ein bisschen andere mitwissen. Bisschen extrem – vielleicht gesagt.*
>
> (GD 2 – Kirchenmusiker/innen Kleinstadt West)

13. Die Zahlen für andere Gottesdienstformen müssen an dieser Stelle nicht diskutiert werden, da sie den Sachverhalt nicht grundsätzlich ändern.

Ohnehin birgt der Kirchenmusikerberuf das ständige Frustrationsrisiko mit sich, die eigenen künstlerischen Fähigkeiten nur in Ansätzen anwenden zu können und daher dauerhaft in seiner Künstlerexistenz – und viele Kirchenmusikerinnen und Kirchenmusiker sehen sich wohl (sicherlich fälschlicherweise) in erster Linie als Künstler – eingeschränkt zu sein. Den Gottesdienst nun in einer – dem eigenen Empfinden nach – wenig geglückten Weise miterleben zu müssen, verstärkt dieses Gefühl, nicht wertgeschätzt und letztlich auch nicht gebraucht zu werden, sicherlich noch einmal:

> *Und da denke ich mal, könnte ich schon mit meiner Erfahrung und meiner Kompetenz, wenn ich darüber Bescheid wüsste, was da eigentlich angedacht ist, auch hilfreicher einwirken.*
>
> (GD 2 – Kirchenmusiker/innen Kleinstadt West)
>
> *Das ist aber ein Punkt, der häufig offensichtlich ein Punkt bei bestimmten Pfarrern – wie gesagt – dann ist [...] Meistens kann man, wenn man es selber anbietet, kann man sich sehr gut auch mit einbringen, aber es gibt tatsächlich [...] welche, die mir auch ganz klar und definitiv gesagt haben: Ich möchte das nicht, weil ich verliere dann die Kontrolle über meinen Gottesdienst, und Musik soll nicht also irgendwie seinen Gottesdienst übertünchen. So ein bisschen der Neid-, Eifersuchtsgedanke oder sonstiges.*
>
> (GD 2 – Kirchenmusiker/innen Kleinstadt West)

Im Gegenteil wird der Kontakt mit Pfarrerinnen und Pfarrern in Fragen der Gottesdienstgestaltung gemeinhin als ausgesprochen positiv empfunden (und sollte daher in den Augen der Befragten auch durchaus gesucht werden):

> *Für richtig qualitativ gute Gottesdienste, wo ich auch hinterher dann ein gutes Gefühl habe, kriege ich dann auch schon meine Rückmeldung, ich predige darüber, das geht in die und die Richtung, das wäre schön, wenn da entweder musikalisch ein Kontrapunkt gesetzt wird oder dass da irgendwie was mit zu tun hat. [...] Dann bekommt man auch die positive Rückmeldung von der Gemeinde: das war ein toller Gottesdienst, das war wie aus einem Guss.*
>
> (GD 2 – Kirchenmusiker/innen Kleinstadt West)

Findet ein solcher Kontakt nicht statt, sind Frustrationen fast zwangsläufig:

> *Ich hatte mal [...] ans Presbyterium geschrieben und habe darum gebeten: [...] ich möchte nicht weiter [...] wie ein Radioapparat behandelt werden, den man nach Bedarf an- und abschalten kann. Und dieser Eindruck, der geht aber weiter [...] Eigentlich hat man das Gefühl: Lass die Finger von den ganzen Inhalten, sieh zu, dass du die Technik für die Musik hinkriegst, in irgendeiner Form und das wird schon irgendwie passen. [...] Und das ist ein ziemlich unbefriedigendes Gefühl, was auf Dauer bleibt [...]. So für sich, weiß man dann ganz gut Bescheid, aber wehe, man lässt das auch noch mal ein bisschen andere mitwissen.*
>
> (GD 2 – Kirchenmusiker/innen Kleinstadt West)

Deutlich wird: Die ohnehin aufgrund eines nicht gerechtfertigten Machtgefälles innerhalb der Gemeindehierarchie (unterschwellig) vorhandenen Konflikte können so auch in Fragen der Gottesdienstgestaltung virulent werden – mit zweifelsohne unguten Folgen.

Ein Ausweg scheint für viele Kirchenmusikerinnen und Kirchenmusiker die Suche nach alternativen Betätigungsformen zu sein, nach Gottesdiensten, die sie frei von pfarramtlicher Bevormundung nach ihrem Gusto gestalten können (»Evensongs«). Dies kann zwar durchaus eine Bereicherung des gottesdienstlichen Lebens einer Gemeinde sein, dürfte jedoch auch – gerade dann, wenn diese alternativen Formen nicht zuletzt aufgrund ihrer ästhetischen/musikalischen Attraktivität deutlich besser besucht sind als »reguläre« Gottesdienste – die in vielen Gemeinden schwelenden Konflikte zwischen Pfarramt und Kirchenmusik noch einmal verstärken. Überdies scheint es zumindest bedenklich, wenn sich Kirchenmusikerinnen und Kirchenmusiker aus dem Gefühl des Unverstandenseins in eigene, dem pastoralen Zugriff entzogene Bereiche des Gemeindelebens zurückziehen bzw. zurückziehen zu müssen glauben.

Auf der anderen Seite kann die Nichtberücksichtigung der Kirchenmusikerinnen und Kirchenmusiker dazu führen, dass diese sich – konfrontiert mit und zur aktiven Mitgestaltung an einem dem eigenen Empfinden nach nicht ideal konzipierten Gottesdienst – in die mehr oder weniger distanzierte Rolle der oder des Beobachtenden oder auch der Kritikerin/des Kritikers, der aus der Spottvogelperspektive der Orgelempore und in dem Bewusstsein, es selbst deutlich besser zu können, mitleidig lächelnd auf das ungenügende Geschehen im Gottesdienstraum herabblickt – die zwischen Indifferenz und Zynismus schwankenden Bemerkungen in einigen Passagen der Interviews deuten zumindest in diese Richtung. Die Folgen für den Gottesdienst (und das Gemeindeleben) kann man sich leicht ausmalen.

Neben den durchaus typischen Konflikten zwischen Pfarrer/innen und Kirchenmusiker/innen scheint noch ein weiterer Grund ursächlich für die fehlende gemeinsame Planung zu sein.[14] Auf Seiten der Pfarrerinnen und Pfarrer herrscht scheinbar nur ein bedingt ausgeprägtes Bewusstsein dafür, welch hohe liturgische Kompetenz in mancher Kirchenmusikerin und manchem Kirchenmusiker schlummert – ein Missstand, der auch von den Kirchenmusikerinnen und Kirchenmusikern wahrgenommen wird (*Und ich denke, es ist auch immer noch nicht bekannt, wie unsere Ausbildung ist [GD 2 – Kirchenmusiker/innen Kleinstadt West]*). 70,2 % der Befragten gehen wie selbstverständlich davon aus, dass die Kirchenmusikerin und der Kirchenmusiker das Evangelische Gottesdienstbuch gegenwärtig nutzt oder jemals genutzt hat. Die Interviews bestätigen dies nur bedingt (und vermutlich dürften vor allem diejenigen Kirchenmusikerinnen und Kirchenmusiker, die nach seiner Einführung ihr Studium absolvierten, regelmäßig mit ihm gearbeitet haben). Das oben geschilderte partielle Desinteresse am Gottesdienstbuch – geschuldet der frustrierten Einsicht, ohnehin bei Fragen der liturgischen Gestaltung nicht berücksichtigt zu werden – ist ein Hinweis darauf, dass dessen Nichtkenntnis auf Seiten mancher Kirchenmusiker/innen überhaupt nicht als Defizit empfunden wird. Die Nicht-Kommunikation über Fragen des Gottesdienstes führt also im weitesten Sinne zu einer Form der Weiterbildungsverweigerung auf Seiten der Kirchenmusikerinnen und Kirchenmusiker. Auch wenn sie sich selbst in liturgischen Fragen für durchaus kompetent halten, bauen sie ihre Fertigkeiten nicht aus, weil auf diese ohnehin kein Wert gelegt und sie nicht zur Anwendung kommen würden. Demotivation und ohne Herzblut bestrittene Gottesdienste können die Folge sein. Kreatives Potenzial, das im Sinne guter Gottesdienste genutzt werden sollte, verpufft auf diese Weise.

So gilt in Anbetracht der obigen Ausführungen gewissermaßen als Zukunftswunsch für den Gottesdienst der Zukunft wohl das, was ein befragter Kirchenmusiker auf die Frage nach dem – von allen äußeren Zwängen losgelösten – idealen Gottesdienst sagt:

> *Das [=finanzielle Unabhängigkeit, unbeschränkte Infrastruktur etc.] nützt überhaupt nichts, wenn ich alleine die ganze Zeit habe und da machen kann, was ich will. Ich brauche die Zeit gemeinsam mit allen, die [...] damit beschäftigt sind. [...] Nur dann kann das was werden.*
>
> (GD 6 – Kirchenmusiker/innen Großstadt)

14. Dass in vielen Fällen natürlich auch zeitliche Strukturen eine solche Vorbereitung kaum zulassen, soll an dieser Stelle erwähnt werden. Das große Potenzial, das in einer gemeinsamen Arbeit am Gottesdienst liegt, sollte jedoch dazu führen, dieser eine hohe Priorität im beruflichen Terminkalender einzuräumen.

Das Gottesdienstbuch in Ost und West
Ein Vergleich zur Rezeption besonders in der EKBO und EKiR[1]

Martin Evang/Ilsabe Seibt

Es war zu erwarten und bestätigt sich schon bei flüchtiger Prüfung, dass sich in den Ergebnissen der Studie Unterschiede zeigen, wenn man sie differenziert nach Landeskirchen betrachtet. Dabei wirken sich vermutlich hauptsächlich zwei Polaritäten aus: die ältere *konfessionelle* Polarität zwischen lutherischen und unierten Kirchen, in die auch reformierte Einflüsse innerhalb der einzelnen Landeskirchen hineinspielen, und die jüngere *politisch-geografische* Polarität zwischen östlichen und westlichen Landeskirchen.

In vierzehn nicht streng systematisierten, einander teilweise auch überschneidenden Perspektiven stellen wir in diesem Beitrag Befragungsergebnisse vor, in denen sich im landeskirchlichen Vergleich merkliche Unterschiede zeigen, und versuchen, sie zu interpretieren. Dabei orientieren wir uns hauptsächlich an der EKBO und der EKiR, also einer östlichen und einer westlichen Landeskirche, die als unierte Kirchen (Preußische Landeskirche; Kirche der Altpreußischen Union; Evangelische Kirche der Union; Union Evangelischer Kirchen in der EKD) konfessionell bzw. konfessionsgeschichtlich grundsätzlich zusammengehören. Einschränkend ist sofort hinzuzufügen, dass auch liturgisch die EKBO stärker lutherisch, die EKiR stärker reformiert beeinflusst ist. In politisch-geografischer Hinsicht ist außerdem zu berücksichtigen, dass die EKBO keine reine Ostkirche ist – der Westteil Berlins gehörte auch kirchlich zum Westen. Diese Faktoren müssen bei der Interpretation in Rechnung gestellt werden. Auch dazu dienen jeweilige Seitenblicke auf die Ergebnisse der Rezeptionsstudie in weitgehend homogen lutherischen Kirchen im Osten (Sachsen) und im Westen Deutschlands (Hannover; Nordelbien).[2]

1. EKBO = Ev. Kirche in Berlin-Brandenburg-schlesische Oberlausitz; EKiR = Ev. Kirche im Rheinland.
2. Zu berücksichtigen ist, dass die Datenbasis für die EKBO und die EKiR sowie für die Nordelbische Ev.- Luth. Kirche (NEK), die Ev. Kirche von Westfalen (EKvW), die Ev.-luth. Landeskirche Hannovers und die Ev.-Luth. Landeskirche Sachsens hinreichend groß ist, um vergleichende Aussagen zu tref-

1. Zur Nutzung des EGb

Deutliche Unterschiede zwischen EKBO und EKiR zeigen sich in der Beantwortung der Frage F15, die man als Ausgangs- oder Kernfrage der gesamten Rezeptionsstudie bezeichnen könnte: »Nutzen Sie das EGb oder haben Sie es einmal benutzt?« Von allen Befragten antworteten 82,7 % positiv: »Ja, ich nutze es«, 17,3 % negativ: »Nein, ich nutze es nicht.«

F15	*EKBO*	*alle*	*EKiR*
Ja, ich nutze es.	86,0 %	82,7 %	70,7 %
Nein, ich nutze es nicht.	14,0 %	17,3 %	29,3 %

In der EKBO liegt der Anteil der Nutzerinnen und Nutzer mit 86,0 % etwas über dem Durchschnitt, in der EKiR mit lediglich 70,7 % deutlich darunter. Hier bildet sich bereits ab, was bei vielen Fragen zu beobachten ist und als klares Ergebnis beschrieben werden kann: Die Pfarrerschaft der EKBO orientiert sich deutlich stärker an der Agende oder, allgemeiner formuliert, an agendarisch-liturgischen Vorgaben als die Pfarrerschaft der EKiR.

Bezieht man andere Landeskirchen in den Vergleich ein, so zeigt sich, dass keine Landeskirche die EKiR unterbietet. Die EKvW als unierte westliche Schwesterkirche von EKBO und EKiR kommt mit 76,4 % Nutzerinnen und Nutzern auf den zweitniedrigsten Wert. Das Ost-West-Gefälle in der Nutzung des EGb zeigt sich ebenfalls bei den lutherischen Kirchen, allerdings auf deutlich höherem Niveau: Die Kurve verläuft von Sachsen (98,6 %) über Mitteldeutschland (95,2 %), Mecklenburg (93,7 %), Hannover (89,6 %) bis Nordelbien (81,9 %).

Bei der Frage an die Nutzerinnen und Nutzer des EGb, ob sie es als Altaragende verwenden (F16_1), wirkt sich der »lutherische Faktor« ebenfalls stark aus. Das ist auch zu erwarten insbesondere wegen des Introituspsalmes, den das Proprium des EGb gemäß lutherischer Gottesdiensttradition zum Sprechen oder Singen für den Liturgen bzw. die Liturgin bereitstellt; in den unierten Kirchen wird der Psalm zumeist anders ausgeführt. Die Frage beantworten positiv in folgender Reihenfolge: Sachsen (85,8 %), Mecklenburg (83,1 %), Mitteldeutschland (75,4 %), Hannover (62,8 %), Nordelbien (51,7 %), Pommern (45,8 %), Berlin-Brandenburg-schlesische Oberlausitz (31,3 %), Westfalen (22,5 %), Rheinland (11,4 %) – noch

fen. Gelegentliche Seitenblicke auf die Ev. Kirche in Mitteldeutschland (EKM), die Ev.-Luth. Landeskirche Mecklenburgs und die Pommersche Ev. Kirche sind hingegen mit Vorsicht zu behandeln, weil die Fallzahlen aus diesen Kirchen für belastbare Aussagen zu gering sind.

die lutherische Westkirche (Nordelbien), die das EGb *am wenigsten* als Altaragende verwendet, nutzt es stärker als *die* unierte Ostkirche (Pommern), die es *am meisten* als Altaragende verwendet.

Unter den tatsächlichen Nutzerinnen und Nutzern des EGb wird sein »praktischer Nutzen« (F17_2) in allen Landeskirchen zu über 80 % sehr gut oder gut eingeschätzt (EKBO: 84,4 %) – mit Ausnahme der EKiR, wo der Wert gerade einmal 70,6 % beträgt. Bedenkt man, dass auch die westlichen Kirchen Hannover (87,2 %) und Nordelbien (87,6 %) hier Spitzenwerte aufweisen, so wird man als möglichen Grund für die in der EKiR etwas größere Reserve gegenüber dem EGb mit ins Kalkül ziehen, dass hier die Reformierte Liturgie stärkere Verbreitung gefunden hat. Dies dürfte auch im Blick auf die in der EKiR niedrigsten Werte zur »Qualität der Texte« (F17_3) gelten, aber wohlgemerkt: Auch das Rheinland urteilt hier zu 75 % positiv.

Daraus ergibt sich das Fazit: Das Evangelische Gottesdienstbuch wird in den lutherischen Kirchen stärker als in den unierten, in den östlichen stärker als in den westlichen Kirchen genutzt. Dabei ist allerdings im Blick zu behalten: Selbst in der EKiR, der Kirche, deren Pfarrerschaft das EGb am wenigsten rezipiert hat, nutzen es nicht weniger als 70 %.

2. Zu den Erwartungen an eine neue Agende

Betrachten wir komplementär die Erwartungen an ein Gottesdienstbuch der Zukunft, die mit Frage F22 erkundet wurden: »Stellen Sie sich vor, es gibt in einigen Jahren eine erneuerte Form des Gottesdienstbuches: Was ist dafür wichtig?« »Ein Werk mit fertigen Gottesdienstabläufen mit allen Texten/Gebeten« (Teilfrage 1) hielten in der EKBO 30 % für eher wichtig und 33,2 % für eher unwichtig, in der EKiR nur 23,3 % für eher wichtig, aber 44,2 % für eher unwichtig (alle Befragten: 25,7 % eher wichtig, 37,8 % eher unwichtig). »Texte, die ich sofort übernehmen kann« (Teilfrage 2) halten in der EKiR nur 50,9 % für eher wichtig (geringster Wert), in der EKBO 57,5 % (alle Befragten: 58,8 %). »Eine Sammlung von Texten aus verschiedenen Zeiten/mit verschiedenen Stilen« (Teilfrage 4) wünscht die Pfarrerschaft der EKBO deutlich stärker (64,5 %) als die der EKiR (54,3 %; alle Befragten: 55,2 %). Wieder ist festzustellen: Der Wunsch nach agendarisch-liturgischen Vorgaben und die Bereitschaft, sich an ihnen in der Praxis zu orientieren, sind in der EKBO ausgeprägter als in der EKiR.

Dazu passen die Antworten auf Frage F23 nach der Form eines künftigen EGb. Hier votieren die Pfarrerinnen und Pfarrer der EKBO (39,7 %) und der EKiR

(40,6%) zwar beide deutlich geringer als alle Befragten (46,6%) für ein gebundenes Buch (Teilfrage 1); hingegen votiert die EKBO zu immerhin 50,6%, die EKiR aber nur zu 35,9% für ein gottesdiensttaugliches Ringbuch zum Ein- und Ausheften (Teilfrage 2; alle Befragten: 39,7%). Anscheinend behaupten im Rheinland die privaten Ringbuchagenden unangefochtener ihre Stellung als in der EKBO. Entsprechend liegt bei der positiven Beantwortung der Frage nach einer kreativitätsfördernden »interaktiven Internetseite, an der alle mitschreiben können« (Teilfrage 6) das Rheinland mit 27% etwas über dem Wert aller (23,3%), Berlin-Brandenburg-schlesische Oberlausitz mit 21% etwas darunter.

Das Bild rundet sich ab durch die Antworten zu den normalerweise für die Gottesdienstvorbereitung benutzten Hilfsmitteln (Frage F24). Ob Predigthilfen oder Predigtsammlungen, fertige Gottesdienstentwürfe, das Internet, das EGb und sein Ergänzungsband, Material aus Fortbildungen: Immer liegt die Nutzungsquote der EKBO über der Nutzung aller und bzw. oder die Nutzungsquote der EKiR darunter. Eine Ausnahme ist umso bemerkenswerter: Die Frage nach der Nutzung einer Agende einer anderen Landeskirche, die von allen Befragten zu 18,8% mit »oft/sehr oft« oder »manchmal« beantwortet wurde, beschieden 26,2% der EKBO-, aber 31,8% der EKiR-Pfarrerschaft in dieser Weise positiv; für das Rheinland ist dabei vor allem an die Reformierte Liturgie zu denken.

3. Zur Agendentreue

Wir greifen ergänzend einige weitere Fragen heraus, die sich dem Komplex »Orientierung an agendarisch-liturgischen Vorgaben« zuordnen lassen. Dabei kommen weitere Facetten in den Blick.

Die Frage, ob das vorgeschlagene Wochenlied gesungen werde (F6_2), beantworten 56,1% aller Befragten mit »meistens/immer«, 33,4% mit »manchmal« und 10,5% mit »selten/nie«. Die Zahlen der EKBO liegen mit 65,8%, 28,9% und 5,3% deutlich darüber, die der EKiR mit 36,0%, 45,0% und 19,0% noch deutlicher darunter. Wieder steht das lutherisch-östliche Sachsen, in dem das Wochenlied zu 92,7% »meistens/immer« und nur zu 0,5% »selten/nie« gesungen wird, an der Spitze, das uniert-westliche Rheinland am Ende der Skala.

Überrascht hat uns das Ergebnis auf die Frage F6_5 nach einer informellen Begrüßung im Gottesdienst. Den rheinischen Zahlen zufolge (64,6% »meistens/immer«, 21,8% »manchmal« und 13,6% »nie«) geschieht dies in der EKiR seltener als in der EKBO (70,5%, 20,3% und 9,2%) und im Durchschnitt der Landeskirchen (72,7%, 18,2% und 9,1%).

Dieses auf den ersten Blick überraschende Phänomen kann unseres Erachtens schlüssig erklärt werden: Ein Gottesdienst, der als Ganzer in größerer Freiheit von agendarischen Vorgaben gefeiert wird, ist auf eine informelle Begrüßung weniger angewiesen. Umgekehrt verlangt ein eng an den Vorgaben orientierter Gottesdienst umso mehr ein informelles Geleit zu Beginn.

4. Zur Gestaltung der Liturgie

Wir stellen diesen Fragen einige weitere Fragen an die Seite, die die Haltung zu einzelnen Elementen der Liturgie und ihrer Gestaltung betreffen. Wir beginnen mit einem Befund, der ebenfalls zunächst widersprüchlich erscheint. Der Aussage zu Frage F8_2: »Durch die Abendmahlsliturgie erfahren auch ohne weitere Erklärungen alle Anwesenden, was das Abendmahl bedeutet« widersprechen mit 57,6 % die Pfarrerinnen und Pfarrer der EKBO noch deutlicher als alle Befragten (54,6 %) und die der EKiR (53,0 %). Die Abendmahlsfeier erklärt sich demnach für die Mehrheit der Pfarrerinnen und Pfarrer nicht durch sich selbst. Zu der Frage F27_3, ob sie »in einer Hinführung (erläutern), was das Abendmahl bedeutet«, antworten in der EKBO 21 % »oft/sehr oft«, 50 % »manchmal« und 29,0 % »selten/nie«; die Zahlen für alle Befragten lauten 25,1 %, 47,3 % und 27,6 %, die Zahlen für die EKiR 35,4 %, 46,1 % und 18,6 %.

F27_3	*EKBO*	*alle*	*EKiR*
oft/sehr oft	21,0 %	25,1 %	35,4 %
manchmal	50,0 %	47,3 %	46,1 %
selten/nie	29,0 %	27,6 %	18,6 %

Überraschend erscheint daran, dass die Pfarrerinnen und Pfarrer der EKBO auf eine Erläuterung zur Abendmahlsfeier, obwohl sie sie gemäß F8_2 für nötiger halten müssten, häufiger als andere verzichten. Wir interpretieren diesen Befund wiederum so: Während der insgesamt freiere rheinische Umgang mit der Liturgie eine informelle Begrüßung entbehrlicher (s. o.) und eine erläuternde Hinführung zum Abendmahl eher möglich erscheinen lässt, legt die insgesamt strengere Bindung an die Gottesdienstordnung in der EKBO eine informelle Begrüßung vor Eintritt in die Liturgie besonders nahe, erschwert aber eine in der Ordnung nicht vorgesehene Erläuterung mitten in ihrem Verlauf. Wer sich unterwegs noch verständigen kann, muss nicht alle Absprachen vor dem Aufbruch treffen. Wo aber unterwegs keine Verständigung mehr möglich ist, muss von vornherein alles geregelt sein.

Die »Geborgenheit in einer festen liturgischen Form« (F7_5) ist 16,0 % aller Befragten eher oder völlig unwichtig, dagegen 54,5 % eher oder sehr wichtig. Für die Pfarrerschaft der EKBO ist sie in dem Maße wichtiger (15,8 % zu 58,1 %), in dem sie für die der EKiR unwichtiger ist (18,3 % zu 50,6 %).

»Dass alle Gebete im Gottesdienst wirklich ›meine Worte‹ sind« (F7_9), finden 31,6 % aller Befragten, 33,0 % der rheinischen und 35,1 % der berlin-brandenburgisch-schlesischen Pfarrerinnen und Pfarrer eher oder völlig unwichtig; die persönliche Authentizität gottesdienstlichen Betens halten demgegenüber für eher oder sehr wichtig 39,2 % aller und der rheinischen Pfarrerinnen, dagegen nur 33,6 % der EKBO-Pfarrer, woran sich wiederum deren vergleichsweise höhere Bereitschaft zeigt, liturgische Vorlagen zu gebrauchen. Komplementär geben 61,6 % der rheinischen, aber nur 50,4 % der EKBO-Nutzerinnen des EGb an, es »als Anregung für die eigene Textarbeit« zu gebrauchen (F16_3). Und die, die das EGb früher häufiger benutzt haben als heute, geben in der EKiR deutlich häufiger (66,0 %) als in der EKBO (52,1 %) als Grund dafür an, dass sie früher »mehr Bedarf an Ideen/Vorlagen« hatten (F20_3); offensichtlich nimmt dieser Bedarf im Verlauf einer liturgischen Biografie in der EKiR stärker ab als in der EKBO.

»Gegenüber den ›gegebenen‹ Texten (Liturgie/Bibel) sollte ich eigene Vorlieben und Sprachgewohnheiten zurücknehmen« (F8_11): Dieser Aussage stimmen 42,8 % aller befragten Pfarrerinnen und Pfarrer eher oder voll und ganz zu; 24,6 % widersprechen ihr mehr oder weniger strikt. In der EKiR ist die Zustimmung mit 38,3 % verhaltener, der Widerspruch mit 27,4 % vernehmlicher. Die EKBO weicht genau in der anderen Richtung vom Durchschnitt ab: 48,1 % Zustimmung, 20,4 % Ablehnung.

Dazu fügt sich die Haltung zu der Aussage: »Eine Pfarrerin/ein Pfarrer sollte sich mit der Ausformung der Liturgie nach eigenem Geschmack zurückhalten« (F8_4). Ihr stimmen 49,1 % der EKBO-, aber nur 42,4 % der EKiR-Pfarrerschaft eher oder völlig zu. Ihr widersprechen eher oder strikt 19,2 % der EKBO-, aber 28,9 % der EKiR-Pfarrerschaft. Die Zahlen für alle Befragten: 46,6 % Zustimmung, 22,9 % Widerspruch. EKBO und EKiR weichen erneut in gegensätzlicher Richtung ab.

»Wenn liturgische Elemente vielen Gottesdienstbesucher/innen nicht verständlich sind, sollte man sie besser weglassen« (F8_7): Die Zustimmung zu dieser These ist im Rheinland erwartungsgemäß höher (29,7 %) als bei allen Befragten (25,4 %) und in der EKBO (23,8 %), der Widerspruch bei allen Befragten stärker (53,0 % – an der Spitze wieder Sachsen mit 68,2 % und EKM mit 67,2 %) als in den unierten Kirchen EKBO (51,3 %), EKiR (50,6 %) und – am Ende – EKvW (44,5 %).

Die Haltung zu der Aussage: »Ein ›besonderer‹ Gottesdienst (Familien-, Kinder-, Taizé-, meditativ) kann auch ohne eine liturgische Form gefeiert werden« (F8_13) überrascht auf den ersten Blick. Bei etwa gleichem Grad der Zustimmung (EKiR: 55,8 %; EKBO: 55,1 %; alle Befragten: 56,7 %) trifft diese These in der doch weniger formgebundenen EKiR auf deutlich stärkere Ablehnung (34,8 %) als in der formtreueren EKBO (28,5 %; alle Befragten: 32,1 %). Der Widerspruch löst sich auf, wenn man annimmt, dass im Rheinland eine Abweichung von der agendarischen Grundform keineswegs Formlosigkeit, sondern eben die Wahl einer anderen, alternativen, offenen Form bedeutet; dagegen scheint der Begriff der liturgischen Form in der EKBO an die agendarische Grundform I geknüpft zu sein; eine davon abweichende liturgische Form gilt nicht als liturgische Form im eigentlichen Sinn.

5. Zum Rollenverständnis der Pfarrerinnen und Pfarrer

Dass die Pfarrerinnen und Pfarrer der EKBO sich stärker als die der EKiR auf die Vorgegebenheit der liturgischen Ordnung einlassen, zeigt sich auch in der Haltung zu einer These, die ihre Rolle im Gottesdienst betrifft: »Ich stelle den liturgischen Rahmen sicher« (F12_7). Bei vergleichbarer Zustimmung (EKBO: 31,9 %; EKiR: 32,2 %; alle Befragten: 32,4 %) legen die Pfarrerinnen und Pfarrer der EKBO gegen diese These doch merklich häufiger Widerspruch ein: EKBO 12,5 %; EKiR 8,8 %, alle Befragten: 7,9 %. Warum? Wir erklären es uns so: Die Sicherstellung des liturgischen Rahmens obliegt nicht den Liturginnen und Liturgen, sondern dafür sorgt die Liturgie selbst! Dafür kann die Pfarrerschaft der EKBO umso bereitwilliger der These: »Ich leite die Gemeinde durch den Gottesdienst, gehe ihr voran« (F12_4) zustimmen: 22,4 % stimmen ihr »voll und ganz« zu – gegenüber 18,1 % bzw. 18,4 % der EKiR- und aller befragten Pfarrerinnen und Pfarrer.

Weiter nach ihrer Rolle im Gottesdienst befragt (F12), lassen sich die EKBO- und die EKiR-Pfarrerschaft erkennbar unterschiedlich auf zwei Rollenangebote ein. Die Aussage: »Ich bin Lehrende(r) und vermittle Inhalte« (F12_3) lehnen zwar EKBO- (20,5 %) und EKiR- (21,7 %) etwa wie alle befragten Pfarrerinnen und Pfarrer ab (21,6 %); jedoch ist die ausdrückliche Zustimmung (»voll und ganz«) in der EKBO mit 10,1 % etwas höher als mit 7,9 % in der EKiR und mit 7,2 % bei allen Befragten. Ein umgekehrtes Bild ergibt sich bei F12_8: »Ich bin Mahner(in)/Prophet(in).« Hier ist die Ablehnung in der Breite deutlich ausgeprägter als bei »Lehrende(r)«: EKiR 40,1 %, alle Befragten 43,0 %, EKBO 49,0 % (= Spitzenwert aller Landeskirchen!). Aber die hier schon sichtbare relativ größere Affinität der rheinischen Liturginnen und Liturgen zur Propheten- und Mahner-Rolle bestätigt sich in den Zustimmungswerten: 23,4 % der rheinischen Pfarrerschaft nehmen diese Rolle für sich in Anspruch gegenüber 22 % aller Befragten, aber nur 17,8 % der EKBO-Kollegen (= niedrigster Wert aller Landeskirchen!).

6. Zum Verhältnis von Liturgie und Predigt

Aufgrund der reformatorischen Tradition hängen beim Verständnis eines evangelischen Gottesdienstes die Einschätzungen der Liturgie stark mit den Auffassungen der Predigt zusammen. Doch gerade an diesem Punkt lassen sich deutliche landeskirchliche Akzente ausmachen. »Dass die Predigt im Zentrum des Gottesdienstes steht« (F7_4), ist für die Pfarrerschaft in der EKiR erheblich wichtiger als für den Durchschnitt aller Befragten und für die Pfarrerschaft der EKBO. 61,6 % in der EKiR, 52,9 % aller und 51,3 % in der EKBO halten dies für eher oder sehr wichtig. Entsprechend beurteilen die Befragten die These: »Wenn die Liturgie religiöse Erfahrungen ermöglicht, ist die Predigt verzichtbar« (F8_14). Liegt die Ablehnung in der EKiR (52,2 %), von allen Befragten (50,1 %) und in der EKBO (47,5 %) ungefähr bei 50 %, so wird der These in der EKBO mit 37,8 % deutlich vehementer zugestimmt als von allen (30,5 %) und in der EKiR (27,2 %). Es bestätigt sich: Rheinische Pfarrerinnen und Pfarrer verstehen den Gottesdienst tendenziell stärker von der Predigt, die der EKBO stärker von der Liturgie her.

Das Verhältnis von Predigt und Liturgie thematisiert ausdrücklich auch die steile These F14_1: »Die Predigt ist der Kern des Gottesdienstes. Ihr gegenüber sind Lieder und Gebete zweitrangig.« Hier die Zahlen von Zustimmung und Ablehnung: EKiR 18,4 % zu 49,9 %; alle 16,3 % zu 53,3 %; EKBO 15,3 % zu 50,6 %. Das höhere Gewicht, das der Predigt im Gesamtgefüge des Gottesdienstes in der EKiR zugemessen wird, zeigt sich noch in der Zurückhaltung, mit der einer überzogenen These widersprochen wird.

7. Zum Verständnis der Predigt

Es verwundert daher nicht, dass die zumindest prophetisch deutbare These: »Die Predigt eröffnet eine biblische Sicht auf die Gegenwart« (F14_7) in der EKiR eine (noch) höhere Zustimmung (78,6 %) und eine (noch) geringere Ablehnung findet (3,2 %) als in der EKBO (71,9 % zu 8,4 %; alle Befragten: 74,3 % zu 5,5 %).

Die Vorgaben im Fragebogen waren deutlich an bekannten reformatorischen Spitzenformulierungen orientiert. So wurde den Befragten die These: »Durch die Predigt spricht Gott zu seiner Gemeinde« (F14_3) angeboten. Dieser reformatorisch-kerygmatischen Predigtauffassung[3] stimmen 45,5 % aller Befragten zu, 21,9 % widersprechen ihr. Aus der EKBO-Pfarrerschaft kommt deutlich geringere Zustimmung (35,9 %) und deutlich stärkere Ablehnung (26,6 %), die EKiR-Pfarrerschaft liegt mit der Zustimmung (46,7 %) etwas über, mit der Ablehnung (19,9 %) etwas unter dem Durchschnitt.

Tun sich rheinische Pfarrerinnen und Pfarrer leichter damit, eine steile theologische Theorie gelten, sich davon aber in ihrer Praxis nicht beirren zu lassen? M. a.W.: Gehen sie damit »lockerer« um? Umgekehrt: Sind Pfarrerinnen und Pfarrer der EKBO weniger bereit, eine theologische Theorie zu akzeptieren, wenn sie in Spannung zu Praxis und Erfahrung steht? Bemerkenswert sind dabei auch die Extremzahlen aus anderen Landeskirchen: Der Widerspruch gegen die erwähnte Predigtauffassung ist in Nordelbien mit 41,8 % weitaus höher als die Zustimmung (24,1 %), dagegen ist die Ablehnung in Sachsen mit 10,2 % gegenüber 59,5 % Zustimmung extrem gering. Möglicherweise überlagern und verstärken sich hier ein Ost-West- und ein Land-Stadt-Gefälle einerseits und die Polarität zwischen einer eher normativ und einer eher empirisch orientierten Theologie des Gottesdienstes andererseits. In dieser Polarität steckt die Herausforderung an Liturgiewissenschaft und kirchliche Praxis, sich nicht mit einer einseitigen Dominanz entweder dogmatisch-normativer oder empirischer Sichtweisen abzufinden, sondern darauf zu dringen, dass empirische und dogmatische Gesichtspunkte einander ergänzen bzw. aufeinander bezogen bleiben.

Ein ähnlicher Zusammenhang wie der soeben vermutete lässt sich komplementär bei der Haltung zu der »unkerygmatischen« Auffassung der Predigt erschließen, also bei der Antwortvorgabe, sie sei »religiöse Lebensdeutung« (F14_2). Ihr stimmen von allen Befragten 67,0 % eher oder voll und ganz zu, in der EKiR mit 65,0 % und in der EKBO mit 61,2 % etwas weniger. An der Spitze der Zustimmung stehen hier Hannover mit 83,6 % und Nordelbien mit 80,6 %, am Ende Pommern mit 47,2 % und Sachsen mit 50,9 %.

---

3. In seiner Predigt zur Eröffnung der Schlosskirche in Torgau am 5.10.1544 formulierte Martin Luther jenen Satz, der seit der Liturgik des 19. Jahrhunderts die »Torgauer Formel« genannt und zu Beginn des Vorwortes des Ev. Gottesdienstbuches zitiert wird (EGb 5): Die neue Kirche solle so genutzt werden, »dass nichts anderes darin geschehe, als dass unser lieber Herr selbst mit uns rede durch sein heiliges Wort und wir wiederum mit ihm reden durch Gebet und Lobgesang« (WA 49,588). Die Predigtdefinition aus Heinrich Bullingers Confessio Helvetica Posterior von 1566 lautet: »Praedicatio verbi Dei est verbum Dei«; vgl. dazu *Isolde Karle*, »Praedicatio verbi Dei est verbum Dei«, in: EvTh 64 (2004), 140-147.

Der mit dem Namen Ernst Lange verbundenen Auffassung, wonach die Predigt »eine Verständigung der Predigerin/des Predigers mit den Hörenden über ihr Leben« sei (F14_5),[4] stimmen von allen Befragten 49,1 % eher oder ganz zu, 23,8 % lehnen sie eher oder ganz ab. Die Zahlen der EKBO lauten 51 % zu 22,4 %, die der EKiR 54,3 % zu 20,3 %. Nur in Hannover ist die Zustimmung zu dieser Auffassung noch höher als in der EKiR (54,9 % zu 20,0 %). In dem Versuch, diese Befunde zu interpretieren, fassen wir zwei Ebenen in den Blick. Es sieht zum einen so aus, dass die Bereitschaft, sich auf Predigtkonzepte einzulassen, die zumindest terminologisch von den klassischen reformatorischen Vorgaben abweichen (»religiöse Lebensdeutung«; »Verständigung über das Leben«), in den westlichen Kirchen ausgeprägter ist als in den östlichen. Zum andern kann man sich, soweit man überhaupt für innovative Predigtauffassungen aufgeschlossen ist, einem homiletischen Leitbild »religiöse Lebensdeutung« in lutherischen Kirchen eher öffnen als in den stärker von der religionskritischen Theologie Karl Barths (und Dietrich Bonhoeffers?) geprägten unierten Kirchen. In diesen konnte umgekehrt die homiletische Konzeption Ernst Langes mit ihrer sozial-prophetischen Aura vergleichsweise leichter Eingang finden.

Zwei Fragen der Studie erkunden weniger das theologische Verständnis der Predigt, sondern Aspekte ihrer Form und ihrer Vorbereitung. Dass »verschiedene Gestaltungsformen der Predigt erstrebenswert« seien (F14_4), finden von allen Befragten 77,8 % (eher nicht: 5,9 %). Die Zahlen der EKiR liegen mit 78,7 % zu 5,0 % etwa im Durchschnitt, die der EKBO weichen etwas ab: 74,4 % zu 8,8 %. In dem höheren Grad von Ablehnung, der von keiner anderen Landeskirche übertroffen wird, spiegelt sich die tendenziell stärker an traditionellen Vorgaben orientierte Auffassung und Praxis des Gottesdienstes in der EKBO, die wir bereits in vielen Facetten beobachten konnten. Den höchsten Zustimmungsgrad hat in dieser Frage übrigens die EKvW mit 80,6 %.

8. Gemeinsam oder einsam? Zur Predigtvorbereitung

»Die Predigt sollte, wenn möglich, gemeinsam vorbereitet werden« (F14_6): Dieser These widersprechen von allen Befragten 56,9 %, nur 14 % stimmen zu. Die Pfarrerschaft in EKBO und EKiR weicht nach beiden Seiten von allen Befragten ab: Während die EKiR-Pfarrerinnen und Pfarrer mit 59,1 % noch stärker widersprechen und mit 11,8 % noch verhaltener zustimmen, ist der Widerspruch von

4. Vgl. dazu ausführlich den Beitrag von *Michael Meyer-Blanck*, Zentrum und »roter Faden«. Das Verhältnis von Liturgie und Predigt aus der Sicht der Befragten der Studie, in diesem Band.

Seiten der EKBO mit 54,3 % ein wenig schwächer und die Zustimmung mit 16,3 % vernehmlicher. Hier zeigt sich wie auch an manchen anderen Items, dass mit dem höheren Rang, der in der EKiR der Predigt im Ganzen des Gottesdienstes zugemessen wird, eine stärkere Zentrierung auf die Pfarrerinnen und Pfarrer in der Vorbereitung und Leitung des Gottesdienstes einhergeht. Die gottesdienstliche Praxis in der EKBO ist den Daten zufolge dagegen kooperativer und stärker gemeinschafts- bzw. gemeindeorientiert. Ein Blick auf die anderen Landeskirchen verrät, dass es sich hier offensichtlich um einen West-Ost-Unterschied handelt: Die Ablehnung einer gemeinschaftlichen Predigtvorbereitung ist in Nordelbien (59,8 %), Hannover (59,4 %) und Westfalen (59,4 %) ebenso stark ausgeprägt wie im Rheinland (59,1 %), und die Zustimmungswerte in den anderen östlichen Landeskirchen sind noch höher als in der EKBO: Mitteldeutschland (18,7 %), Sachsen (18,6 %), Pommern (18,5 %), Mecklenburg (17,5 %). Wir vermuten, dass in diesem Befund das stärkere Gefühl kollegialer Zusammengehörigkeit und wechselseitiger Angewiesenheit im Pfarramt nachwirkt, wie es sich in den DDR-Kirchen ausgebildet hat.

9. Zum Verhältnis von Gemeinde und Pfarrerin bzw. Pfarrer

Wir fragen nun noch einmal eigens nach dem spezifischen Verständnis, das Pfarrerinnen von ihrer gottesdienstlichen Aufgabe haben – soweit sich darin Unterschiede zwischen EKBO und EKiR zeigen. Zu der Rolle der Pfarrerinnen und Pfarrer im Gottesdienst ist das eine oder andere angeklungen, etwa im Blick auf die eher lehrende oder eher prophetisch mahnende Funktion. Dem Rollenverständnis, die Gemeinde durch den Gottesdienst (sc. in seiner vorgegebenen Ordnung) zu leiten bzw. ihr voranzugehen (F12_4), konnten überdurchschnittlich viele EKBO-Pfarrer ihre volle Zustimmung geben (22,4 % gegenüber 18,1 % in der EKiR und bei allen Befragten). Bei der Rollenbeschreibung: »Ich bin ›primus/prima inter pares‹ – als Teil der Gemeinde« (F12_5) weichen EKBO- und EKiR-Pfarrerinnen nach zwei Seiten von den Werten aller Befragten (Zustimmung 62,6 %, Ablehnung 15,3 %) ab: EKBO 57,7 % zu 19,6 % (= höchster Wert nach Pommern), EKiR 66,0 % (= höchster Wert nach Sachsen!) zu 14,1 %. Wir vermuten, dass sich hier in der EKiR ein reformiertes bzw. presbyterial-präsidiales Gemeindeverständnis im Verständnis der liturgischen Rollen auswirkt.

Interessant ist an dieser Stelle, dass die Pfarrerinnen sowohl der EKBO als auch der EKiR die eher priesterlichen Rollenzuweisungen: »Ich bin Mittler(in) zwischen den Menschen und Gott« (F12_2) und: »Ich trete stellvertretend für die Gemeinde vor Gott« (F12_6) zwar vehementer als alle Befragten (51,0 % bzw.

61,0 %) von sich weisen: EKBO 55,8 % bzw. 64,2 %, EKiR 56,1 % bzw. 66,6 %. Aber die Minderheiten, die diese Rollenzuweisungen »voll und ganz« für sich akzeptieren, sind in jeweils einer der beiden Kirchen größer als die Befragten aller Landeskirchen (7,5 % bzw. 5,9 %): In der EKBO verstehen sich immerhin 9,3 % der Liturgen als Mittler zwischen der Gemeinde und Gott, in der EKiR immerhin 6,5 % der der Liturgen und Liturginnen als Stellvertreter der Gemeinde vor Gott. Minderheiten tendieren dazu, sich in dem Milieu, von dem sie sich abheben, umso deutlicher zu profilieren.

Auf die in der EKiR noch stärker als allgemein ausgeprägte Pfarrerzentriertheit des Gottesdienstes führt die These: »Die Qualität des Gottesdienstes hängt vor allem von der Pfarrerin/dem Pfarrer ab« (F8_1). 47,2 % aller Befragten stimmen zu, 15,2 % widersprechen. In der EKBO liegen Zustimmung (50,0 %) und Widerspruch (16,7 %) etwas über dem Durchschnitt, in der EKiR die Zustimmung mit 52,3 % noch weiter darüber, der Widerspruch mit 12,9 % aber deutlich darunter (zum Vergleich: EKvW 48,7 % zu 12,8 %).

10. Gemeinsam oder einsam? Zur Praxis der Gottesdienstvorbereitung

Zu dieser Frage sind die Angaben über die gemeinsame Gottesdienstvorbereitung mit Ehrenamtlichen (F4_1/3/5) und Kirchenmusikerinnen (F4_2/4/6) aufschlussreich. Sie sind in der Befragung für die drei Gottesdiensttypen »Familiengottesdienst«, »Sonntags- (Haupt-) Gottesdienst« und »alternative Formen« erhoben worden.

Mit Ehrenamtlichen (EA) und Kirchenmusikern (KiMus) bereiten Pfarrerinnen *Familiengottesdienste* (F4_1/2) vor:

F4_1/2	*EKBO*		*alle*		*EKiR*	
	EA	*KiMus*	*EA*	*KiMus*	*EA*	*KiMus*
selten/nie	7,8 %	16,4 %	8,3 %	20,4 %	6,0 %	25,6 %
häufig/immer	45,3 %	44,3 %	50,6 %	37,0 %	56,3 %	28,2 %

Bei der Vorbereitung von *Familiengottesdiensten* liegt demnach die Bereitschaft der Pfarrer der EKiR, mit Ehrenamtlichen zusammenzuarbeiten, deutlich über dem Durchschnitt, aber ihre Bereitschaft zur Zusammenarbeit mit Kirchenmusikern liegt ebenso deutlich darunter. Die Pfarrerinnen der EKBO hingegen kooperieren zwar unterdurchschnittlich häufig mit Ehrenamtlichen (was darin begründet sein wird, dass sie überhaupt seltener Familiengottesdienste feiern, vgl. unten), aber deutlich überdurchschnittlich häufig mit den Kirchenmusikern.

Für *Sonntags- (Haupt-) Gottesdienste* (F4_3/4) lauten die Zahlen:

F4_3/4	*EKBO*		*alle*		*EKiR*	
	EA	*KiMus*	*EA*	*KiMus*	*EA*	*KiMus*
selten/nie	31,5 %	23,9 %	29,2 %	23,8 %	29,9 %	26,9 %
häufig/immer	17,0 %	31,6 %	13,0 %	29,2 %	10,2 %	21,4 %

Für die Vorbereitung der *Sonntags- (Haupt-) Gottesdienste* liegen die Zahlen insgesamt näher beieinander. Es zeigt sich aber, dass sich bei diesem traditionell-agendarischen Gottesdiensttyp die rheinischen Pfarrerinnen sowohl Ehrenamtlichen als auch Kirchenmusikerinnen gegenüber unterdurchschnittlich, die der EKBO hingegen überdurchschnittlich kooperativ verhalten.

Schließlich die Zahlen für *alternative Formen* (F4_5/6):

F4_5/6	*EKBO*		*alle*		*EKiR*	
	EA	*KiMus*	*EA*	*KiMus*	*EA*	*KiMus*
selten/nie	14,2 %	15,1 %	13,9 %	18,8 %	11,0 %	16,2 %
häufig/immer	30,6 %	33,8 %	43,3 %	38,3 %	48,8 %	42,9 %

Hier liegen die Zahlen der EKiR-Pfarrer im Blick auf beide Gruppen über den Werten aller Befragten. Als »alternativ« bei alternativen Gottesdienstformaten erweist sich offensichtlich auch die ansonsten eher karge Bereitschaft zur gemeinsamen Gottesdienstvorbereitung. Zu den hier unterdurchschnittlichen Zahlen der EKBO-Pfarrerinnen ist eine Zwischenbetrachtung nötig:

Der Fragenkomplex F4 ließ zu jeder der drei Gottesdienstformen auch die Option »feiere ich nicht« zu. Wir betrachten noch einmal genauer die Antworten zu dieser Frage für die alternativen Gottesdienstformen (F4_5/6).

F4_5/6	*EKBO*		*alle*		*EKiR*	
	EA	*KiMus*	*EA*	*KiMus*	*EA*	*KiMus*
feiere ich nicht	21,9 %	22,8 %	14,7 %	15,4 %	12,5 %	11,7 %

Zunächst erscheint es seltsam, dass die Angaben zu dieser Option differieren zwischen der Vorbereitung mit Ehrenamtlichen und Kirchenmusikern. Wenn diese Gottesdienste gar nicht gefeiert werden, dürfte es ja keine Rolle spielen, mit wem sie vorbereitet werden. Vor allem aber wird deutlich, dass Pfarrerinnen der EKBO fast doppelt so häufig wie die der EKiR angeben, solche alternativen Gottesdienste gar nicht zu feiern. Von daher erklärt sich die geringe Kooperationsquote der EKBO-Pfarrerschaft bei diesem Gottesdiensttyp: Was nicht gefeiert wird, kann auch nicht gemeinsam vorbereitet werden.

Für die überdurchschnittliche Bereitschaft rheinischer Pfarrerinnen, bei alternativen Gottesdienstformen mit den Kirchenmusikern zusammenzuarbeiten, kann ein doppelter Grund angegeben werden: Unter diesen liturgischen Formaten sind mit Sicherheit zahlreiche mit musikalischem Schwerpunkt, so dass die Mitzuständigkeit und Mitwirkung der Kirchenmusikerinnen in Vorbereitung und Durchführung außer Frage steht. Außerdem schlägt hier zu Buche, dass die Kirchengemeinden der EKiR stärker als die der EKBO und aller Landeskirchen über hauptamtlich tätige Kirchenmusiker verfügen (F6_1): Meistens oder immer wirken in 63,5 % der Gottesdienste in der EKiR »Hauptamtliche mit kirchenmusikalischer Ausbildung« mit, in der EKBO sind es 53,8 %, bei allen 57,1 %.

Die gleichwohl besonders in der EKiR verbreitete Nicht-Kooperation zwischen Pfarrerinnen und Kirchenmusikern lässt sich nochmals an den Antworten zu Frage F21_1 ablesen: »Wissen Sie von anderen Personen in Ihrer Gemeinde, dass sie das EGb nutzen oder genutzt haben?« Nur 17,5 % der Pfarrerschaft in der EKiR, aber immerhin 31,5 % in der EKBO kann dies für die Kirchenmusikerin bestätigen (alle 29,3 %). Im Blick auf die Ehrenamtlichen geht die Schere noch weiter auseinander (F21_2): EKiR nur 13,4 % (= niedrigster Wert von allen!), EKBO immerhin 37,1 % (= höchster Wert von allen!), alle Befragten 24,3 %. In abgeschwächter Form bildet sich dieses Verhältnis auch in der Beantwortung der Frage ab, ob die Nutzerinnen und Nutzer das EGb »als Basis für Gottesdienst-Vorbereitung in Gruppen« verwendeten (F16_4): Dies bestätigen in der EKBO immerhin 25,2 %, in der EKiR aber nur 17,1 % (niedrigster Wert EKvW: 16,9 %). Das gottesdienstliche Leben ist, so kann man bilanzieren, in der EKiR gesteigert, in der EKBO gemildert pfarrerzentriert.

11. Zum Rang der Kirchenmusik im Gottesdienst

Dem lebendigeren Zusammenwirken von Pfarrern und Kirchenmusikerinnen in der EKBO scheint überhaupt ein höherer liturgischer Rang der Kirchenmusik dort zu entsprechen. Diesen Eindruck verstärken die Angaben zum liturgischen Singen von Gemeinde (F27_1) und Liturgen (F27_2). Singen die Gemeinden der EKiR zu 78,2 % oft oder sehr oft, aber zu 9,3 % selten oder nie liturgische Stücke, so sind es in der EKBO 85,6 % zu 5,3 %, bei allen Befragten 80,7 % zu 8,1 %. Liegen diese Zahlen noch relativ nah beieinander, so springen sie beim Singen der Liturginnen auseinander: Diese singen Teile der Abendmahlsliturgie in der EKiR oft oder sehr oft zu 15,7 %, selten oder nie zu 76,7 %. Für die EKBO lauten die Zahlen: 62,5 % und 20,7 %, für alle Befragten 54,0 % und 32,9 %. Das ist darauf zurückzuführen, dass sich in der EKBO wie in den meisten lutherischen Kirchen und Gemeinden das Singen des Präfationsdialogs zwischen Liturgin und Gemeinde durchgängig erhalten hat. Vom Präfationsgebet an wird dann gesprochen. Im Vergleich zum benachbarten Rheinland sind die Zahlen aus Westfalen interessant: Hier singen 51,5 % oft oder sehr oft Teile der Abendmahlsliturgie, 36,0 % singen selten oder nie. Es ist stark zu vermuten, dass bei Pfarrern ein Zusammenhang besteht zwischen der Wertschätzung der Kirchenmusik im Gottesdienst und der Bereitschaft zur Zusammenarbeit mit Kirchenmusikern einerseits und der Aufgabe eigenen liturgischen Singens und der dafür notwendigen Ausbildung andererseits.

12. Zum Verhältnis von normativen und empirischen Aspekten

Beiläufig erwähnten wir die Möglichkeit, dass sich in das Ost-West-Verhältnis auch ein Unterschied in der Gewichtung normativer und empirischer Gesichtspunkte bei dem Verständnis von Gottesdienst und Predigt einzeichnet (vgl. oben bei 7. zu Frage F14_3). Dieser Vermutung gehen wir nun noch anhand von vier weiteren Fragen nach, davon drei Teilaspekten der Frage: »Worauf kommt es Ihnen ganz persönlich im Gottesdienst an? Was ist Ihnen wirklich wichtig?« (Frage 7).

»Eine hohe Besucherzahl« (Aspekt F7_1) hielten von allen Befragten 19,9 % für eher oder völlig unwichtig, 32,5 % für eher oder sehr wichtig. Die EKiR-Zahlen liegen nahe beim Durchschnitt: 18,1 % unwichtig, 34,7 % wichtig. Die EKBO-Pfarrerschaft hielt eine hohe Besucherzahl zu immerhin 23,7 % für unwichtig (= zweithöchster Wert nach Mitteldeutschland: 31,3 %) und nur zu 22,1 % für wichtig (= geringster Wert von allen; höchster Wert in Hannover: 41,7 %).

»Inhaltlich und sprachlich leicht zugängliche Texte« (Aspekt F7_6) hielten alle Befragten zu 5,6 % für unwichtig, aber zu 72,3 % für wichtig. Die rheinischen Zahlen liegen erneut nahe beim Durchschnitt: 5,3 % zu 74 %, die Berlin-Brandenburgisch-schlesischen Zahlen weichen wieder deutlicher ab: 8,0 % zu 70,5 %. Wieder hat die EKM mit 11,1 % den höchsten Wert für »unwichtig«, wieder die Hannoversche Kirche mit 85,4 % den höchsten Wert für »wichtig«.

»Leichte Zugänglichkeit für Kirchenferne« (Aspekt F7_11) halten von allen Befragten 5,6 % für eher oder ganz unwichtig, 65 % für eher oder sehr wichtig.

Mit 4,4 % zu 69,4 % weicht die EKiR diesmal stärker – und zwar in Richtung »wichtig« – vom Durchschnitt ab als die EKBO, deren Werte 4,2 % zu 64,2 % betragen. Wieder halten mit 10,0 % die relativ meisten Pfarrerinnen der EKM dieses Anliegen für unwichtig, während alle Landeskirchen mit der Ausnahme von Sachsen (54,3 %) im Votum »wichtig« nahe beim Durchschnitt liegen.

Man kann vorsichtig interpretieren: Nach dem Vergleich der Zahlen votiert die EKBO-Pfarrerschaft in Übereinstimmung mit östlichen Kollegen tendenziell stärker normativ, die EKiR-Pfarrerschaft an der Seite westlicher Kolleginnen tendenziell stärker empirisch.

Als Testfrage für diese Interpretation scheint uns F12_9 geeignet zu sein: »Ich sorge dafür, dass sich die Menschen im Gottesdienst wohlfühlen.« Dem stimmen in der EKiR mit 61,7 % mehr Pfarrerinnen zu (= Spitzenwert aller Landeskirchen) als in der EKBO (55,1 %) und im Durchschnitt (57,2 %); die geringste Zustimmung verzeichnet hier Sachsen mit 45,1 %. 12,0 % der rheinischen Pfarrerschaft widersprechen mehr oder weniger vehement, was dem Wert der EKBO (12,2 %) und dem Durchschnitt (11,2 %) in etwa entspricht; am vehementesten widerspricht wiederum Sachsen mit 16,3 %.

Damit verstärkt sich der Eindruck: In der EKiR wie tendenziell in den westlichen Kirchen überhaupt scheinen für das Verständnis und die Gestaltung des Gottesdienstes empirische Gesichtspunkte einen höheren Rang einzunehmen als in der EKBO, die an der Seite der östlichen Kirchen stärker an normativen gottesdiensttheologischen Vorgaben orientiert ist.

13. Zum Einfluss der DDR-Geschichte

Handelt es sich bei dem Beschriebenen demnach um einen typischen »DDR-Faktor«? Kann man auch weitere Tatbestände und Einschätzungen, die die Studie an den Tag bringt, auf spezifische Bedingungen der »Kirche im Sozialismus« zurückführen bzw. als deren Nachwirkungen bewerten? Wie schon die Gegenüberstellung von »empirisch« und »normativ« sind auch die Polaritäten »Identität – Relevanz« und »Tradition – Innovation« von heuristischem Wert. Es ist a priori zu vermuten und bestätigt sich bei manchen Befunden, dass auch im gottesdienstlichen Leben der DDR-Kirchen das eher defensive Anliegen, die eigene Identität durch Verankerung in der Tradition zu wahren, stärker ausgeprägt war als das eher offensive Anliegen, auf dem Weg von Innovationen an öffentlicher Relevanz zu gewinnen.

Hierzu passen z. B. die höheren Zustimmungswerte zu der liturgischen Rollenbeschreibung: »Ich bin Lehrende(r) und vermittle Inhalte« (F12_3) in der EKBO (vgl. oben bei 5.). Hierzu passen auch die soeben vorgestellten und kommentierten Ergebnisse zu F7_1.6.11 und F12_9.

Möglicherweise kann dafür auch die These: »Im Gottesdienst erlebt die Gemeinde das Zentrum ihrer Identität« (F8_5) herangezogen werden. Ihr stimmen von allen Befragten 61,5 % eher oder vehement zu, 14,0 % eher oder vehement nicht zu. In der EKiR (61,5 %) und in der EKBO (62,2 %) liegt die Zustimmung nahe oder genau beim Durchschnitt, die Ablehnung ist in der EKiR mit 11,7 % geringer und in der EKBO mit 16,4 % bemerkenswert größer. Eigentlich bemerkenswert ist aber, dass unter den östlichen Kirchen ein Zustimmungs-Ablehnungsgefälle von lutherischer zu unierter Seite besteht (Sachsen 76,4 %/7,3 % – EKM 65,6 %/14,3 % – EKBO 62,2 %/16,4 %), unter den westlichen Kirchen aber genau umgekehrt ein Zustimmungs-Ablehnungsgefälle von unierter zu lutherischer Seite (EKiR 61,5 %/11,7 % – EKvW 62,6 %/12,8 % – NEK 58,0 %/15,6 % – Hannover 53,7 %/18,1 %). So sehr auch hier wiederum zu betonen ist, dass überall mehr als die Hälfte der Befragten den Gottesdienst für den Identitätskern der Gemeinde halten und dies überall weniger als 20 % ablehnen, so kann man doch ein Doppeltes sagen: Diese Überzeugung wird in den unierten Kirchen deutlich homogener vertreten als in den lutherischen; sie wird im Osten mehr in den lutherischen, im Westen mehr in den unierten Kirchen vertreten. Vielleicht darf man hinzufügen: Im Osten sind die lutherischen Kirchen die liturgisch konservativeren, im Westen die unierten, jedenfalls im Prinzip – was sich allerdings pragmatisch, auf der Handlungs- und Verhaltensebene, nicht eins zu eins auswirken muss. Hier ist vielmehr zu vermuten, dass etwa im Rheinland zwischen Prinzip und Pragmatik ein größerer Spielraum besteht und genutzt wird als etwa in der EKBO – was die dortige stärkere Ablehnung der prinzipiellen These gegenüber der EKiR erklären könnte.

14. Zur Zufriedenheit von Pfarrerinnen und Pfarrern mit ihrer eigenen Praxis

Mit drei Fragen wurden die Pfarrerinnen und Pfarrer nach ihrer persönlichen Zufriedenheit gefragt: im Blick auf die von ihnen (mit-)verantworteten Gottesdienste (F9), auf die Liturgie in ihren Gottesdiensten (F10) und insgesamt mit dem Pfarrberuf (F11).

In der Zufriedenheit mit dem Pfarrberuf rangiert im landeskirchlichen Vergleich das Rheinland mit 85,4 % positiven Antworten (»sehr zufrieden« und »eher zufrieden«) an der Spitze knapp vor Sachsen (84,1 %), die EKBO kommt auf 79,4 % und liegt damit knapp unter dem Durchschnitt (80,8 %); den niedrigsten Wert hat die EKM mit 75,0 % positiven Antworten.

Bei der Frage nach der Zufriedenheit mit den persönlich (mit-)verantworteten Gottesdiensten (alle Befragten 83,4%) geht die Schere weiter auseinander. Hier weisen die westlichen Landeskirchen deutlich mehr Zustimmung auf: EKiR 88,9%, NEK 88,8%, Hannover 87,2% und EKvW 86,5%. Im Osten liegen die Zahlen deutlich darunter: Sachsen (81,2%), Pommern (76,4%), EKM (75,0%), EKBO 72,5%, Mecklenburg (65,8%).

Bei der Zufriedenheit »speziell mit der Liturgie in Ihren Gottesdiensten« liegen die Zahlen – auf niedrigerem Niveau – wieder näher zusammen, von 69,4% (NEK) über 71,1% (EKBO) und 72,3% (EKiR) bis 77,0% (Sachsen) – mit dem Ausreißer Pommern (82,1%).

Man kann wohl bilanzieren: Die Pfarrer sind mit ihrem gottesdienstlichen Tun umso zufriedener, je genauer der im liturgischen Milieu einer Landeskirche gegebene gottesdienstliche Gestaltungsraum und das Bedürfnis der Pfarrer, ihn als persönlich-professionellen Spielraum zu nutzen, zueinander passen. In der EKiR (und in den anderen Westkirchen) ist der gottesdienstliche Gestaltungsraum relativ weit, agendarische und sonstige liturgische Vorgaben haben eine geringere Verbindlichkeit, die Predigt gilt weniger als Teil der Liturgie, sondern steht ihr – mit höherem Rang – gegenüber. Die EKiR-Pfarrerschaft nutzt diesen Freiraum als Spielraum und gewinnt daraus eine hohe berufliche Zufriedenheit. Die Kehrseite ist, dass die liturgische Entfaltung der Kirchenmusik(er) und die Mitwirkung der Gemeinde an Vorbereitung und Feier von »normalen« Gottesdiensten merklich eingeschränkt sind.

Das liturgische Milieu der EKBO ist demgegenüber durch folgende Faktoren charakterisiert: Die agendarische Gottesdienstordnung hat eine höhere Verbindlichkeit und genießt im Verhältnis zur Predigt auch eine relativ größere Wertschätzung. Ferner sind alternative Gottesdienstformen des »Zweiten Programms« weniger verbreitet. Schließlich ist die gottesdienstliche Mitwirkung und Mitverantwortung anderer neben den Pfarrern stärker ausgeprägt. Soweit sich die Pfarrerinnen der EKBO mit diesem liturgischen Milieu, das ihrer persönlichen Performanz im Gottesdienst gewisse Grenzen zieht, identifizieren, gewinnen auch sie aus ihrem gottesdienstlichen Tun eine relativ große persönliche Zufriedenheit. Allerdings fällt hier das Zufriedenheits-Plus weg, das sich einstellt, wenn man – gottesdiensttheologisch problematisch! – seine liturgische Kreativität auf einer relativ offenen Spielwiese statt auf einem klar markierten Spielfeld verwirklichen kann. Die höheren Zufriedenheitswerte in Sachsen dürften im Übrigen daraus resultieren, dass sich die dortige Pfarrerschaft noch klarer als in der EKBO mit ihrem noch deutlicher (lutherisch-östlich) markierten liturgischen Spielfeld identifiziert.

Als Beleg für die Bedeutung, die die Pfarrerschaft in EKBO und EKiR der Arbeit am Gottesdienst zumisst, zum Schluss noch ein sprechendes Detail: Nach dem

Grund dafür befragt, warum sie das EGb früher häufiger benutzt hätten als heute, verneinten die EKBO- und EKiR-Pfarrerinnen, die dies angaben (jeweils knapp ein Fünftel), zu 87,5% (EKBO) und zu 96,2% (EKiR), sie hätten »früher mehr Interesse an der Arbeit an der Liturgie« gehabt (F20_5). Mit anderen Worten: Darin, dass das EGb bei der Gottesdienstvorbereitung *nicht* mehr herangezogen wird, kann sich genau die liturgische Kompetenz zeigen, die es gewollt und tatsächlich gestärkt hat.

Fazit und Ausblick

In der vorstehenden Auswertung der Antworten zur beruflichen Zufriedenheit der Pfarrerinnen und Pfarrer (s.o. in *14.*) sind wesentliche Resultate unserer vergleichenden Untersuchung bereits angeklungen. Man kann von unterschiedlich geprägten liturgischen Milieus sprechen. Eine Ost-West-Polarität zeigt sich deutlich darin, dass liturgischen Vorgaben in der gottesdienstlichen Praxis eine unterschiedliche Verbindlichkeit zugemessen wird.

Diese Polarität waltet, wie Erfahrungen aus der Gottesdienstberatung in der EKBO belegen, auch innerhalb dieser ost-westlichen Landeskirche selbst; sie bildet sich in unterschiedlichen Gottesdienstkulturen im früheren Westberlin und im übrigen Gebiet der EKBO ab. In Westberliner Gemeinden gibt es nach wie vor einen wesentlich freieren Umgang mit liturgischen Vorgaben. Beobachtungen aus der Beratungspraxis zeigen allerdings, dass die ausgeprägtere liturgische Freiheit im Westen – in Berlin, aber auch im Rheinland – durch das EGb allmählich in Richtung einer stärkeren Vereinheitlichung des »agendarischen« Gottesdienstes beeinflusst wird. Es spricht manches dafür, dass das EGb, das im Vergleich zur alten Agende I (VELKD: 1955; EKU: 1959) *als eine Anleitung zu größerer liturgischer Freiheit konzipiert* war, in den (westlichen) Milieus, in denen sich (z.T. verstärkt durch alte konfessionell bedingte Faktoren) eine transagendarische Freiheit längst entwickelt hatte, faktisch *als eine Anleitung zu wieder größerer liturgischer Verbindlichkeit gewirkt* hat und weiter wirkt – damit aber auch als ein Instrument gottesdienstlicher Ost-West-Integration. Vermutlich nähert, was den traditionskontinuierlichen Gottesdienst betrifft, insbesondere die (Beispiel-) Liturgie I des EGb die westlichen Kirchen den östlichen Kirchen an. Komplementär dürfte, was alternative Gottesdienste (oder Gottesdienstalternativen) angeht, die offene liturgische Gesamtkonzeption des EGb die östlichen Kirchen den westlichen Kirchen annähern. Die Entwicklungen sind im Gang.

Zu den Unterschieden in den Befragungsergebnissen, die durch die Ost-West-Polarität bedingt sind, gehört neben der Verbindlichkeit liturgischer Vorgaben auch, dass empirische Zugänge zum Verständnis und zur Gestaltung von Gottesdiensten in den westlichen Kirchen stärker aufgegriffen worden sind als in den östlichen, in denen dogmatisch-normative Bestimmungen eine spürbar höhere Bindungskraft haben. Die drängendere Notwendigkeit, sich ihrer Identität zu vergewissern, hat sich in den Kirchen der DDR auch in einer tendenziell konservativeren Theorie und Praxis des Gottesdienstes ausgewirkt.

Sehr deutlich hat unsere Untersuchung gezeigt, wie in der EKBO der Gottesdienst stärker als ein Ganzes verstanden und behandelt wird, zu dem Predigt und Kirchenmusik sowie die aktiv mitwirkende Gemeinde als integrale Bestandteile gehören. Im Rheinland hingegen wird der Gottesdienst mehr von der Predigt her verstanden – und von denen her, die die Predigt halten. Kirchenmusik und Kirchenmusikerinnen haben es hier schwerer. In diesem Unterschied zwischen EKBO und EKiR bleiben alte konfessionelle Strömungen erkennbar, die bekanntlich auch durch die gemeinsamen Agenden seit 1822/1829/1834 nicht ganz zusammengeflossen sind. Besonders der reformierte, auf die Predigt fokussierte Gottesdiensttyp ist hier für das Rheinland zu veranschlagen. Als ein weiterer Faktor für die rheinische Hochschätzung der Predigt bei gleichzeitiger Abwertung der »Liturgie« könnte aber auch die hier viel stärker empfundene Notwendigkeit erwogen werden, sich gegen den römisch-katholischen Gottesdienst abzugrenzen. »Das ist katholisch, das geht nicht« ist ein in der gottesdienstlichen Beratungsarbeit in der EKiR häufig gehörter Satz.

Gerade bei den Fragen der Rezeptionsstudie, in deren Beantwortung die Pfarrer der EKBO und der EKiR in gegensätzlicher Richtung von den Werten aller Befragten abweichen, zeigen sich – teils einander sogar verstärkend – die Ost-West- und die konfessionellen Faktoren. Dies ist, wie wir gesehen haben, bei nicht wenigen Fragen der Fall. Abschließend sei aber betont, dass solche Abweichungen auch dort, wo sie deutlich sind, an keinem Punkt dramatisch oder alarmierend wirken. Dies gilt zumindest für EKBO und EKiR. Es scheint so, dass das Band der Union diese beiden (und die weiteren zugehörigen) Kirchen auch gottesdienstlich enger beieinander gehalten hat, als dies für die lutherischen Kirchen (z. B. Sachsen auf der einen, Nordelbien und Hannover auf der anderen Seite) der Fall ist. Durch die Zusammenarbeit der gottesdienstlichen Arbeitsstellen der EKiR und der EKBO in Publikationen (z. B. »Thema: Gottesdienst«) und Fort- und Weiterbildung (Studientage Gottesdienst; Ausbildung zum Gottesdienst-Coach) wird diese Gemeinsamkeit weiter gefördert.

Zehn Jahre Evangelisches Gottesdienstbuch: Anspruch – Wirklichkeit – Aufgaben für die Zukunft. Ein Tagungsrückblick

Lutz Friedrichs

Am Ende unserer Fachtagung »Zehn Jahre Evangelisches Gottesdienstbuch« blicke ich auf zwei Tage intensiven Wahrnehmens und Nachdenkens zurück und versuche, Beobachtungen festzuhalten, einzelne Aspekte zuzuspitzen und Aufgaben in den Blick zu nehmen, die aus der Rezeptionsstudie des Evangelischen Gottesdienstbuches folgen.[1] Es geht also nicht darum, einen Schlusspunkt zu setzen, sondern einen Doppelpunkt.

Ich beziehe mich auf die Impulsreferate ebenso wie auf die Diskussionen im Plenum und in den vier Arbeitsgruppen, soweit sie mir bekannt geworden sind: 1. Liturgie und Predigt, 2. Pfarrbilder und Berufsrolle, 3. geschlechtsspezifische Aspekte und 4. Gottesdienst und Kirchenmusik.

Drei Aspekte sind es, die ich näher hervorheben will: Zunächst geht es um Überraschendes (und Ernüchterndes), dann um die Umsetzung zentraler Reformanliegen und zuletzt um die Skizze künftiger Aufgaben im Lichte der Studie.

Meine These will ich nicht vorenthalten: Zentrale Reformimpulse haben sich nicht durchsetzen können, müssen aber nicht verabschiedet werden – es gilt, sie zu differenzieren und neu zu entdecken.

Ich beginne mit einer Skizze des Zusammenhangs, in dem die empirische Studie zu sehen ist.

1. Die Fachtagung fand am 02./03. März 2010 in Hildesheim statt; den Duktus des Tagungsrückblicks habe ich beibehalten, den Text jedoch stellenweise um Hintergründe, Literaturhinweise und Anregungen aus der nachfolgenden Diskussion ergänzt.

1. Zwischenbilanz eines Reformprozesses

Das Evangelische Gottesdienstbuch ist Produkt eines langen Reformprozesses, der mit dem »Strukturpapier« 1974 begonnen hat. Das Gottesdienstbuch antwortet auf die Herausforderungen seiner Zeit, insbesondere auf die Umbrüche in der Kirchgangssitte im Übergang von den 1960er zu den 1970er Jahren. Wird der Gottesdienst am Sonntagmorgen als »liturgischer Findling« (Werner Jetter)[2] empfunden, gilt es, nach neuen Wegen einer lebendigen Gottesdienstkultur zu suchen.

Das Evangelische Gottesdienstbuch stellt sich dieser Herausforderung und macht einen für ein kirchenoffizielles Dokument bemerkenswerten Schritt: Es öffnet sich dem Pluralismus und der Ritualkritik. Es trennt sich aber nicht von den liturgischen Ritualen, sondern versucht, diese auf der Höhe der Zeit zu denken. So lässt sich das 1. Kriterium, Gottesdienst solle »unter der Verantwortung und Beteiligung der ganzen Gemeinde« (Einleitung 1999, 15) gefeiert werden, als Spiegel dieses Bemühens um Zeitgenossenschaft lesen – verbunden mit einer Rückbesinnung auf grundlegende reformatorische Anliegen, an die Helmut Schwier in seinem Beitrag »Das Priestertum aller Glaubenden und die Verantwortung für den Gottesdienst« erinnert hat.

Schon damals war der Prozess der »Erneuerten Agende« nicht unumstritten.[3] Das überrascht nicht, denn Dreh- und Angelpunkt des Reformprozesses war, sich von dem liturgischen Leitbild der 1950er Jahre, der sich jeder humanwissenschaftlichen Erkenntnis gegenüber abschottenden Einheitsliturgie, zu verabschieden. Theologisch und kirchenpolitisch hoch bedeutsam tritt neben den klassischen Messtypus (Grundform I) eine Elementarform des evangelischen Gottesdienstes (Grundform II), die auch für Ungeübte zugänglich ist.

Waren die Agenden der 1950er Jahre nach dem Kriterium der »liturgiegeschichtlichen Analyse« (Peter Brunner) entstanden,[4] setzt das Gottesdienstbuch anders an: Es zielt darauf, liturgische Vielfalt zuzulassen, eine eigene Form vor

---

2. *Werner Jetter*, Was wird aus der Kirche? Beobachtungen – Fragen – Vorschläge, Stuttgart/Berlin 1968, 188.
3. Prominent widersprach *Manfred Josuttis*, Die Erneuerte Agende und die agendarische Erneuerung, in: PTh 80 (1991), 504–516: Wer Pluralismus in der Weise des Gottesdienstbuches zulasse, der mache Gottesdienst beliebig und zerstöre den »Weg zum Heiligen«. Heute formiert sich erneut Widerspruch; so gelte es, nicht die Vielfalt an sich, aber die gottesdienstliche Formenvielfalt am Sonntagmorgen zu begrenzen und diesen Gottesdienst als einen »traditionskontinuierlichen« zu stärken, siehe dazu: *Michael Meyer-Blanck/Klaus Raschzok/Helmut Schwier* (Hg.), Gottesdienst feiern. Zur Zukunft der Agendenarbeit in den evangelischen Kirchen, Gütersloh 2009.
4. Siehe dazu *Thomas Rheindorf*, Liturgie und Kirchenpolitik. Die Liturgische Arbeitsgemeinschaft von 1941 bis 1944, Leipzig 2007, 77–80.

Ort zu finden und den Sinn des Gottesdienstes durch ein Spiel mit Varianten erlebbar werden zu lassen. Das neue Selbstverständnis spiegelt sich im neuen Namen: Es wird nicht mehr von »Agende«, sondern von »Gottesdienstbuch« gesprochen. Gottesdienst kommt als Gestaltungsaufgabe der Gemeinde unter Bedingungen des gesellschaftlichen und kulturellen Pluralismus in den Blick. Deshalb enthält das Buch seinem Selbstverständnis nach »nur« »Anregungen, Hilfen und einen Rahmen, um Gottesdienste so zu gestalten, dass sie für Menschen in einer säkularisierten, multikulturell geprägten Gesellschaft einladend wirken und mitvollzogen werden können« (Einleitung 1999, 14).

Heute, nach mehr als 35 Jahren seit seinen Anfängen und nach mehr als zehn Jahren Arbeit mit dieser neuen »Agende« in den Gemeinden stellen sich erneut Fragen: Tragen die Ideen der Zeit damals noch? Die Diskussion der letzten zwei Tage war immer auch von dieser Frage bestimmt. Sie war ein wesentliches Motiv der empirischen Studie: Wie muss künftig eine Agende aussehen? Um darauf antworten zu können, ist es nötig zu wissen, wie die derzeitige genutzt wird.

2. Grenzen der Studie

Die Rezeptionsstudie gibt Einblick aus der Perspektive derer, die Gottesdienste leiten, insbesondere der Pfarrerinnen und Pfarrer. Wer empirisch forscht, muss solche Ausschnitte machen und Grenzen ziehen. Sie fokussieren den Blick und begrenzen die Ergebnisse und Reichweite der Aussagen.

Es ist wichtig, sich diese Grenzen bewusst zu machen. Im Verlauf der Tagung sind weitere Grenzen hervorgetreten:

- *Finanzielle* Grenzen: Es war aus finanziellen Gründen nicht möglich, Detailfragen etwa zur Nutzung einzelner liturgischer Stücke zu klären.
- *Methodische Grenzen*: Die Arbeitsgruppen der Tagung haben zwar gezeigt, wie ergiebig es ist, die quantitativen Ergebnisse der Studie auf die der qualitativen Vorstudie zu beziehen. Aber ob einzelne Ergebnisse – wie etwa die Einsicht in den stärkeren Zusammenhang von Liturgie und Predigt (siehe unten) – eine Wirkung des Gottesdienstbuches ist, muss aus methodischen Gründen offen bleiben.
- *Forschungsstrategische* Grenzen: Die Studie fokussiert den Blick auf den Sonntagmorgengottesdienst, das Forschungsfeld »Gottesdienst« ist heute aber wesentlich weiter gefasst.
- *Liturgiepolitische* Grenzen: Die Studie berücksichtigt nur einen Teil der Landeskirchen, solche, die eigene liturgische Traditionen verfolgen (wie Kurhessen-Waldeck, die Pfalz, Baden oder Württemberg), kommen nicht in den Blick;

bereits die Anlage der Studie weist darauf hin, dass sich das Reformanliegen einer für alle Landeskirchen geltenden Agende für den Sonn- und Festtagsgottesdienst nur partiell hat umsetzen lassen.

3. Überraschendes und Ernüchterndes

Was hat sich, betrachtet man die Ergebnisse der Studie als Ganze, Überraschendes ergeben? Und was ist eher ernüchternd? Ich halte fünf Beobachtungen fest.

1. Das Gottesdienstbuch wird offensichtlich viel stärker und breiter genutzt als vermutet oder unterstellt war. Es leistet, was es als spezifische Gattung »Agende« intendiert: Es steckt den kirchenoffiziellen Rahmen für den Gottesdienst an Sonn- und Festtagen ab. Auch wenn es deutliche Unterschiede in der Art und Weise der Nutzung dieses Werkbuches gibt, muss doch gesehen werden, dass es offensichtlich von Pfarrerinnen und Pfarrern grundlegend akzeptiert ist. Selbstverständlich ist das nicht.
2. Überraschend ist, dass der Reformbedarf für eine künftige Agende vor allem darin gesehen wird, die »Anregungsqualität« zu verbessern.
   In der Frage »möglicher Veränderungen« halten 69 % »Impulse zur eigenen kreativen Gestaltung« für »eher wichtig«, gefolgt von »Texte, die ich sofort übernehmen kann« (59 %), »eine Sammlung von Texten aus verschiedenen Zeiten/verschiedenen Stilen« (55 %) und »eine Anleitung für den Gottesdienst mit verschiedenen Zielgruppen« (54 %).
   Dieser Befund ist überraschend, denn das Gottesdienstbuch basiert ja auf der Grundidee, Anregungen zur situativen und kreativen Gestaltung zu geben. Offensichtlich werden also diese Anregungen als grundlegend nicht ausreichend oder als nicht ausreichend auf die konkreten Fragen der Praxis bezogen empfunden. Ich komme darauf zurück.
3. Überraschend – oder auch nicht – ist, was die Studie als Realität des Gottesdienstes am Sonntagmorgen spiegelt: Er ist, dem 1. Kriterium zum Trotz, vor allem eine von Pfarrerinnen und Pfarrern gestaltete Feier.
   Ein zentraler Reformimpuls, Gottesdienst als Gestaltungsaufgabe der ganzen Gemeinde zu sehen, hat sich also nicht durchsetzen können; zu verschieden sind die Verständnisse dessen, was »Gottesdienst« ist, zu undifferenziert aber wird auch gesehen, was »Beteiligung« meint. Ist das überraschend? Eigentlich nicht, denn das, was die Studie spiegelt, entspricht doch der »Alltagserfahrung« mit dem Gottesdienst – jedenfalls dem am Sonntagmorgen.
4. Was sich demgegenüber aber hat durchsetzen können, ist dies: Ein neues Verständnis von Predigt im Verhältnis zur Liturgie, nicht mehr im Modell

»Zentrum« und »Rahmen«, sondern ein neues Zusammenspiel von Liturgie und Predigt im Modell des »roten Fadens« (Michael Meyer-Blanck, Arbeitsgruppe Liturgie und Predigt). Offen muss aber bleiben, ob und inwiefern diese Entwicklung eine Wirkung des Evangelischen Gottesdienstbuches ist; hier muss man sich mit Vermutungen begnügen (siehe oben).

5. Auch das Verhältnis zur Kirchenmusik ist, wie es ist: Im Normalfall ein Nebeneinander, in seltenen Sternstunden ein Miteinander.
   Leider gibt es hier keine quantitative Studie. Aber bereits eine rasche Übersicht über die Interviews mit Kirchenmusikerinnen und Kirchenmusikern lässt erkennen, was den Praxiserfahrungen – leider – vielerorts entspricht: Neid und Konkurrenzdenken zwischen Pfarrer/innen und Kirchenmusiker/innen wurzeln nicht unwesentlich in einem strukturellen Dilemma unterschiedlicher Ausbildungsniveaus (Kirchenmusiker/innen sind meist besser ausgebildet) und Leitungsverantwortung (Kirchenmusiker/innen sind meist nicht verantwortlich) – man kann auch die Lage zuspitzend von einem berufsspezifischen Teufelskreis sprechen, der Kirchenmusiker/innen zur »Flucht« (Stephan Reinke, Arbeitsgruppe Gottesdienst und Kirchenmusik) provoziert, zur resignativen Flucht auf die Orgelbank, aber auch zur entschiedenen Flucht in eigene Konzertveranstaltungen als das Feld ihrer »Gegengottesdienste«.

Überraschendes und Ernüchterndes – bei allem ist es sehr erfreulich, wie hoch das Interesse an Fragen des Gottesdienstes zu sein scheint. Auch das ist, wenn nicht überraschend, so doch alles andere als selbstverständlich.

Als kritische Rückfrage bleibt, inwiefern die Studie die »Realität« tatsächlich spiegelt – Rückfragen aus Sicht der Ausbildung und Fortbildung, die eine »andere Realität« kennen, setzen ein Fragenzeichen an die Anlage der Studie als Ganze: Hat sie ihre Fragen so gestellt, dass sie die – überraschend – hohe und breite Nutzung gleichsam »produziert« hat?

4. Anspruch und Wirklichkeit: Notwendige Differenzierungen

Die Studie macht auf Differenzen zwischen Anspruch und Wirklichkeit des agendarischen Sonntagsgottesdienstes aufmerksam. Diese zeigen sich in grundlegenden konzeptionellen Fragen des Evangelischen Gottesdienstbuches. Sie lassen sich als Hinweis darauf lesen, dass die Prägekraft einer Agende, zumal als Werkbuch, begrenzt bleibt.

4.1 Beteiligung entideologisieren

Das Evangelische Gottesdienstbuch fordert programmatisch die Verantwortung und Beteiligung der ganzen Gemeinde. Eine Agende müsse sich daran messen lassen, ob es ihr gelinge, dafür »immer neu Wege zu ebnen und Möglichkeiten zu erschließen« (Einleitung 1999, 15), so das Gottesdienstbuch in seiner Einleitung.

Dieser Aspekt ist deshalb bedeutsam, weil – im Zug der Reformprozesse der 1960er Jahre – die Einsicht gewachsen ist, dass über Beteiligung Formen der Bindung und Identifikation entstehen: Wer an etwas beteiligt wird, fühlt sich stärker angesprochen und auch in die Pflicht genommen. Das, was sich gesellschaftlich und insbesondere in der Pädagogik etabliert hat, ist auch für den Gottesdienst bedeutsam geworden.

Die liturgische Debatte der letzten Jahre – nicht nur in der evangelischen, sondern auch in der katholischen Diskussion um den Begriff der »participatio« – hat deutlich werden lassen, dass es nötig ist, den Begriff liturgische »Beteiligung« zu differenzieren. Weiterführend ist hier die Studie von Katharina Stork-Denker[5], die sich mit »Beteiligung« im Sinn eines empirischen Phänomens und einer konzeptionellen Kategorie auseinandersetzt. Es gibt, so ihr Ergebnis, nicht »die« Beteiligung der Gemeinde am Gottesdienst. Vielmehr umfasst Beteiligung eine Vielzahl von verschiedenen Beteiligungsformen. Zudem setzt Beteiligung liturgische Kompetenz voraus – sowohl bei den Teilnehmenden als auch bei denjenigen, die für die Gestaltung von Gottesdiensten verantwortlich sind. Insofern verbindet sich mit dem Anspruch an Beteiligung die Aufgabe, je der Situation entsprechend Formen der Beteiligung auszuloten – die Kategorie also nicht normativ etwa im Sinn einer aktiven Beteiligung engzuführen.

Die Diskussion unserer Tagung hat gezeigt, dass es darüber hinaus nötig ist, die Qualität der Beteiligung zu differenzieren. Die These: »Mehr Beteiligung bedeutet mehr Qualität« macht eine problemtische Unterstellung, denn je höher – jedenfalls eine bestimmte Form der – Beteiligung, desto höher, so muss man sagen, ist die »gruppenkirchliche Gefährdung« der Öffentlichkeit des Gottesdienstes. Das bedeutet: Sinnvoll wäre einmal der Versuch, Beteiligung in den verschiedenen Formen des Gottesdienstes genauer zu beschreiben und zu differenzieren. Formen der Beteiligung im Gottesdienst am Sonntagmorgen, in neuen Gottesdienstformen oder in Kasualien sind unterscheidbar – aber worin

5. *Katharina Stork-Denker*, Beteiligung der Gemeinde am Gottesdienst, Leipzig 2008; *dies.*, Beteiligung? Einsichten und Konsequenzen aus einem Schreibaufruf, in: Arbeitsstelle Gottesdienst 21 (3.2007), 68–74.

unterscheiden sie sich genau? Oder anders formuliert: Welche Form fordert welche Art und Weise der Beteiligung? Und was haben Formen der Beteiligung für Konsequenzen? In Vorbereitung und Vollzug?

So gesehen ist es nötig, das Beteiligungsparadigma als liturgische Kategorie in einem gewissen Sinn zu entideologisieren. Der Begriff der Beteiligung ist eine liturgische Schlüsselkategorie, aber als solche aufschlussreich nur für das Gesamtspektrum des Gottesdienstes in seinen verschiedenen Formen. »Beteiligung«, wie es das Gottesdienstbuch denkt, wird vorzugsweise gar nicht im Gottesdienst am Sonntagmorgen, sondern in Familiengottesdiensten, Kindergottesdiensten, Krabbelgottesdiensten oder den Kasualien praktiziert.

Die Rezeptionsstudie zum Evangelischen Gottesdienstbuch legt nahe, Beteiligung als Anspruch an den Gottesdienst am Sonntagmorgen zu relativieren: Als »Kultritual« lässt diese Form Beteiligung nur in einer spezifischen Form zu – zugespitzt formuliert: Formen aktiver Beteiligung der Gemeinde (jenseits der klassischen Formen von Hören, Beten und Singen) überstrapazieren die Form als Kultritual und wirken unangemessen, zumal sich Formen wie das Schreiben von Gebetszetteln inzwischen verbraucht haben.

Dennoch meine ich, es solle am Anspruch der Beteiligung festgehalten werden: Wenn es um Beteiligung der »ganzen« Gemeinde geht, geht es um die Herausforderung, im Gottesdienstleben einer Gemeinde oder einer Region diese in ihrer Vielfalt sichtbar werden zu lassen – nicht in einem Gottesdienst, sondern in der Folge der Gottesdienste im Lauf des Kirchenjahres. Der starke Impuls des Gottesdienstbuches ist also in gewisser Weise noch gar nicht eingelöst.

Mit dieser kybernetischen Interpretation sehe ich auch den pastoralästhetischen Fokus in Diskurs, Ausbildung und Fortbildung der letzten Jahre relativiert: Wer am Anspruch der Gemeindebeteiligung festhält, darf Fragen des Gottesdienstes nicht primär unter dem Gesichtspunkt der liturgischen Präsenz verhandeln.

4.2 Öffnungen neu denken

Das Evangelische Gottesdienstbuch hat den Anspruch, als neue Form der »Agende« Anregungen geben zu können, »um Gottesdienste so zu gestalten, dass sie für Menschen in einer säkularisierten, multikulturell geprägten Gesellschaft einladend wirken und mitvollzogen werden können« (Einleitung 1999, 14).

So war und ist es sein Anliegen, neue Formen des Gottesdienstes agendarisch zu integrieren. Das aber ist nicht gelungen. Der Ergänzungsband wird, wie die Studie zeigt, kaum genutzt. Neue Formen des Gottesdienstes haben sich »jenseits der Agende«[6] etabliert. Warum ist das so? Ein wesentlicher Grund ist darin zu sehen, dass die neuen Formen einer anderen Logik der »Kanalisierung des Übergänglichen« folgen, um einen Begriff Victor Turners zu verwenden. Die neuen Formen kanalisieren es in der Logik eines christlich-spirituellen Angebots.[7] Die agendarischen Formen hingegen folgen einer »strengeren« theologisch-christozentrischen, auch »Fremdheitsgefühle«[8] in Kauf nehmenden Logik.

Das Gottesdienstbuch wird als »Agende« in diesem Sinn genutzt – es ist von daher nicht zufällig, dass sich der Reformbedarf aus Sicht der Praxis auf mehr Kreativität und mehr Anregungen für verschiedene Stile und Milieus bezieht. Darin spiegelt sich meines Erachtens der Leidensdruck der Kolleginnen und Kollegen an der milieuverengenden Realität der Gottesdienste am Sonntagmorgen.

Ist eine Integration neuer Formen nicht gelungen, gilt es, den Impuls von Frieder Schulz, die Grundform II als Form für »Ungeübte« ins Spiel zu bringen, stärker aufzunehmen.[9] Das Nebeneinander von Grundform I und II kann ja auch als ein subtiler reformatorischer Impuls gesehen werden, die Formfrage nicht zu verabsolutieren, sondern situativ zu denken und zu handeln: Elementarformen kommt damit ein neues Recht zu, ich denke hier etwa an Vorstellungsgottesdienste der Konfirmandinnen und Konfirmanden, in denen mehrheitlich Eltern sitzen, die schon lange nicht mehr Gottesdienst gefeiert haben und nun, bewegt durch den biographisch-familiären Anlass, Kontakt zu Kirche und Gottesdienst aufnehmen.

Das Problem dieser Elementarform ist ihre innerkirchliche Akzeptanz: Sie gilt in gewissen Kreisen noch heute als defizitär, als uneigentlich gegenüber der reich entfalteten Form des Messtyps – zu Unrecht, wie Frieder Schulz in einer liturgiehistorischen Studie hat zeigen können. Schulz weist zudem auf den ökumenischen Horizont der Suche nach liturgischen Elementarformen hin, im deutschen Katholizismus ebenso (Projekt eines ordo missae simplex) wie in der anglikanischen Kirche (Alternative Service Book 1980: Psalm; Kyrie, Gloria, 2. Lesung, Zwischengesang und anderes als fakultative Elemente). Offensichtlich ist diese Suche ein ökumenisches Element des agendarischen Erneuerungsprozesses, das noch darauf wartet, stärker wahrgenommen zu werden.

6. *Irene Mildenberger/Wolfgang Ratzmann* (Hg.), Jenseits der Agende. Reflexion und Dokumentation alternativer Gottesdienste, Beiträge zur Liturgie und Spiritualität 10, Leipzig 2003.
7. *Lutz Friedrichs*, Intensiv und unverbindlich. Praktisch-theologische Beobachtungen und Überlegungen zu neuen Gottesdienstformen, in: ThLZ 133 (2008), 1019–1034.
8. *Christian Zippert* (Hg.), Gottesdienst feiern. Begleitbuch zur Agende I der Evangelischen Kirche von Kurhessen-Waldeck, Kassel 2005, 63.
9. *Frieder Schulz*, Elementare Liturgie, in: PTh 82 (1993), 168–185.

Als Fazit halte ich fest: Meines Erachtens verstärkt die Rezeptionsstudie die bereits in der letzten Tagung der Liturgischen Konferenz sich abzeichnende Aufgabe, sich künftig verstärkt mit Fragen der neuen Gottesdienstformen zu befassen.[10]

4.3 Abendmahl als Eucharistie?

Eine weitere Differenz zwischen Anspruch und Wirklichkeit betrifft das Feld »Abendmahl«. Auch hier haben sich spezifische Reformanliegen des Gottesdienstbuches nicht vermitteln oder realisieren lassen – so zentral die »Eucharistisierung« des Abendmahls.

Zu erinnern ist daran, dass das Evangelische Gottesdienstbuch einen Streit um das Abendmahl dokumentiert. Er wird erst kundigem Blick sichtbar, und zwar an dem Nebeneinander einer »eucharistischen«, reich ausgestalteten und einer elementaren, auf Einsetzungsworte und Vaterunser konzentrierten Form.

Im Zug des agendarischen Erneuerungsprozesses war vorgesehen, die elementare Form als Variante, die eucharistische Form, von der Neueren Liturgischen Bewegung forciert und in der Agende I 1955 als Variante B bereits enthalten, als Grundform aufzunehmen. Gegen diese »rekatholisierende« Reform gab es scharfen Widerstand mit dem Ergebnis, dass die elementare Form nicht Variante, sondern als Form 2 Eingang in das Gottesdienstbuch fand.[11]

Die Studie nun zeigt, dass dieser Streit offensichtlich nur die theologisch-liturgischen Köpfe erhitzt, die Herzen in der Praxis aber kalt gelassen hat. In der quantitativen Studie ist dieser Komplex nicht abgefragt worden, weil er sich als abzufragendes Thema in den Interviews nicht einmal ansatzweise zu erkennen gab.

Dieser Befund kann auch als Hinweis darauf verstanden werden, dass Fragen des Gottesdienstes nicht, wie es einst Ernst Lange formuliert hat, »binnenliturgischen Zirkeln« überlassen werden dürfen.[12]

10. Siehe dazu *Michael Nüchtern*, Agendenzukunft – Überlegungen aus landeskirchlicher Perspektive, in: Gottesdienst feiern 2009, 135–149.
11. *Michael Meyer-Blanck*, Liturgie und Liturgik, Göttingen ²2009, 26–74.
12. *Ernst Lange*, Was nützt uns der Gottesdienst? Referat auf dem Düsseldorfer Kirchentag 1973, in: Predigen als Beruf. Aufsätze zu Homiletik, Liturgie und Pfarramt, München 1982, 83–95.

5. Exemplarische Aufgaben – eine Skizze

Ich will exemplarisch drei Aufgaben benennen, die sich aus der Studie ergeben.

5.1 Orte der theologisch-liturgischen Reflexion schaffen

Ich beginne mit einer Beobachtung, die bereits im Zusammenhang anderer empirischer Studien gemacht worden ist: Die Methode der Befragung ist eine spezifische und in vielfacher Hinsicht aufschlussreiche Form religiöser und theologischer Praxis. Die im Forschungsprozess der Studie entstandenen Gruppeninterviews sind primär entstanden, um in explorativen Vorstudien einen sachlich angemessenen Fragebogen für die quantitative Untersuchung zu gewinnen. Das ist die eine Seite. Die andere Seite ist, dass die Gruppeninterviews spannende Gespräche und Reflexionen über Fragen des Gottesdienstes enthalten, die nicht nur zu einer vertiefenden sekundären Auswertung reizen, sondern auch anregen, das, was im Forschungsfeld gelingt, auf das »reale« Leben zu übertragen. Henk des Roest und Veerle Rooze sprechen hier von einem spannungsreichen Miteinander von »Analyse« und »Aktion«.[13]

Es ist ja nicht zufällig, dass die O-Töne aus den Gruppeninterviews die Tagung belebt haben. Sie haben Heiterkeit und Peinlichkeit ausgelöst – und, nicht zu vergessen, auch eine gewisse Ratlosigkeit.

Die Studie ist, das haben Claudia Schulz und Tabea Spieß als diejenigen, die sie durchgeführt haben, mehrfach betont, von erstaunlich hohen Werten in der Mittelposition bestimmt. Das kann, soll es nicht als Desinteresse gewertet, als Hinweis auf »konzeptuellen Reflexionsbedarf« (Claudia Schulz) gesehen werden. In jedem Fall zeigen die Interviews, dass es möglich ist, in kollegialen Gruppen über die Theologie des Gottesdienstes zu sprechen und gemeinsam nachzudenken.

Wo aber finden solche Gespräche statt, wenn keine Interviews gemacht werden? Wo wird heute über die Theologie des Gottesdienstes diskutiert?

Mit dieser Wahrnehmung verbinden sich Aufgaben in zwei Richtungen: Die Interviews sind es wert, genauer analysiert zu werden, damit sie nicht wie das Material der dritten und vierten Mitgliedschaftsstudie der EKD hinsichtlich so zentraler Fragen wie die des Gottesdienstes unausgeschöpft bleiben.

Aber es geht nicht nur um die Interviews, sondern um die Methode als Generator religiöser und theologischer Praxis: Sie regt an, verstärkt Orte des gemein-

13. *Henk des Roest/Veerle Rooze*, Die jüngste EKD-Mitgliedschaftsuntersuchung aus niederländischer Sicht, in: PrTh (4.2008), 317–320.

samen Nachdenkens über Fragen des Gottesdienstes in den Gemeinden vor Ort oder den Aus- und Fortbildungsstätten zu schaffen.

5.2 Geschlechtsspezifische Sicht des »Strukturmodells« berücksichtigen

Das Strukturmodell des Gottesdienstbuches hat eine nicht zu unterschätzende Leistungskraft, nicht nur liturgiepolitisch in der Integration verschiedener Traditionen, sondern auch liturgisch im Einfluss auf konzeptionelle Entscheidungen weiterer agendarischer Arbeit. So sind die Kasualagenden nicht nur von diesem Strukturmodell, sondern auch, worauf Christian Grethlein hingewiesen hat, von der Idee der »Beteiligung« maßgeblich bestimmt.

Dennoch müssen auch die Grenzen dieses Modells über das hinaus, was bisher gesehen worden ist,[14] in den Blick genommen werden. Dabei legt die Rezeptionsstudie, die nach den geschlechtsspezifischen Mustern der Nutzung des Evangelischen Gottesdienstbuches fragt (siehe dazu die zentrale geschlechtsspezifische Differenz besonders bei dem Item: »Die Predigt ist Zentrum des Gottesdienstes«), nahe, die genderspezifischen Implikationen des Strukturmodells zu untersuchen.

Auffallend in diesem Zusammenhang ist, dass Frauenliturgien nur im Ergänzungsband ihren Platz gefunden haben. Das ist kein Zufall. Denn erstens traf ihr Gottesbild auf den theologischen Widerstand insbesondere der VELKD. Und zweitens haben sie sich in ihrer Orientierung am Symbol des »Kreises« nicht in die lineare Grundstruktur der Liturgie einpassen lassen.[15] Tatsächlich macht erst die Genderperspektive darauf aufmerksam, dass die Idee von »Grundstruktur und Variation« eher nüchtern wirkt und den Eindruck erweckt, unberührt zu bleiben von Suchbewegungen und dem Lebensgefühl der Menschen heute.

Aber nicht nur das. Das Strukturmodell entspricht offensichtlich auch nicht dem Bedürfnis nach Kreativität in der Praxis – jedenfalls gab es nicht zuletzt an dieser Stelle Unsicherheiten, wie der Befund hinsichtlich des 2. Kriteriums des Gottesdienstbuches (stabile Grundstruktur mit vielfältigen Gestaltungsmöglichkeiten) zu deuten sei. Offensichtlich kann der Strukturansatz des Gottesdienstbuches der »Not« vieler Kolleginnen und Kollegen nicht abhelfen: Sie suchen, wie bereits angedeutet, nach mehr Anregungen, kreativ werden zu können – offensichtlich jenseits der Idee, mit liturgischen Elementen und ihren Varianten sozusagen zu spielen.

14. *Helmut Schwier*, Die Erneuerung der Agende. Zur Entstehung und Konzeption des ›Evangelischen Gottesdienstbuchs‹, Hannover 2000.
15. *Wolfgang Ratzmann*, Struktur des Gottesdienstes, in: Christian Grethlein/Günter Ruddat (Hg.), Liturgisches Kompendium, Göttingen 2003, 419–436, hier 432 A 20.

Die Agende I der Kirche von Kurhessen-Waldeck (1996) ist hier einen bemerkenswert anderen Weg gegangen: Sie hat für jeden Sonntag eine Rubrik »Besonderes« geschaffen, in der Anregungen zur sinnlich-kreativen Gestaltung des Sonntages und seines spezifischen Themas im Rahmen eines sich wandelnden Kirchenjahres gegeben werden – bis hin zu Hinweisen auf Themengottesdienste und alternative Perikopen.

Fazit: Die Rezeptionsstudie legt nahe, die Grundidee des Gottesdienstbuches unter Genderperspektive kritisch zu analysieren und zu diskutieren – und unter der Perspektive der Teilnehmerinnen und Teilnehmer. Ich komme damit zur dritten Aufgabe.

5.3 Grenzen sehen und neue Projekte in den Blick nehmen

Die Studie erhellt die Perspektive der »Macher« des Gottesdienstes. Ihre Grenze ist darin zu sehen, dass sie nicht dazu verhilft, Gottesdienst aus der Sicht derer zu verstehen, die ihn besuchen. Auch das ist benannt worden – ich will es an dieser Stelle noch einmal konkretisieren.

Mir ist das engagierte Votum des Berliner Dramaturgen Jan Kauenhowen eingefallen – stellvertretend für das Anregende der »Leutesicht«[16]. Kauenhowen sieht das Ziel des Gottesdienstes – theologisch ebenso anregend wie unkonventionell – im Auslösen einer geistlichen Bewegung, ein Stärken »der Zuversicht in die eigene Kraft«, wie er sagt.[17] Er nimmt damit auf, was »die Leute« nach der letzten EKD-Studie von einem guten Gottesdienst zentral erwarten: eine zuversichtliche Stimmung.

Ist das Ziel geklärt, stellen sich aufschlussreiche Fragen an die Dramaturgie eines Gottesdienstes jenseits von Strukturfragen – diese sind offensichtlich ein Interesse der Macher, nicht aber der Teilnehmerinnen und Teilnehmer, so zum Beispiel hinsichtlich der Lieder: Heute, so Kauenhowen, sei das Singen für viele »eine Beschämung [...]. In der jetzigen Verfassung ist der Gottesdienstteilnehmer auch im Bereich der musikalischen Interaktivität kein angemessener Widerpart zum Liturgen.«

Nicht nur solche Einsichten, sondern auch die starke Nutzung des Gesangbuchs bei der Vorbereitung von Gottesdiensten, wie sie die Studie zeigt, legen nahe, in einem Folgeprojekt eine Rezeptionsstudie des Evangelischen Gesang-

16. Siehe dazu das Themenheft: »... und was denken die Leute?«, Arbeitsstelle Gottesdienst 21 (3.2007).
17. *Jan Kauenhowen*, Theater und Kirche – Aufführung und Gottesdienst, in: www.kirche-im-aufbruch.ekd.de/images/08-18_Von_anderen_lernen-Qualitaet_von_Gottesdiensten_Sonderauflage.pdf.

buchs zu machen, bevor es zu einer Neuauflage des Gottesdienstbuches kommt. Das Gesangbuch steht für Pfarrerinnen und Pfarrer an erster Stelle bei der Vorbereitung des Gottesdienstes – noch vor Predigthilfen oder Internet; und es lässt Einblicke in die Spiritualität der Teilnehmerinnen und Teilnehmer an Gottesdiensten heute zu.

C. Die Ergebnisse der Befragung

Der Fragebogen der standardisierten Befragung von Pfarrerinnen und Pfarrern

(Alle Angaben in Prozent. Befragte insgesamt: 2.137)

---

1. Wie viele Stunden brauchen Sie üblicherweise zur Vorbereitung eines »normalen« Sonntagsgottesdienstes, einschließlich der Arbeit an der Predigt?

0–3	5,3
4–6	40,1
7–9	42,1
10–12	10,5
13 oder mehr	2,0

---

2. Wo sind Sie überwiegend tätig?
(bitte nur eine Antwort)

in **einer** Ortsgemeinde (unabhängig von der Zahl der Predigtstellen)	63,9
in **mehreren** Ortsgemeinden/in einem Gemeindeverbund	22,2
in einem Funktionspfarramt	11,9
in einer Personalgemeinde	0,5
in einer anderen Tätigkeit	1,5

---

3. Wie viele Gottesdienste (ohne Andachten, Kindergottesdienste und Amtshandlungen) bereiten Sie üblicherweise vor, also außerhalb von Urlaubszeiten oder kirchlichen Festen?

mehrere pro Woche	22,0
einen pro Woche	42,6
einen bis drei pro Monat	32,0
weniger	3,3

---

4. Über das reine Weitergeben von Informationen hinaus: Wenn Sie einen der genannten Gottesdienste feiern, wie oft bereiten Sie einen Gottesdienst zusammen mit Ehrenamtlichen und/oder KirchenmusikerInnen vor?

	selten/ nie	manch-mal	häufig/ immer	feiere ich nicht
4_1 Familiengottesdienste, Ehrenamtliche	8,3	32,8	50,6	8,3
4_2 Familiengottesdienste, KirchenmusikerIn	20,4	36,4	37,0	6,3
4_3 Sonntagsgottesdienste, Ehrenamtliche (Hauptgottesdienste)	29,2	57,4	13,0	0,4
4_4 Sonntagsgottesdienste, KirchenmusikerIn	23,8	46,7	29,2	0,3
4_5 Alternative Formen, Ehrenamtliche (z. B. Feierabend-, Gospel-, Samstagsgottesdienste)	13,9	28,0	43,3	14,7
4_6 Alternative Formen, KirchenmusikerIn	18,8	27,6	38,3	15,4

5. Das Evangelische Gottesdienstbuch bezieht sich auf zwei Grundformen des Gottesdienstes. Nach welcher liturgischen Form feiern Sie in Ihrer Gemeinde im Regelfall Gottesdienst?
(Bitte nur eine Antwort. Falls Sie in mehreren Gemeinden arbeiten, wählen Sie die Gemeinde, in der Sie am häufigsten Gottesdienste feiern.)

nach Grundform I: Gottesdienst mit Wechselgesängen, Predigt (und evtl. Abendmahl)	78,2
nach Grundform II: Predigtgottesdienst (evtl. mit Abendmahl)	17,8
ohne feste Form	2,2
kann über Form keine Angaben machen/ weiß zu wenig über die Herkunft der Form	1,8

6. Wir würden gern einige Dinge zu den Bedingungen und Gewohnheiten in Ihren Gottesdiensten wissen.

	selten/ nie	manch-mal	meistens/ immer
6_1 Arbeitet ein/e Hauptamtliche/r mit kirchenmusikalischer Ausbildung mit?	30,0	11,8	58,2
6_2 Singen Sie das vorgeschlagene Wochenlied?	10,5	33,4	56,1
6_3 Teilen Sie für den jeweiligen Gottesdienst ein Informationsblatt mit dem Ablauf aus?	50,2	32,2	17,6

6_4 Sprechen Sie zu Beginn einen liturgischen Gruß, z. B. »Die Gnade unseres Herrn Jesus Christus sei mit euch allen«?	18,0	10,8	71,2
6_5 Sprechen Sie eine freie/informelle Begrüßung?	9,1	18,2	72,7

7. Worauf kommt es für Sie ganz persönlich im Gottesdienst an? Was ist für Sie wirklich wichtig?

	völlig unwichtig 1	2	3	4	sehr wichtig 5
7_1 Eine hohe Besucherzahl	4,0	16,0	47,6	26,0	6,5
7_2 Dass die Spielräume in der Ausgestaltung der liturgischen Elemente genutzt werden	3,2	14,6	32,7	33,5	16,0
7_3 Ein intensives Gemeinschaftsgefühl unter allen Anwesenden	0,9	7,7	31,3	39,5	20,7
7_4 Dass die Predigt im Zentrum des Gottesdienstes steht	0,8	8,8	37,5	36,2	16,7
7_5 Geborgenheit in einer festen liturgischen Form	1,7	14,2	29,6	37,7	16,8
7_6 Inhaltlich und sprachlich leicht zugängliche Texte	0,9	4,8	21,6	39,7	33,2
7_7 Eine möglichst hohe aktive Beteiligung der Anwesenden	1,6	18,9	41,5	29,1	8,9
7_8 Möglichst genaue Ausrichtung auf die Bedürfnisse der Teilnehmenden	0,8	8,0	31,8	40,1	19,3
7_9 Dass alle Gebete im Gottesdienst wirklich »meine Worte« sind	7,4	24,2	29,2	25,0	14,2
7_10 Bezug zum Alltagsleben der Anwesenden	0,2	0,7	9,3	41,6	48,2
7_11 Leichte Zugänglichkeit für Kirchenferne	0,6	5,0	29,4	41,3	23,7

8. Wie stehen Sie zu den folgenden Aussagen zum Gottesdienst?

	stimme überhaupt nicht zu				stimme voll und ganz zu
	1	2	3	4	5
8_1 Die Qualität des Gottesdienstes hängt vor allem von der Pfarrerin/dem Pfarrer ab.	2,9	12,3	37,6	37,8	9,3
8_2 Durch die Abendmahlsliturgie erfahren auch ohne weitere Erklärungen alle Anwesenden, was das Abendmahl bedeutet.	19,0	35,5	25,3	14,9	5,2
8_3 Die Sprache im Gottesdienst soll deutlich machen: In der Kirche gehören viele, sehr unterschiedliche Menschen zusammen.	1,8	6,9	21,8	40,8	28,8
8_4 Eine Pfarrerin/ein Pfarrer sollte sich mit der Ausformung der Liturgie nach eigenem Geschmack zurückhalten.	6,3	16,6	30,5	30,2	16,4
8_5 Im Gottesdienst erlebt die Gemeinde das Zentrum ihrer Identität	2,3	11,6	24,5	32,4	29,1
8_6 Es ist wichtig, dass ich als Pfarrerin/ Pfarrer einen thematischen »roten Faden« für den Gottesdienst entwickle.	0,7	2,5	10,1	39,2	47,6
8_7 Wenn liturgische Elemente vielen GottesdienstbesucherInnen nicht verständlich sind, sollte man sie besser weglassen.	22,1	30,9	21,6	16,7	8,7
8_8 Bewährte Texte aus der Tradition und Texte der Gegenwart sollten den gleichen Stellenwert erhalten.	3,5	11,8	29,8	32,3	22,6
8_9 Der Gottesdienst sollte unbedingt berücksichtigen, was die Menschen an Vorstellungen und Kenntnissen mitbringen.	1,4	6,3	25,2	42,0	25,0
8_10 Wenn Gottesdienst gefeiert wird, muss immer die ganze Gemeinde dafür verantwortlich und daran beteiligt sein.	13,3	31,7	33,0	15,9	6,0
8_11 Gegenüber den »gegebenen« Texten (Liturgie/Bibel) sollte ich eigene Vorlieben und Sprachgewohnheiten zurücknehmen.	5,3	19,3	32,6	30,4	12,4

8_12 Der Gottesdienst muss auch Körper und Sinne ansprechen.	1,5	8,8	28,4	37,5	23,8
8_13 Ein »besonderer« Gottesdienst (Familien-, Kinder-, Taize-, medidativ) kann auch ohne eine liturgische Form gefeiert werden.	17,4	14,7	11,3	23,7	33,0
8_14 Wenn die Liturgie religiöse Erfahrungen ermöglicht, ist die Predigt verzichtbar.	24,7	25,4	19,4	21,3	9,2

9. Wie zufrieden sind Sie in der Regel mit Ihren Gottesdiensten?

sehr zufrieden	11,6
eher zufrieden	71,8
teils/teils	16,0
eher nicht zufrieden	0,6
überhaupt nicht zufrieden	0

10. Und speziell mit der Liturgie in den von Ihnen (mit-)verantworteten Gottesdiensten?

sehr zufrieden	12,9
eher zufrieden	59,0
teils/teils	24,1
eher nicht zufrieden	3,7
überhaupt nicht zufrieden	0,3

11. Wie zufrieden sind Sie insgesamt mit Ihrem Pfarrberuf?

sehr zufrieden	34,9
eher zufrieden	45,9
teils/teils	15,9
eher nicht zufrieden	2,7
überhaupt nicht zufrieden	0,5

12. Nun zu Ihrer Rolle als Pfarrer/in im Gottesdienst. Wie stehen Sie zu folgenden Aussagen?

	stimme überhaupt nicht zu				stimme voll und ganz zu
	1	2	3	4	5
12_1 Ich sorge für eine gelungene Inszenierung.	13,1	15,0	22,4	34,8	14,6
12_2 Ich bin Mittler/in zwischen den Menschen und Gott.	26,9	24,1	25,2	16,2	7,5
12_3 Ich bin Lehrende(r) und vermittle Inhalte.	4,6	17,0	38,0	33,2	7,2
12_4 Ich leite die Gemeinde durch den Gottesdienst, gehe ihr voran.	3,6	10,0	24,0	44,0	18,4
12_5 Ich bin »primus inter pares« – als Teil der Gemeinde.	3,6	11,7	22,1	35,4	27,2
12_6 Ich trete stellvertretend für die Gemeinde vor Gott.	35,0	26,1	19,3	13,7	5,9
12_7 Ich stelle den liturgischen Rahmen sicher.	2,2	5,7	19,1	40,6	32,4
12_8 Ich bin Mahner/in/Prophet/in.	14,9	28,1	35,0	18,5	3,5
12_9 Ich sorge dafür, dass sich die Menschen im Gottesdienst wohlfühlen.	2,4	8,7	31,7	42,5	14,7

13. Wie viele Jahre seit Ihrem 2. theologischen Examen gestalten Sie schon Gottesdienste?

0–5	7,7
6–10	11,9
11–15	18,9
16–20	24,7
21 oder mehr	36,8

14. Die folgende Frage beschäftigt sich mit der Predigt. Wie stehen Sie zu diesen Aussagen?

	trifft überhaupt nicht zu				trifft voll und ganz zu
	1	2	3	4	5
14_1 Die Predigt ist der Kern des Gottesdienstes. Ihr gegenüber sind Lieder oder Gebete zweitrangig.	21,7	31,6	30,4	12,7	3,6
14_2 Die Predigt ist religiöse Lebensdeutung.	3,7	7,6	21,7	45,2	21,8
14_3 Durch die Predigt spricht Gott zu seiner Gemeinde.	5,9	15,9	32,6	29,4	16,1
14_4 Verschiedene Gestaltungsformen der Predigt sind erstrebenswert.	1,2	4,7	16,3	41,3	36,6
14_5 Die Predigt ist eine Verständigung der Predigerin/ des Predigers mit den Hörenden über ihr Leben.	7,7	16,1	27,1	34,2	14,9
14_6 Die Predigt sollte, wenn möglich, gemeinsam vorbereitet werden.	18,6	38,3	29,1	10,8	3,2
14_7 Die Predigt eröffnet vor allem eine biblische Sicht auf die Gegenwart.	1,2	4,3	20,2	45,4	28,9

15. Jetzt kommen wir zum Evangelischen Gottesdienstbuch (EGB). Nutzen Sie das EGB oder haben Sie es einmal benutzt?

Ja, ich nutze es.	Nein, ich nutze es nicht.
82,7	17,3
	(bitte weiter mit Frage 21)

16. Wofür nutzen Sie es?
(mehrere Antworten möglich)

	trifft nicht zu	trifft zu
16_1 als Altaragende	63,4	36,6
16_2 als Fundgrube für Texte, die ich übernehme	38,7	61,3
16_3 als Anregung für die eigene Textarbeit	55,6	44,4
16_4 als Basis für Gottesdienst-Vorbereitung in Gruppen	82,0	18,0
16_5 als liturgisches Nachschlagewerk	43,0	57,0
16_6 als Argumentationshilfe	89,7	10,3
16_7 als Arbeitshilfe zur Liturgiereform in der Gemeinde	74,2	25,8
16_8 als Basis für die liturgische Ausgestaltung des Abendmahles	55,2	44,8

17. Wie beurteilen Sie insgesamt die Leistungen des EGB?

	gut	eher gut	eher schlecht	schlecht	kann ich nicht beurteilen
17_1 Informationsgehalt	36,3	51,4	5,7	1,2	5,4
17_2 Praktischer Nutzen	28,3	53,8	13,4	3,0	1,5
17_3 Qualität der Texte	16,5	64,2	14,6	2,9	1,8
17_4 Übersichtlichkeit	19,7	43,1	25,7	9,6	1,9
17_5 Anregung zur liturgischen Variation	20,1	50,5	18,3	4,1	7,0

18. Hat das EGB gegenüber Ihrer »alten« Agende die liturgische Gestaltung Ihrer Gottesdienste verändert?

eher ja	45,8
eher nein	30,1
unentschieden	11,6
alte Agende ist nicht bekannt	12,5

19. Im Vergleich zu den vergangenen Jahren: Haben Sie das EGB früher einmal mehr genutzt als heute?

unverändert	70,1	*(bitte weiter mit Frage 21)*
früher weniger/seltener genutzt	11,8	*(bitte weiter mit Frage 21)*
früher mehr/öfter genutzt	18,1	

Warum?

20. Früher hatte ich:

(mehrere Antworten möglich)

	trifft nicht zu	trifft zu
20_1 weniger liturgisches Wissen	93,1	6,9
20_2 noch keine »fertigen« Konzepte entwickelt	93,0	7,0
20_3 mehr Zeit/Kapazitäten für die Arbeit an der Liturgie	94,8	5,2
20_4 mehr Bedarf an Ideen/ Vorlagen	89,4	10,6
20_5 mehr Interesse an der Arbeit an der Liturgie	96,9	3,1

21. Wissen Sie von anderen Personen in Ihrer Gemeinde, dass sie das EGB nutzen oder genutzt haben?

(mehrere Antworten möglich)

	trifft nicht zu	trifft zu
21_1 Ja, die Kirchenmusikerin/der Kirchenmusiker	70,7	29,3
21_2 Ja, Ehrenamtliche in der Gottesdienst-Arbeit	75,7	24,3
21_3 Ja, der/die Küster/in	95,5	4,5
21_4 Nein, ist mir nicht bekannt.	43,3	56,7

22. Stellen Sie sich vor, es gibt in einigen Jahren eine erneuerte Form des Gottesdienstbuchs: Was ist dafür wichtig?

	eher unwichtiger	teils/teils	eher wichtig
22_1 Ein Werk mit fertigen Gottesdienstabläufen mit allen Texten/Gebeten.	37,8	36,5	25,7
22_2 Texte, die ich sofort übernehmen kann.	9,1	32,1	58,8
22_3 Impulse zur eigenen kreativen liturgischen Gestaltung.	7,6	23,3	69,1
22_4 Eine Sammlung von Texten aus verschiedenen Zeiten/ mit verschiedenen Stilen.	17,6	27,3	55,2
22_5 Eine Anleitung für den Gottesdienst mit verschiedenen Zielgruppen.	16,2	30,1	53,6
22_6 Hinweise auf Lieder und andere musikalische Gestaltungsmöglichkeiten	7,3	19,7	73,0
22_7 anderes:	7,6	8,6	83,8

23. Und welche Form sollte so ein »erneuertes Gottesdienstbuch« haben?
(mehrere Antworten möglich)

	trifft nicht zu	trifft zu
23_1 gebundenes Buch	53,4	46,6
23_2 Ringbuch zum Ein- und Ausheften	60,3	39,7
23_3 Loseblattsammlung mit regelmäßigen Ergänzungs-Lieferungen	79,7	20,3
23_4 CD-ROM	47,0	53,0
23_5 Internetseite mit Texten zum Herunterladen	54,8	45,2
23_6 interaktive Internetseite, an der alle mitschreiben können	76,7	23,3

24. Welche dieser genannten Hilfsmittel nutzen Sie normalerweise zur Gottesdienst-Vorbereitung?

	oft/ sehr oft	manch- mal	selten/ nie	un- bekannt
24_1 Textbücher für Gebete	45,9	39,2	14,2	0,7
24_2 Predigthilfen/Predigtsammlungen	59,8	27,8	11,9	0,4
24_3 fertige Gottesdienst-Entwürfe	6,9	27,1	62,5	3,4
24_4 Internet	22,3	32,9	40,5	4,3
24_5 das Evangelische Gottesdienstbuch	41,3	31,3	25,1	2,3
24_6 Ergänzungsband des Ev. Gottesdienstbuchs	9,4	25,0	47,7	17,9
24_7 Material aus Fortbildungen	5,8	36,0	52,2	6,0
24_8 das Evangelische Gesangbuch	84,3	11,6	3,8	0,3
24_9 alte Agende der eigenen Landeskirche	10,4	10,0	66,0	13,7
24_10 Agende einer anderen Landeskirche, nämlich:	9,0	9,8	48,2	33,0

25. Wie häufig wird in Ihrer Gemeinde in der Regel das Abendmahl gefeiert?

häufiger als einmal im Monat	32,2
etwa einmal im Monat	57,6
seltener	10,2

26. Wenn Sie das Abendmahl ganz nach Ihren Vorstellungen feiern könnten, wie oft würden Sie es sich wünschen?

häufiger als einmal im Monat	43,4
etwa einmal im Monat	52,4
seltener	4,2

27. Zu Ihrer Abendmahlspraxis:

	selten/ nie	manch-mal	oft/ sehr oft
27_1 Singt die Gemeinde liturgische Stücke?	8,1	11,2	80,7
27_2 Singt der Liturg/die Liturgin Teile der Abendmahlsliturgie?	32,9	13,1	54,0
27_3 Erläutern Sie in einer Hinführung, was das Abendmahl bedeutet?	27,6	47,3	25,1
27_4 Ersetzen Sie liturgische Elemente durch Lieder?	44,6	48,7	6,7

Wir bitten Sie zum Schluss noch um ein paar allgemeine Angaben:

28. Ihr Geschlecht?

männlich	69,7
weiblich	30,3

29. Die Gemeinde/n, in der Sie Gottesdienste gestalten, liegt/liegen

in einer Stadt	43,1
in einem eher städtisch geprägten Raum	15,1
in einem eher ländlich geprägten Raum	41,8

30. Wie alt sind Sie?

unter 30 Jahre	0,4
30-39 Jahre	11,9
40-49 Jahre	44,8
50-59 Jahre	35,7
60 Jahre und älter	7,1

31. In welcher Landeskirche arbeiten Sie?
(bitte nur eine Antwort)

Evangelische Kirche im Rheinland	16,3
Nordelbische Evangelisch-Lutherische Kirche	11,9
Evangelisch-Lutherische Landeskirche Mecklenburgs	3,9
Pommersche Evangelische Kirche	2,6
Evangelische Kirche in Mitteldeutschland	3,0
Evangelische Kirche von Westfalen	26,6
Evangelisch-Lutherische Landeskirche Hannovers	12,3
Evangelische Kirche Berlin-Brandenburg-schlesische Oberlausitz	12,8
Sachsen	10,5

Die Autorinnen und Autoren

Evang, Martin, geb. 1957, Dr. theol., Landespfarrer in der Arbeitsstelle Gottesdienst der Evangelischen Kirche im Rheinland im Theologischen Zentrum Wuppertal.

Friedrichs, Lutz, geb. 1963, Dr. theol., Pfarrer, Referent für Theologie, Gottesdienst und Kirchenmusik der Evangelischen Kirche von Kurhessen-Waldeck, Privatdozent für Praktische Theologie an der Georg-August-Universität Göttingen.

Grüning, Leonie, geb. 1976, Pfarrerin im Entsendungsdienst in der Arbeitsstelle Gottesdienst und Kirchenmusik im Institut für Aus-, Fort- und Weiterbildung der Evangelischen Kirche von Westfalen, jetzt Pfarrerin der Evangelischen Kirchengemeinde St. Reinoldi, Dortmund.

Kerl, Gerd, geb. 1949, Pfarrer, Leiter des Instituts für Aus-, Fort- und Weiterbildung der Evangelischen Kirche von Westfalen, Haus Villigst, Schwerte.

Meyer-Blanck, Michael, geb. 1954, Dr. theol., Professor für Praktische Theologie an der Evangelisch-Theologischen Fakultät der Rheinischen Friedrich-Wilhelms-Universität Bonn.

Raschzok, Klaus, geb.1954, Dr. theol., Professor für Praktische Theologie an der Augustana-Hochschule (Theologische Hochschule der Evangelisch-Lutherischen Kirche in Bayern) Neuendettelsau.

Reinke, Stephan A., geb. 1975, Dr. phil., Musikwissenschaftler und Kirchenmusiker, Lehrbeauftragter am Musikwissenschaftlichen Seminar Detmold/Paderborn und Musiklehrer an der Auguste Viktoria Schule in Itzehoe.

Schulz, Claudia, geb. 1968, Dr. phil., Professorin für Theorie und Praxis der Sozialen Arbeit und Diakoniewissenschaft an der Evangelischen Hochschule Ludwigsburg.

Schwier, Helmut, geb. 1959, Dr. theol., Professor für Neutestamentliche und Praktische Theologie an der Theologischen Fakultät der Ruprecht-Karls-Universität Heidelberg.

Seibt, Ilsabe, geb. 1959, Dr. theol., Studienleiterin für gottesdienstliche Fragen im Amt für kirchliche Dienste der Evangelischen Kirche Berlin-Brandenburg-schlesische Oberlausitz Berlin.

Spieß, Tabea, geb. 1980, Politikwissenschaftlerin, Wissenschaftliche Mitarbeiterin am Institut für Religionswissenschaft und Religionspädagogik der Universität Bremen und Beraterin für Projekte der empirischen Sozialforschung.